# ロシア帝国の膨張と統合

## ポスト・ビザンツ空間としてのベッサラビア

志田恭子　著
SHIDA, Kyoko

北海道大学出版会

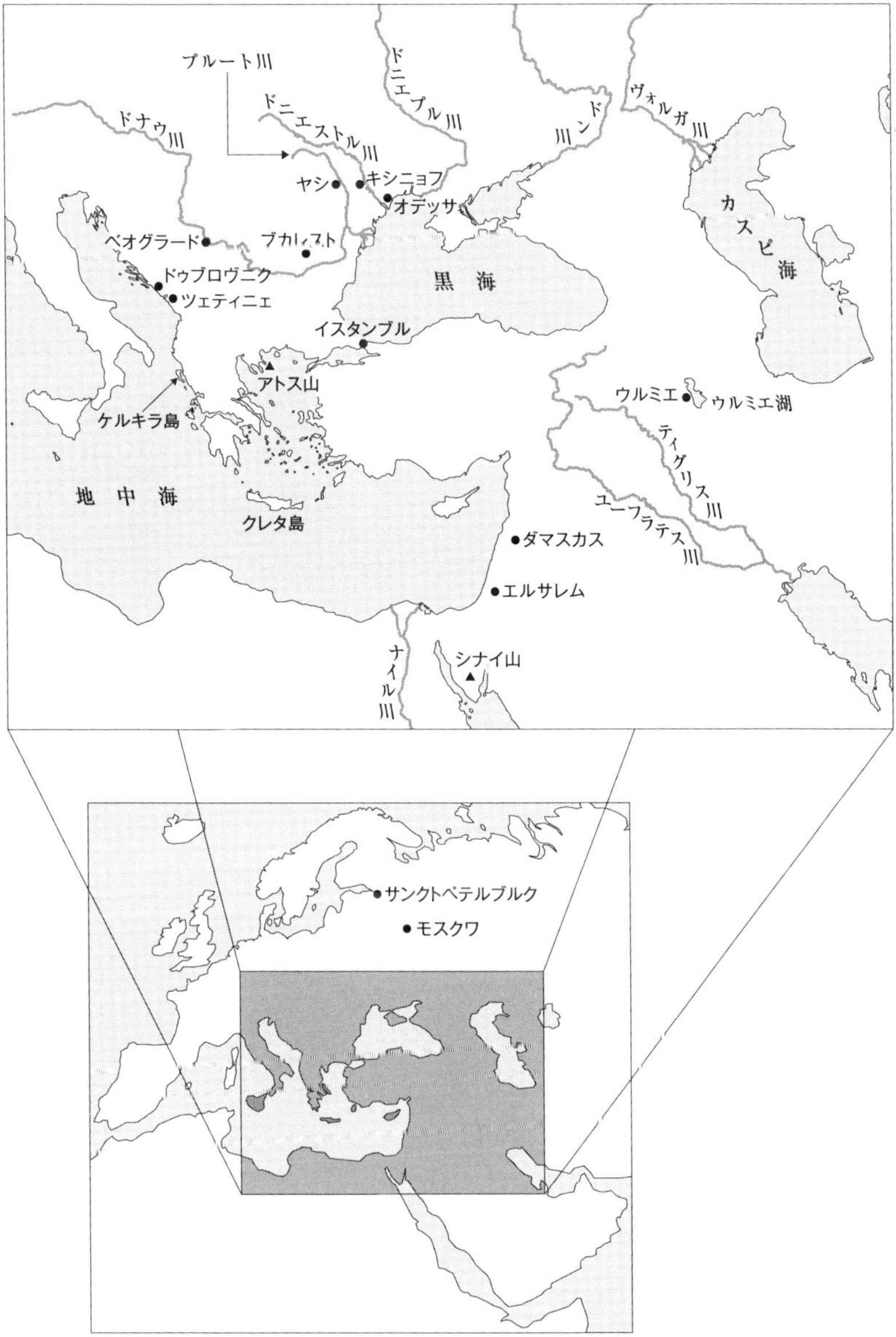


地図1　黒海・東地中海周辺地域

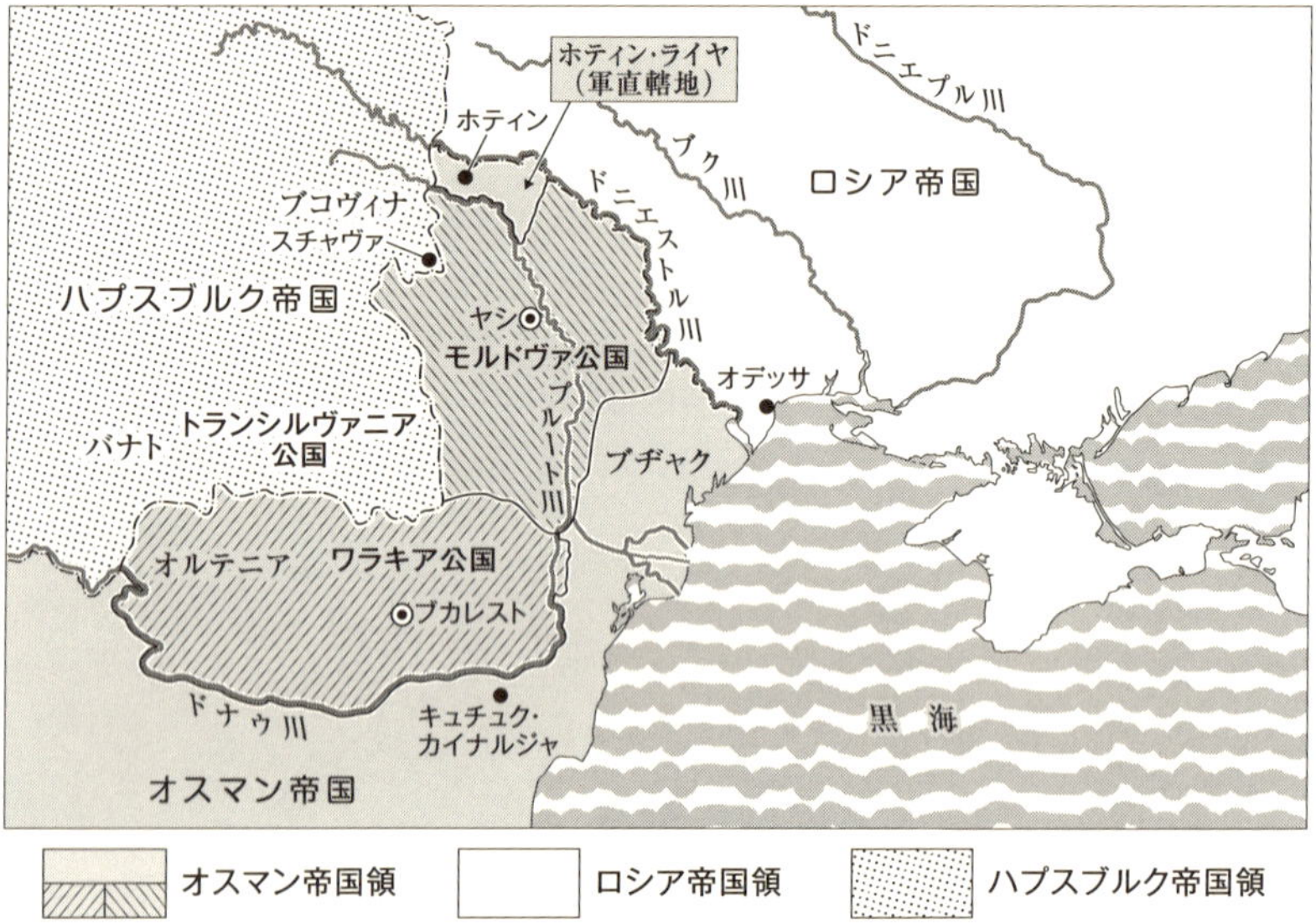


地図2　ベッサラビア併合直前のロシア南部国境

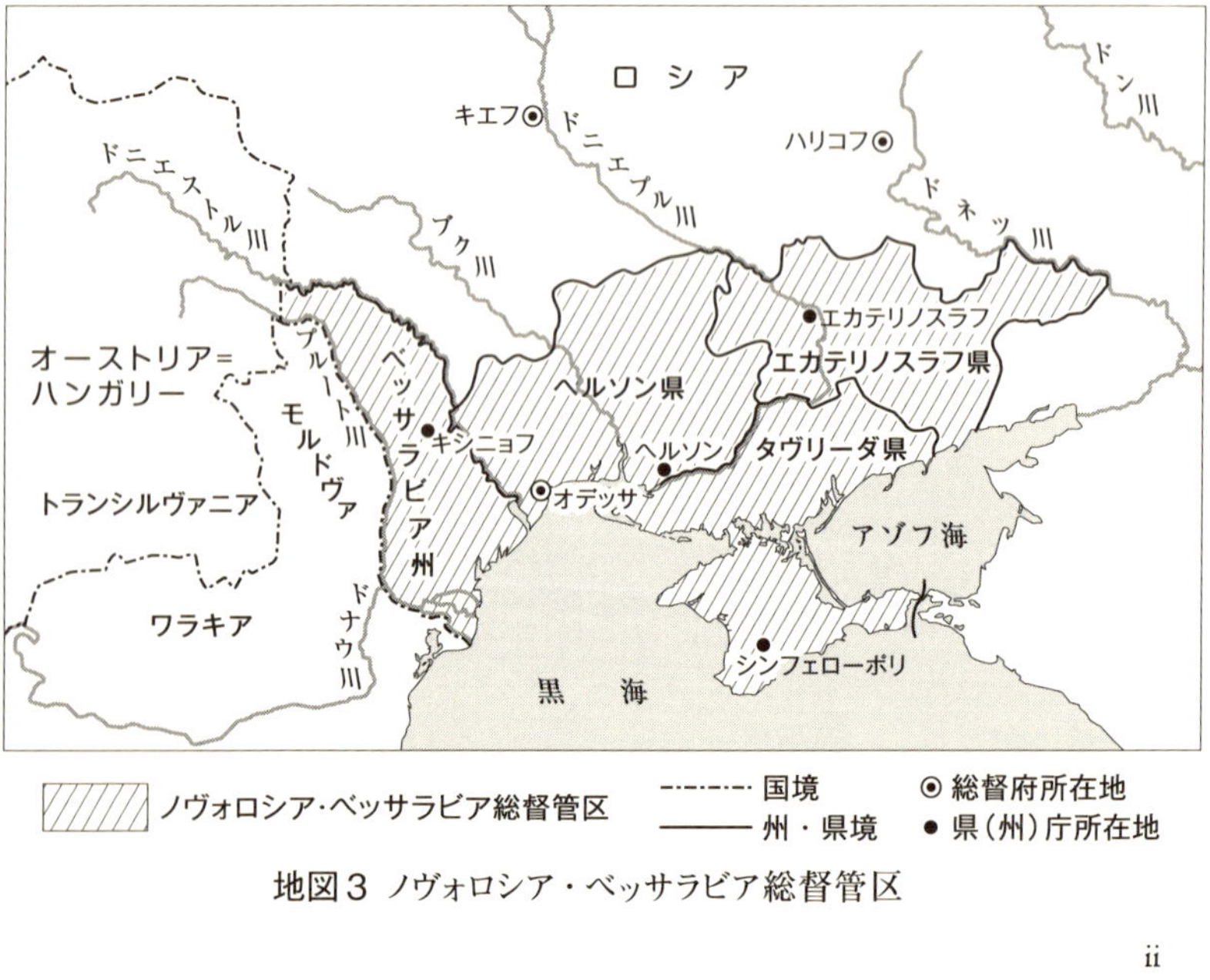


地図3　ノヴォロシア・ベッサラビア総督管区

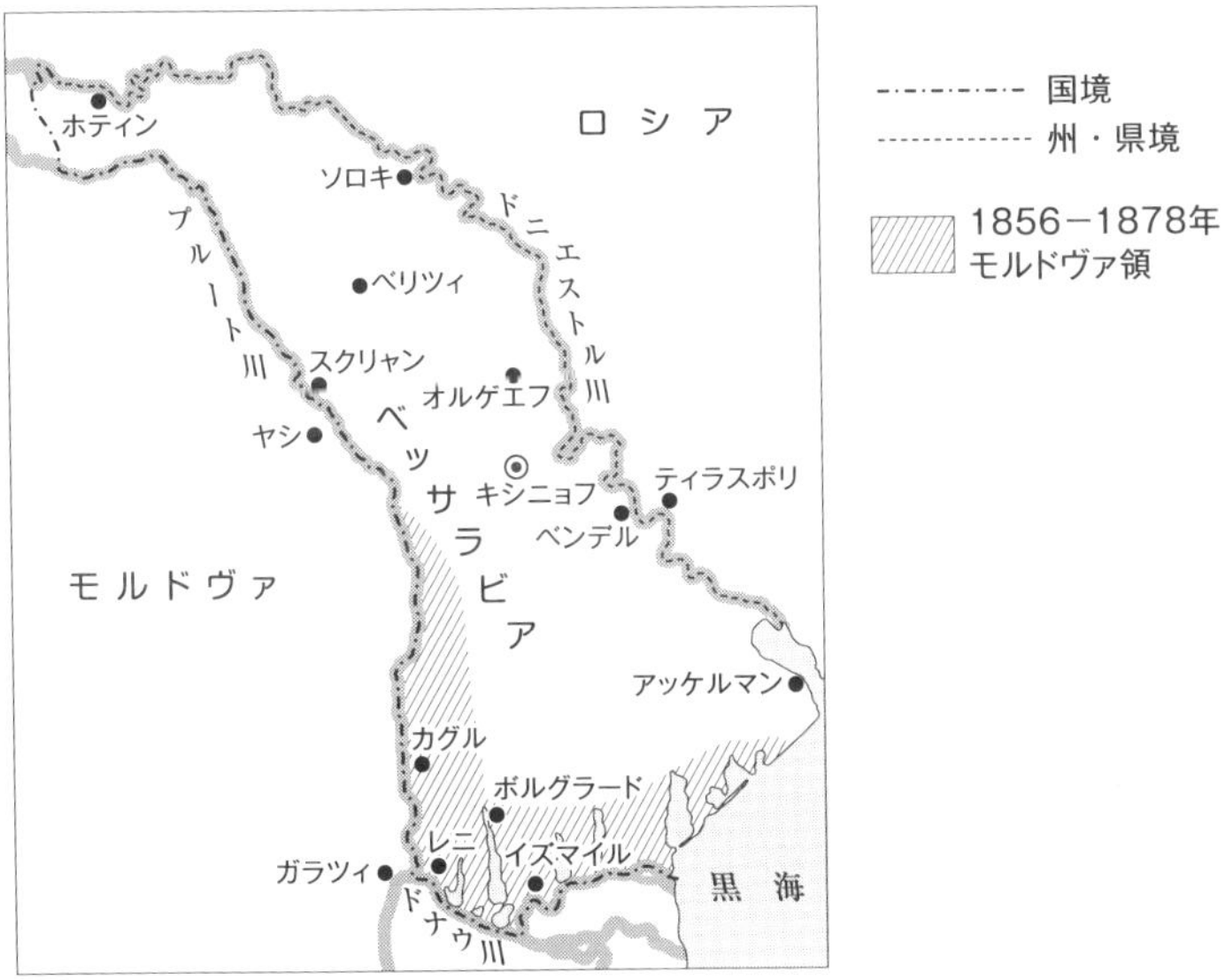

地図4 ベッサラビア

現・モルドヴァ共和国の首都キシナウ近郊（撮影：著者）

# まえがき

本書は、平成一八年(二〇〇六年)三月に北海道大学において学位を取得した論文を加筆・修正したものである。論文の指導および審査を担当して下さった同大学の松里公孝教授、原暉之教授、栗生澤猛夫教授、そしてお世話になった多くの先生方に、厚く御礼申し上げる。他人の研究の批評に終始するのではなく、自らの手で新しいものを生み出そうという気概に溢れた先生方の指導を受けることができたことは、大きな財産となった。

ロシア帝国に関する研究は日々進歩しており、論文の提出後も数多くの先行研究が出版されたが、本書は原則として文書館史料以外の文献は追加しない方針をとった。ここで利用した文書館史料は、国連大学秋野フェローシップ(平成一四年度)および平成一九年度科学研究費補助金・若手研究(B)「ロシア帝国とギリシャ・近東正教聖地との関係の総合研究」の援助を受けた現地調査において収集したものである。なお、地名・人名については、できるだけ原音に近い表記としたが、すでに定着しているものについては慣例に従った(例えば、ブクレシュティではなくブカレスト)。

本書の刊行は、北海道大学出版会の滝口倫子氏、今中智佳子氏そして前田次郎氏のご尽力により実現できた。拙い原稿を迅速かつ精密な手腕で編集し、滞りがちな作業を最後まで温かく見守って下さったことに、心より感謝申し上げる。最後に、装丁と地図の作成を担当して下さった風交舎の伊藤薫氏に深く謝意を表明する。

二〇〇九年三月

志田恭子

# 目　次

# 凡　例

略　語

АВПРИ　Архив внешней политики Российской империи

ANRM　Arhiva Naţională a Republicii Moldova

ДАОО　Державний архів Одеської області

ЖМВД　Журнал Министерства Внутренних Дел

ЗООИД　Записки Одесскогообщества истории и древностей

ИППО　Императорское Православное Палестинское Общество

КЕВ　Кишиневские епархиальные ведомости

ПСЗ　Полное собрание законов Российской империи

ПФА РАН　Санкт-Петербургский Филиал Архива Российской Академии Наук

РГАДА　Российский государственный архив древних актов

ф./fond　フォンド(アルヒーフ文書グループ)

оп. (opis')/inv. (inventar)　目録

д. (dela)/спр. (sprava)/dosar　ファイル

л. (list)/арк. (arkush)/fila　葉(頁)

об. (obratnyi)/зв. (zvorotnyi)/verso　裏

度　量　衡

ロシアの面積の単位

　平方サージェン　4.552 $m^2$

　デシャチナ　平方サージェンの 2400 倍　1.093 ヘクタール

　平方ヴェルスタ　平方サージェンの 25 万倍　113.806 ヘクタール

ルーマニアの面積の単位

　プラジン　179 $m^2$

　ポゴン(ワラキア公国)　5012 $m^2$(約 0.5 ヘクタール)

　ファリチ(モルドヴァ公国)　1.43 ヘクタール

暦

　本文中の法令の裁可や書簡の日付などの年月日については旧暦を用いる。12 日(1901 年以降は 13 日)を足すと新暦の日付となる。

# 序章

## 第一節　研究の目的と視角

帝国のように多様な地域や民族を包摂する対象を研究する場合、本来であれば研究の視角もまた多様となるべきである。しかし近年のロシア帝国に関連する研究について見ると、研究対象となる地域や民族が多様化・細分化する傾向とは裏腹に、統合政策や民族といったテーマに偏るなど、問題の切り口が単調化・固定化している印象がある。定説を覆すような大発見や画期的な新機軸が一朝一夕に生み出されるものではないことは論をまたないが、流れを変えるためにはそのための意識的な工夫や試みが必要とされるだろう。本書は、特定の地域や民族について深く掘り下げることよりも、ロシア帝国の辺境統治について、従来とは異なる見方や手法を示すことを第一に目指すものである。

この目的の達成のため、本書は以下の三つの論点を設定する。

① **民族地域から歴史的空間への移行**　帝国の辺境の民族ファクターのみに着目するのではなく、国境を越えた歴史的空間の一部として認識する。これによって、中央による民族政策と地方の民族運動との対立という図式では見落とされる問題に気づくことが可能となる。

② **内政と外交の包括的分析**　帝国の辺境統治を単なる内政問題としてとらえるのではなく、外交ファクターにも着目する。これによって、国内問題とされてきた事象や政策の背景に実は外交が絡んでいたなど、内政もしくは外交に偏った視角では見落とされる論点に気づくことが可能となる。

③ **膨張と統合との関係の重視**　帝国がどのように辺境を統合しようとしたかという問題設定だけではなく、帝国の膨張にも目を向ける。これによって、辺境が単なる統合の対象ではなく膨張の道具ともされうること、また統合と膨張がときに二者択一の問題であるなど、統合・ロシア化問題に偏った視角では見落とされる論点に気づくことが可能となる。

以下では、この三点について順を追って検討する。

## 1　民族地域から歴史的空間への移行

本書が主要な対象地域とするのは、バルカンに面した帝国南部辺境のベッサラビアである。一八〇六〜一二年の露土戦争後、一八一二年のブカレスト条約によってモルドヴァ公国から併合された、ドニエストル川とプルート川の間の領域を指す（口絵地図4参照）。

ベッサラビアはモルドヴァ公国から併合されたと便宜上述べられるが、実際にはモルドヴァ公国に属していた部分はベッサラビアの三分の一程度に過ぎなかった。ブヂャクと呼ばれる黒海に面した南部はオスマン帝国領でノガイのブヂャク・オルダの居住地だったが、彼らは一八〇六年にタヴリーダ県に移住させられた。[1]「ベッサラビア（ルーマニア語でバサラビア）」とは本来この南部地域の名称だった。さらにホティンを中心とする北部は一七一五年からオスマン帝国の「ホティン・ライヤ（軍直轄地）」という行政区域だった（口絵地図2参照）。ロシア帝国下のベッサラビアは一八七三年に州から県となる。[2] 帝政崩壊後の一九一八年にルーマニアによって併合されるが、一九四〇年にその大部分がソ連のモルダヴィア・ソヴェト社会主義共和国となり、ソ連崩壊に伴い一九九一年に独立し、モルドヴァ共和国となって現在に至る。[3] 本書ではこの地域を単なる帝国の辺境としてではなく、国境を越えた歴史的空間の一部として認識する。

ベッサラビアの基幹民族は正教徒のルーマニア人、言語はルーマニア語で、ドナウ二公国と呼ばれるモルドヴァ公国とワラキア公国（のちのルーマニア）と共通とされる。しかしロシア帝国時代には、ベッサラビアのルーマニア人住民はモルドヴァ公国出身ということから「モルドヴァ人」、言語については「モルドヴァ語」の呼称が定着していた。[4]

以上のような事情から、帝政ロシア期のベッサラビアに関する叙述は、ツァーリ政府のルーマニア語抑圧政策などのルーマニア人に対する民族政策、もしくはこれに対抗するルーマニア人エリートの民族運動を中心に論じる場合が多い。ベッサラビアをルーマニア人の「民族地域」としてとらえ、ベッサラビアとルーマニアとの関係を重視することは、アンドレアス・カペラーの帝国全土の民族地域を対象とした大著、チャールズ・キングのモルドヴァ研究、そして現地モルドヴァ共和国の近代史家の研究に共通して見られる特徴である。[5] つまり「ルーマニア人地域」[6]としてのベッサラビアの性格のみに着目する傾向が強いと言うことができる。

確かに「ルーマニア人地域」の一部としての属性は、ベッサラビアについて論じるうえでは欠かせない要素であり、本書でも、第三章において、改革導入におけるルーマニア・ファクターを扱っている。しかし、「ルーマニア人地域」の一部であるということは、ベッサラビアの数ある属性の一つに過ぎない。例えば以下で見るように、ベッサラビアは、バルカン情勢、ビザンツ帝国、イスタンブル外交[7]、近東の正教聖地など、ルーマニアとの関係にとどまらない広範なつながりを持つ地域だった。

したがって、本書は民族地域としてのベッサラビアの統治という従来の枠組みにとらわれず、これらの多様な関係性の中にベッサラビアを位置づけた分析を試みる。その中でも特に、この地域のビザンツ・ファクターに着目する。なぜなら以下で見るように、ロシアがベッサラビアにおいて高い利用価値を見出していたものは、その「ルーマニア人地域」としての属性ではなく、「ポスト・ビザンツ空間」としての属性だったからである。

ロシア帝国を中央政府と辺境の民族との一対一の関係を集成したものとして認識することに早くから異論を唱えてきたのは松里公孝である。松里は右岸ウクライナを対象として、地域における民族間関係を利用する「分割・統治」政策に着目した研究を行った[8]。また近年では総督制の分析を通して、前述のカペラーの研究が民族政策の分析に偏っていることを批判した。例えば、同じカザフ人に対する政策でもオレンブルク総督府と西シベリア総督府とでは異なっていたと指摘し、諸民族に対する政策を個別に扱うのではなく地域状況に照らして論じる必要があるとしている。また民族政策が重要だったのは西部諸県などの一部地域に限られており、多くの総督の主要任務は地域開発だったとした。そしてロシアが民族原理ではなく領域原理の帝国だったと定義し、「民族的アプローチから空間的アプローチへ」の移行を提唱した[9]。

ソ連崩壊から一〇年以上が経過し、その間に個々の民族や民族政策に的を絞った研究が内外で溢れ返ったことは周知の事実である。そのような中にあって、「民族問題が特殊争点になりすぎて」いる傾向に警鐘を鳴らし、社会史的視点と空間ファクターの重要性を一貫して指摘し続けてきた松里の功績は大きい。また原暉之は「地域」や「地理」の要素を重視し、外交、軍事、植民、貿易、鉄道など広範な問題を地域の実状に結びつけながらロシア極東の歴史を論じてきた。[11] その一連の地域史研究は、帝国には民族政策のほかに重要な政策がいくらでもあったことを明白に示している。本書は、帝国の外へ目を向けることを重視しているためベッサラビアの地域史という形式はとらないが、ベッサラビアのルーマニア人に対する政策ではなく、この地域が属する時間・空間的な広がりに注目する点で、松里や原の方法論を継承するものである。

## 2　内政と外交の包括的分析

ここでは帝国研究における外交ファクターの重要性を考える。よく指摘されるように、近年、帝政ロシアにおける地域や民族政策を論じた研究が膨大に生み出されている。西部諸県の統治を扱った研究、[12] ウクライナに関する諸研究、[13] 複雑な民族構成を持つヴォルガ・ウラル地域の宗教政策・教育問題を扱った諸研究、[14] ロシアの「東方」をテーマとした諸研究、[15] カザフ・ステップやトルキスタンにおける統治やイスラーム化を扱った諸研究、[16] 極東の地域・海域研究など、[17] テーマも多岐にわたる。さらには帝国の教育制度や司法制度を概観した研究、[18] 帝国全体の民族政策や地方統治を総括した諸研究、[19] そしてハプスブルクなど他の帝国と比較した帝国論も数多く出版されている。[20]

帝国の地方統治を論じるうえでは、中央の決定や政策が地方に与える影響や、中央、現地行政、現地民族との関係という視点は不可欠である。ここに列挙した諸研究においても、中央と地方との関係もしくは民族政策と民族側の対応といった問題設定のみならず、複数の民族や地域の関係を視野に入れた複合的な分析を行っている場合が多い。

本書では、帝国内部の関係性を分析した地方統治研究とは異なる視点として、ベッサラビア統治と国外の情勢との関係に着目する。例えば第二章では、ノヴォロシア・ベッサラビア総督府の成立の背景にギリシア人の革命と独立戦争があったこと、また第三章では、ルーマニアの統一と改革そしてルーマニアを含むバルカンの政情不安が、現地当局がベッサラビアへの「大改革」導入を求めた動機となったことを指摘する。このように帝国の国境の外に目を向けることによって、「中央―地方」関係の観察からだけは見えてこない統治の実態を明らかにすることを目標とする。

さらに重要なことは、単に内政に外から影響を及ぼしたいわば外的要因に着目するだけではなく、帝国が戦略的に展開した外交との関係にも目を向ける必要があるということである。本書は、ベッサラビア地域研究の他に、ロシアのバルカン外交、「東方問題」、バルカン諸民族の独立運動の協力関係を論じた諸研究[21]に依拠するところが大きい。

一般にロシア帝国の研究では、内政と外交が異なるジャンルとして確立されており、地方統治を扱った研究では国内問題が重視され、外交研究では国と国との関係が主に論じられることとなる。しかし例えば、帝政ロシアの外交研究者L・I・ナロチニツカヤによるロシアの対プロイセン外交研究[22]は、両国の関係を国際情勢に位置づけて論じながら、さらに両国の関係がロシアのバルト諸県に与えた影響について分析している。

本書でもこのような内政と外交の分析を融合させた手法を意識した。例えば、一般に地方統治の研究では総督などの役割を重視するが、本書では帝国内にいる総督や県知事のみならず、国外の領事や大使の活動にも目を向け、また現地当局が現地の内政のみならず隣接諸国の政情に敏感だったことを指摘する。

また第三章では、本来国内問題とされる農奴解放が、ベッサラビアにおいては、ロシアのバルカン戦略の一環として認識されていた可能性を指摘する。

さらに、第五章では、正教についても同様のアプローチを行う。正教をめぐっては帝国統合の道具として宗教政策の文脈で論じられることが多い[23]。しかしここでは、対外政策の手段として「正教外交」[24]の文脈で論じる。ロシアは国内のムスリムや遊牧民といった非キリスト教徒を改宗させただけではなく、国外でカトリックやプロテスタント勢力と熾烈な覇権争いをしており、さらにはコンスタンティノープル総主教を頂点とするギリシア人聖職者と正教のリーダーとしての座を争っていた。そしてベッサラビア統治は、この正教外交に左右されていたのである。よってここでは、ベッサラビア統治と正教外交という二つの問題を関連づけて論じる。

以上の作業を通じて、国境に面している辺境を論じるためには、空間的にも政策面でも、帝国の国境内外の両方に目を向ける必要があることを明らかにする。それによって、従来の地方統治研究が国内問題の分析に偏りすぎている傾向に対し、新しい視角の提示を試みる。

## 3　膨張と統合との関係の重視

ここでは、ロシアにとってベッサラビアが統合の対象だったと同時に、帝国の膨張の道具[25]でもあった事実について検討する。

近年のロシアの地方統治に関する諸研究を見ると、帝国が辺境の民族地域をどのように統合・ロシア化したかという問題設定が依然として主流だということができる。よって、ひとたび民族地域が併合されたなら、(成功するかどうかは別として)帝国の辺境として統合されるべきものとしてツァーリ政府に認識されていたという前提に立っているように思われる。言い換えるならば、帝国にとって辺境とは統合の対象だったという見解である。

このような、辺境統治研究における統合重視主義な傾向に対し、本書では、帝国にとって辺境が単なる統合の対象ではなく膨張の道具でもあったことを示す事例について検証する。

近年のロシア帝国研究においては、かつてソ連時代の研究者が描いた「諸民族の牢獄」、「リヴァイアサン」といった抑圧的な帝国像は少数派となった。西部諸県の研究者セオドア・ウィークスは、「現在もロシア政府があらゆる非ロシア文化を一掃し、ロシア文化や正教に取って替えようとしていたという粗野な説を支持している研究者もわずかにいるが、今やこのような議論は非専門家によって行われる場合が多い。確かに文化的発展能力を直接阻害する差別的な法令を被った民族も存在したが、革命前のロシア政府が、あらゆる非ロシア言語、文化、宗教を根絶するような手段など持っておらず、その願望すら抱いていなかったことは明らかである[26]」と指摘した。ロシアのミハイル・ドルビーロフも同様に、「一九世紀の西部および東部辺境に対するロシアの帝国の政策が、首尾一貫し、周到に概念化された民族政策ではなかったという見解は、いまや歴史家たちの間で広く認められているように思われる[27]」と述べている。このように現在では、ロシアによる民族地域の統合・ロシア化が非抑圧的だったとする理解が一般的となっている。

このような流れを作った研究者としてまず挙げられるのは、エドワード・ターデンである。よく知られるように、一九八〇年代初期の研究において、彼は帝政ロシアのロシア化政策を①無計画的ロシア化、②行政的ロシア化、③文化的ロシア化に分類した。「無計画的ロシア化」というのは、一六世紀以来、数知れないタタール人、チュワシ人、モルドヴィア人、ベラルーシ人、ウクライナ人、そしてその他の非ロシア人が、ロシアの軍人や官僚となったり、ロシア人と結婚したり、ロシア語に接しながら暮らすうちに、ごく自然にロシアの慣習、文化、言語を受容したことを指すとされる。「行政的ロシア化」は、エカチェリーナ二世時代から始まった、より意識的・計画的な行政機構の画一化、そして「文化的ロシア化」はロシア文化、ロシア語教育、正教の普及政策を指すとするものである。(28)

西部諸県、フィンランド、バルト地域を扱った彼の編集による諸研究は、次のように指摘する。帝政期には「ロシア化」という概念は、帝国共通の統治システムとロシア語の教育と公用語化を辺境の民族地域に普及させるという意味で用いられていた。「行政的ロシア化」とは、合理的な中央集権化のプロセスであり、現地貴族の特権の排除に過ぎなかった。それでもロシア人は、ポーランド人やバルト・ドイツ人などの現地エリートの勢力に対抗できず、また政治的・社会的秩序の維持のために彼らの協力を必要としたため、一貫した強いロシア化政策を追求することはできなかった。宗務総監のK・P・ポベドノスツェフやフィンランド統治者のN・I・ボブリコフによる強引なロシア化政策の例もあったが、結局は成功しなかった、としている。(29)

また一九九〇年の論文においてターデンは、「ロシア政府は、地域の社会構造や慣習を大きく変えるだけの鉄の意志も決断力も持たなかった上に、人的・財政的資源にも欠けていた。一八六〇年代以前には、国家統合の基礎としての識字率、普通教育、経済的合理化、社会的近代化の重要性を理解しているロシアの官僚は稀だった」と述べている。(30)そして、ツァーリ政府による「文化的ロシア化」の失敗について、「帝国の辺境の民族が何世紀にもわたって営んできた制度、慣習、文化、社会的価値観、構造を覆すことが、ロシアにとっていかに困難であったかを証明している」と述べた。(31)

フィンランド研究のトゥオモ・ポルヴィネンは、ターデン説を支持して次のように指摘している。ロシア帝国は他の列強のように帝国主義的な膨張や分離主義の排除を行おうとしたが、ツァーリ政府の思惑と実行能力にはギャップがあった。「行政的ロシア化」はフィンランドを含む帝国全土の辺境にさまざまな形態で浸透した。しかし「文化的ロシア化」についてみると、確かにフィンランドでもバルト地方のように初等教育のロシア語化などが普及したが、「行政的ロシア化」に比べると成功しなかった。それは、ツァーリ体制のシステムそのものの脆弱さと内部矛盾、マイノリティ側からの抵抗などが障害となったからである、と述べている[32]。

ウクライナ研究者のアレクセイ・ミラーも同様に、「帝国規模の単一のロシア化政策はなかった」と述べ、地域によってロシア化は異なるとして「ロシア化」の語を単数形ではなく複数形で用いている[33]。さらに帝政ロシアによるウクライナの統合政策とウクライナ民族運動との対立について論じた研究の中で、一九世紀におけるウクライナ人へのロシア化の圧力は弱かったと指摘している。

ミラーによると、その原因は、ヨーロッパの列強に比べたロシアの社会・経済的後進性にあり、鉄道、工業化、都市化の遅れといった低開発が、政府への人的・物的資源の供給を妨げ、同化政策の遂行を著しく困難としたためだった。またロシアはフランスのような学校、軍隊、地方行政を有しておらず、国家制度が低水準であり、このような制度的貧困が社会資源の運用を制限し、優れた官僚の増加を妨げていた。特に初等教育への政府の投資が国家予算のわずか一一%であったことは、同化政策にとって致命的だった。効果的な同化政策の道具としての初等教育制度の重要性を理解できなかったことは、ツァーリ政府の同化政策機構としての低能ぶりを物語っている、とした。そしてミラーは、ロシア人とウクライナ人のナショナリズム対決について「ウクライナ民族運動の成功というよりは、むしろロシアの同化政策の失敗といったほうが適切である」と結論している[34]。

特に、ポーランド人勢力の強い西部諸県に関する最近の研究では、この地域のロシア化があまりに不可能であったために、ロシア政府に同化の意図がそもそもなかった、ロシア化ははじめから選択肢とされていなかった、という見解が主流となった。松里研究は、エスニック・ボナパルティズムを妨げかねない完全同化は目標とされるどころか「望ましい政策でさえなかった」[35]と指摘し、また前出のウィークスは、西部諸県におけるロシア政府の目的は、ポーランド人の勢力を抑えることであって彼らをロシア化することではなかった、リトアニア人に対するロシア化などは問題にされていなかったとした。[36] ダリウス・スタリウナスも同様に、「ロシア当局が西部諸県の住民をロシア化したかったのかどうか」という問題設定から始めなければならないと主張し、現地統治者たちはポーランド人をロシア化できるなどとは信じておらず、ポーランド人にもリトアニア人にも組織的なロシア化を行おうとはしなかった、と結論している。[37]

このように、近年の研究におけるロシア化政策の理解は、ロシア側の同化能力を疑問視し、ロシア化政策の不成功や消極性、さらにはロシア化の意図の欠如を強調する傾向が主流となっている。

これらの動向を踏まえた上で本書が目指すのは、帝国の膨張と統合の関係に着目することにより、帝国の膨張を有利に進めるために、むしろ辺境をロシア化しないことを積極的に選択した場合があったことを指摘することである。そしてその作業によって、辺境が単なる統合の対象ではなく膨張の道具でもあった事実を明らかにする。

本書で扱うベッサラビアにおいても、バルト諸県、フィンランド、ウクライナ、中央アジアのように、ロシア化政策が十分浸透したとはいえない状況だった。例えば、ロシア語化政策についてみると、ウクライナと同様にベッサラビアにおいてもルーマニア人住民の識字率は低く、一八九七年センサスの母語別で見ると、ベッサラビアのモルドヴァ語人口九二万九一九人のうち男一〇・六％、女一・七％に過ぎなかった。[38] 塩川伸明の算出によると、一八九七年のセンサスで全帝国の「ロマンス語」人口一一四万三〇〇〇人（大部分はベッサラビアのルーマニア人）のうち、ロシア語の識字率は六・九％、その他の言語は〇・六％、初等以上の教育を受けたのは〇・八％となっている。[39] このようにルーマニア人住民にはロシア語が十分に浸透しておらず、二〇世紀に入っても「ベッサラビアでは一歩進むごとに通訳が必要」[40] といわれたほどだった。

しかし、仮にツァーリ政府に十分な資金があったなら、より効果的なロシア語化政策を実行していたとは必ずしもいえない。なぜなら、第五章で見るように、実際にツァーリ政府はベッサラビアに学校を建てるための巨額の資金を持っていたにもかかわらず、それを正教外交の費用として、中近東というベッサラビアとは全く違う場所でミッションスクールを建てるためにつぎ込んでいたからである。これは、ロシアが民族地域を同化したくてもできなかったという事例とは全く異なるものである。

ロシア帝国にとって他国の領土を併合するということは、併合された地域が属する文化やそこに根づいていた伝統を自国に取り込むことを意味していた。従来の見解では、これらの異文化は「文化的ロシア化」の対象だったとされる。しかし実際には、辺境が隣国とのつなぎ役であったように、辺境の異文化もまた隣接世界との紐帯となる場合があった。また、さらなる膨張のための外交資源となる場合もあったのである。

ベッサラビアは、ロシアがバルカンの正教国から獲得した唯一の領土だった。ロシアはベッサラビアを併合したことによって、ビザンツの法文化、バルカンや近東の正教聖地の領地を手に入れ、それらを南下政策や正教外交の道具として利用しようとした。つまり、ロシアは他国から新たに併合した地域の持ち味を膨張に生かそうという考えを持っていたのである。

そしてベッサラビアのロシア化政策よりも正教外交を優先したという事実は、ロシアが辺境の統合よりも帝国の膨張を重視していたことを示しており、現在の辺境統治研究における統合重視主義的な傾向に疑問を投げかけるものである。ロシア帝国にとって、統合と膨張がときに二者択一の関係にあった以上、帝国の辺境統治を考えるうえで、いかに辺境を統合しようとしたか、それにどの程度成功したかという問題設定だけではなく、統合と膨張の相互関係を意識する必要がある。

この節では、①民族地域から歴史的空間への移行、②内政と外交の包括的分析、③膨張と統合との関係の重視、という三論点について考察した。まとめると、民族ファクター、国内問題、統合政策を偏重することで見落としかねない論点を、空間ファクター、国外情勢および外交にも目を向けることで明るみに出すことが、ロシア帝国の辺境統治分析のために本書が試みるアプローチである。

## 第二節　ベッサラビア研究史について

ここではロシア帝国下のベッサラビアの史学史について整理する。前節でも述べたように、本書は帝国の外へ目を向けることを重視しているため、ベッサラビアの地域史という形式はとらない。しかしここでは、帝政期から現在に至るまでのベッサラビア研究を概観することにより、ベッサラビア研究の多様性やモルドヴァ共和国の史学動向が抱える問題を提示し、本書の立場を明確にする。[41]

ベッサラビアがロシアに併合される以前のモルドヴァ史としてまず挙げられるのは、歴史家としても知られるモルドヴァ公国の君主ディミトリエ・カンテミール（在位一七一〇—一一年）の『モルドヴァ誌』[42]である。これはカンテミールがオスマン帝国の歴史を書いてヨーロッパで高く評価され、一七一四年にベルリン・アカデミー会員に選ばれたときに、アカデミーからの要請で書いた歴史書とされる。[43]第一章が地理、第二章が政治、第三章がモルドヴァの教会と学術を扱っている。特に第二章が充実しており、君主の統治についてのみならず裁判、法律、貴族、修道院領についても論じられている。

帝政ロシア期のベッサラビア研究については、A・ザシチューク、P・N・バチュシコフ、N・V・ラシコフによる併合当時からの人口、民族、土地問題、行政機構などあらゆるテーマを網羅した総括的な研究がまず挙げられる。[44]そのほかに、ベッサラビア出身のモスクワ大教授でありニコライ二世の教育相を務めたレオン・カッソや、アレクセイ・ナッコによるベッサラビア併合前の占領期の歴史(45)、ベッサラビアの有力貴族であるA・N・クルペンスキーによるベッサラビア貴族の歴史(46)、農民改革の研究(47)、そして第四章で参照することとなるカッソを含むベッサラビア現地法に関する法学者たちの一連の研究がある(48)。これらの研究は、ビザンツ法の流れを汲むベッサラビアの民法の歴史、判例、さらに矛盾点や問題点について分析している。また、一九一八年に出版されたL・S・ベルクのベッサラビア研究は、ベッサラビアの名称の由来から住民、農業、都市、鉄道などさまざまな問題を論じており、本書も頼るところが大きい(49)。

ソ連期では農民問題に関する研究が充実している。特にベッサラビアの農民改革、農業問題、ゼムストヴォ(地方自治体)研究者としてIa・S・グロスルとI・G・ブダクとを挙げることができる。ソ連時代のベッサラビア・ルーマニア研究の第一人者でありバルカン外交にも詳しいグロスルにとって農民問題はテーマの一つに過ぎないが、膨大なアーカイヴ文書を駆使した業績を残している(50)。ブダクもまた、社会史研究者として、農業に限らずゼムストヴォの広範な活動やベッサラビアにおけるバルカン民族運動など多くの研究を残した(51)。彼らの研究は、ルーマニアの改革についてもベッサラビアと比較しながら論じており、第三章で見るように、ロシアがルーマニアの農民改革を意識しながらベッサラビアの改革を行った点についても指摘している。現在のモルドヴァ共和国においても、ロシア帝国時代のベッサラビアの行政・司法機構や「大改革」を扱った新しい学位論文や研究が出てきているが、ルーマニア語で書かれているというだけで、このソ連期の研究者たちの業績を凌駕するものではない(52)。

このほかに、ソ連崩壊後もモルドヴァ共和国科学アカデミーで研究を続けているI・A・アンツーポフは、ベッサラビア南部の農民問題などの研究を数多く送り出している(53)。ブルガリア人やガガウズなどバルカンからの外国人入植や彼らの農民蜂起を論じたものとしては、アンツーポフと同じくアカデミーの現役の研究者で、自ら

も南部アッケルマン郡出身であるI・F・グレクの研究などがある。(54)

またルーマニア統治下(一九一八―三九年)とソ連時代にかけて、ベッサラビアの宗教・教会史が出版された。ベッサラビアの教会研究者として最も知られるのがニコラエ・ポポフスキである。ベッサラビアの教会問題をロシアの宗教政策を織り交ぜながら論じた大著『一九世紀ロシア統治下のベッサラビアの教会史』(55)、また帝政末期にベッサラビアに隣接するポドリヤ県バルタで起こったルーマニア語典礼をめぐる「イノケンティズム問題」を論じた『ベッサラビアにおけるバルタ運動もしくはイノケンティズム』(56)は貴重な研究である。またルーマニアで最も著名な歴史家の一人ニコラエ・ヨルガ(一八七一―一九四〇年)によるベッサラビアを含むルーマニア宗教史『ルーマニア教会史とルーマニア人の宗教生活』(57)がある。これは後述のヨルガの著作『ビザンツ後のビザンツ』と同様に、ドナウ二公国に浸透したギリシア人聖職者の影響について知ることができるが、ルーマニアに対象を限定しているため、詳細である反面広がりに欠ける印象がある。

ルーマニアのヤシ大学教授アレクサンドル・ボルドゥルは詳細なベッサラビア通史を残している。前記のイノケンティズム問題のほか、ユダヤ人ポグロムのような他の研究が言及しない問題にも目配りしている。(58)またボルドゥルと並ぶソ連期のベッサラビア史家としてイオン・ニストルが知られている。(59)ヨルガもブカレストでベッサラビア史を出版している。(60)さらに帝政末期のルーマニア人エリートの活動についての研究として、シュテファン・チョバヌの『ベッサラビアの民族運動史から』(61)がある。

特殊なテーマとしては、第二章で利用した、ベッサラビアを舞台としたデカブリストやギリシア人革命組織「エテリア協会」の活動を論じたV・ヴァザノフ、L・N・オガニャン、I・F・ヨッヴァの研究がある。(62)(63)特にロシアで出版されたデカブリスト研究はベッサラビアのデカブリストの活動にほとんど言及しないため、これらの研究は貴重な情報を提供してくれる。またデカブリストの活動とバルカンの民族運動を結びつけた視野の広い研究である。

モルドヴァ共和国独立後の研究史については、モルドヴァ共和国の史学動向と関連づけながら考察する。

現在のベッサラビア通史について分析すると、大きく分けて四種類あると考えられる。①ロシア帝国研究の一地域としてのベッサラビア史、②プルート川とドニエストル川の間の地域としてのベッサラビアの歴史、③「ルーマニア人の歴史」の一部としてのベッサラビア史、④「モルドヴァ（共和国）史」の帝政ロシア時代の歴史である。

まず、①ロシア帝国の一地域としてのベッサラビアの研究に該当する例としては、ロシア帝国の諸地域を広範に扱った研究が挙げられる。カペラーのように帝国全土の民族地域や民族政策を概観した研究、諸地域の行政機構について集大成した研究などがある。[64] これらの研究は、その概説としての性格から、現地の状況に関する情報には乏しいが、ロシア帝国によるベッサラビアの併合や統治についての理解を助け、帝国の他の民族地域と比較する視点を提供するものである。
②プルート川とドニエストル川の間の地域としてのベッサラビアの歴史は、主にルーマニア語で書かれたベッサラビア史である。古代から現代までの研究、ロシアに併合された一八一二年からソ連に併合される一九四〇年までの研究、帝政時代もしくはソ連時代のベッサラビア研究などがある。[65] ベッサラビアに関する叙述に絞った形式であるため、帝政期に関しては③の「ルーマニア人の歴史」よりはるかに多くの情報を得ることができる。
③「ルーマニア人の歴史」と④「モルドヴァ（共和国）史」をめぐる問題は、現在のモルドヴァ共和国の史学動向と深く結びついている。現在、ルーマニアやモルドヴァ共和国で出版されるルーマニアに関する歴史は、国史としての「ルーマニア史」ではなく民族史としての「ルーマニア人の歴史」という体裁をとる場合が多い。[66] それには、オスマン帝国、ハプスブルク帝国、ロシア帝国に統治されていたルーマニア人が国民国家としてのルーマ

ニアを樹立したのは一九世紀半ば以降のことであること、そのルーマニアの領域に含まれたのはドナウ二公国のモルドヴァ、ワラキア、そしてオーストリア領だったトランシルヴァニアなどに限られ、ロシア帝国領だったベッサラビアはその大部分がソ連のモルダヴィア・ソヴェト社会主義共和国となり、ソ連崩壊後一九九一年に独立しモルドヴァ共和国となったという複雑な歴史が影響している。(67)

この「もう一つのルーマニア人国家」モルドヴァ共和国においても、現在優勢な歴史記述は「ルーマニア人の歴史」である。ルーマニアで出版される「ルーマニア人の歴史」は、ロシア帝国統治下のベッサラビアについては論じないのが普通である。(68)これに対し、モルドヴァ共和国の「ルーマニア人の歴史」は、ドナウ二公国、トランシルヴァニア、ベッサラビア、ブコヴィナなどのルーマニア人が民族統合を目指し、これらすべての地域の統一は実現できなかったが、ルーマニアとモルドヴァ共和国の独立は達成できたとして、モルドヴァ共和国のルーマニア人の歴史を「ルーマニア人地域」全体の歴史に位置づけた内容となっている。(69)

例えば、モルドヴァ共和国で出版されたある『ルーマニア人の歴史』の序文で、執筆者たちはこう語る。「まず左岸ドニエストル、そしてベッサラビアに共産主義体制がしかれたことでこの地域のルーマニア人を残りのルーマニア民族から分断しようという意図的な試みが行われた。〔中略〕一九八九年ののち民主体制が成立したことで、歴史家たちは史料の利用と現代史学史研究の成果を踏まえた客観的な立場から民族の過去を叙述する可能性を手にした」(70)、「モルドヴァ共和国における現在の民族文化と文明は、ルーマニア人が住む全領域において形成された数世紀にわたる歴史的伝統を基礎に発展してきた。何百年にわたって積み重ねられてきたこの歴史的財産は、今日モルドヴァ共和国やルーマニアのみならず、その圏外に暮らす全てのルーマニア人にとっても唯一の共通の遺産となっている。よって民族史は、ルーマニア史やモルドヴァ共和国史といった国史にまさる広がりと大きさを有するのである(71)」。

この「ルーマニア人の歴史」に対抗するのが「モルドヴァ(共和国)史」である。この歴史叙述においては、モルドヴァ人はスラヴ系の影響を強く受けたことによって形成されたエトノスで、ルーマニア人とは異なる民族だと主張され、モルドヴァの歴史をロシアやソ連の歴史の一部としてとらえる認識を強く出した記述となっている。この歴史を支持する人々にとっては、ルーマニアで起こった出来事は外国史にすぎず、「ルーマニア人の歴史」が好んで扱う題材であるドナウ二公国の統一やルーマニアの独立については論じられない。

『モルドヴァ・ルーマニア語辞典』[72]の執筆者でもあるヴァシレ・スタティは、著書『モルドヴァ史』の序文でこう主張している。「この世界に自分たちの歴史を叙述し学ばない民族など存在しない。それなのにもう一〇年以上もモルドヴァ国家はこの神聖な法則の例外となっている。モルドヴァ共和国は、国民が他人の歴史を学んでいる地球上でただ一つの国である。〔中略〕モルドヴァでは他人の歴史であるルーマニア人の歴史を押しつけられているのである」[73]。このように、現在のモルドヴァ共和国の史学動向は、民族史である「ルーマニア人の歴史」と国史である「モルドヴァ(共和国)史」との対立状態にあるということができる[74]。

両者のベッサラビア記述について比較すると、「ルーマニア人の歴史」におけるベッサラビア史ではルーマニア人住民が主役であるが、外国人コロニー住民など他民族についても目配りされている。しかし、ロシア帝国統治下においてベッサラビアの行政的・文化的ロシア化が推し進められたという批判的な論調が強い。概してロシア統治下のベッサラビアに関する叙述自体が少なく、全体的な内容はルーマニアの歴史に偏っている。他方、「モルドヴァ(共和国)史」はロシア統治下のベッサラビアに関する叙述は充実しており、農業、工業、商業、学術、文化、他民族など多方面にわたって論じられている。しかしロシア統治下のベッサラビアの地域発展を強調する傾向が強く、中央政府の統治については十分論じられていない。またロシアの影響を受けたことによってモルドヴァ民族が新たに形成されたと強調し、革命期の農民や労働者の運動や政党の動きを詳細に扱っている点が特徴となっている。[75]

モルドヴァ共和国科学アカデミー歴史研究所の研究者の多くは、「ルーマニア人の歴史」の推進者である。帝政期のベッサラビア史研究者としてディヌ・ポシュタレンク、ギョルゲ・ネグルなどが挙げられる。またルーマニア近代史における外交が専門のイオン・ヴァルタは、モスクワのバルカン研究の大家V・N・ヴィノグラードフの弟子であり、ソ連時代のモルドヴァの著名な外交研究者E・E・チェルタンの流れを汲む研究者であるが、ベッサラビアに関する研究も数多く行っている。[76]

モルドヴァ共和国科学アカデミーの歴史研究所が「ルーマニア人の歴史」研究の拠点であるのに対し、民族間関係研究所はマイノリティ研究の中心地である。すでに見たアンツーポフとグレク、またブルガリア人研究の大家N・N・チェルヴェンコフはこの研究所に所属している。歴史研究所がルーマニア語を使うのに対し、ここではロシア語が使われることが多く、ベッサラビアやモルドヴァ共和国のユダヤ人、ロシア人、ウクライナ人、ロマ、ガガウズ、ブルガリア人、ドイツ人などの歴史、民俗、文学、音楽、演劇に関する研究が行われているが、ルーマニア語を使う若い世代の研究者もいる。[77]

モルドヴァ共和国のベッサラビア史学史については、「ルーマニア人の歴史」に近い立場をとりながらもドニエストル地域の歴史にも目を向け、新聞インタヴューなど公の場での発言も多いイオン・ツルカヌの研究、帝政ロシアの史学史におけるベッサラビアをテーマとしたイゴル・シャーロフの学位論文がある。[78]

個別のテーマを概観すると、教会問題については、本書も多くを負っているタチヤーナ・ヴァルタのベッサラビア修道院領国有化に関する論文「帝政とベッサラビアの修道院領問題(一八一二—一九一七)」[79]、またパーヴェル・パラスカによる一四世紀のモルドヴァを対象とした『モルドヴァ府主教管区の起源』[80]が挙げられる。また、かつてノガイ領だったベッサラビア南部のブヂャクと呼ばれていた地域(現在はウクライナ領)の歴史を分析したモルドヴァ共和国のイオン・キルトアガの諸研究[81]、ウクライナのイズマイル人文大学(旧イズマイル教育大学)の歴史研究者たちによるドナウ河口地域の歴史がある[82]。経済史の分野では、ベッサラビア貿易の専門家であるモルドヴァ国立大学のヴァレンティン・トムレツが、ロシア語、ウクライナ語、ルーマニア語で書かれた数多くの研究によって、ベッサラビアとウクライナなど近隣地域との経済関係を広い視野で論じている[83]。概してモルドヴァ共和国の研究者たちはルーマニア語とロシア語の両方を駆使する場合が多く、両隣のウクライナやルーマニアとのつながりが強い。

またウクライナの学位候補論文の中にも、ベッサラビアの民族問題を扱ったものがある。ウクライナにおけるバルカン民族研究はロシア語やウクライナ語の文献しか参照しない場合が多いが、例えば、ハリコフ国立大学のV・V・トゥルコフの学位候補論文は、一九世紀後半のウクライナ南部におけるベッサラビアからのブルガリア人移民の統治をテーマとして、ロシア語文献やブルガリア語文献を利用している[84]。また五世紀から一九世紀にかけてのベッサラビア南部のバルカン民族入植問題を論じたオデッサ大学のL・S・メリニコヴァの学位候補論文は、キシニョフで出版されたロシア語文献のみならずブカレストで出版されたルーマニア科学アカデミー紀要などのルーマニア語文献も参照している[85]。またルーマニアのヤシ大学ではロシア帝国によるベッサラビア統治をテーマとしたM・スヴェイカの論文が学位を取得しており、モルドヴァ共和国の研究者のようにルーマニア語とロシア語の文献を参照している[86]。

ここでは、ベッサラビア研究のテーマの広さと豊かさ、そして現在のモルドヴァ共和国における民族史と国史の対立について考察してきた。確かに「ルーマニア人の歴史」が扱う空間的な領域は、ベッサラビアだけを対象とするよりはるかに広い。意識的にマイノリティの存在にも目を向けており、民族主義的な傾向を極力抑える努力がなされている印象がある。むしろ問題なのは、現地のルーマニア人史家たちのロシア・ソ連に対する反感とルーマニアに対する親近感を反映し、帝政ロシアとベッサラビアとの関係を従来どおりの「抑圧―抵抗」の関係で論じる傾向が強いことであろう。

逆に「モルドヴァ（共和国）史」の問題点は、ロシアとの関係に重点を置くあまり、意図的にルーマニアとベッサラビアとのつながりを黙殺しようとしていることである。本書はベッサラビアのルーマニア・ファクターを偏重する姿勢には同調しないが、かといってこのような親ロシア主義やモルドヴァ主義に賛同するものでは全くない。なぜなら前節で述べたように、ロシア帝国にとっては、ベッサラビアがモルドヴァ公国から受け継いだビザンツの遺産こそが、そのルーマニア・ファクターよりはるかに重要な武器となったからである。

これらを踏まえて、本書では、「ルーマニア人の歴史」と「モルドヴァ（共和国）史」の両方の問題点に留意しつつ、「抑圧―抵抗」の関係とは異なる視点から、ロシア帝国のベッサラビア統治を考えていくこととする。

## 第三節　史　料

本書で利用した文献については、一次史料はウクライナのオデッサ所在のオデッサ州国立文書館[87]とモルドヴァ共和国の首都キシナウ（ロシア語でキシニョフ）所在のモルドヴァ共和国国立文書館[88]の文書を中心とし、その他には、ロシアのモスクワ所在のロシア帝国外交文書館[89]、同じくモスクワのロシア国立古文書館[90]、そしてサンクトペテルブルクのロシア科学アカデミー文書館サンクトペテルブルク支部[91]の文書などを参照している。

二次文献としては、国外ではウクライナの首都キエフのV・I・ヴェルナツキー名称ウクライナ国立大学図書館[92]、オデッサのI・I・メチニコフ名称オデッサ国立大学学術図書館[93]とM・ゴーリキー名称オデッサ国立大学学術図書館[94]、キシナウのモルドヴァ共和国国立図書館[95]とモルドヴァ共和国科学アカデミー[96]の図書館の資料、モスクワのロシア国立図書館[97]とサンクトペテルブルクのロシア民族図書館[98]を、国内では北海道大学の附属図書館とスラブ研究センター図書室を主に利用している。

## 1　文書館史料

オデッサは帝政期のノヴォロシア・ベッサラビア総督府(一八二八―七四年)とオデッサ臨時総督府(一八七九―八九年)の所在地である。オデッサの総督府はエカテリノスラフ県、ヘルソン県、タヴリーダ県、ベッサラビア州(一八七三年から県)を統括していた(口絵地図3参照)ため、オデッサにはノヴォロシア、クリミア、ベッサラビアの県・州庁、オデッサ特別市行政当局など黒海北岸全域からの文書が集中した。オデッサ州国立文書館はそれらの膨大な行政文書を所蔵している。また総督府文書のほかに、オデッサ貴族団、南ロシア外国人移民保護局、ノヴォロシア統計委員会、南ロシア農業協会、オデッサ税関、ノヴォロシア大学、オデッサ歴史・古代史委員会など多種多様なフォンド(文書グループ)がある。[99]

本書で利用しているのはフォンド一「ノヴォロシア・ベッサラビア総督官房」[100]である。これはオデッサ州国立文書館で最も重要な文書グループであり、ノヴォロシア・ベッサラビア総督府が成立する以前のノヴォロシア・アゾフ総督府(一七七五―八三年)、エカテリノスラフ総督府(一七八三―八四年)、エカテリノスラフ・タヴリーダ総督府(一七八四―九六年)、ノヴォロシア総督府(一七九六―一八二八年)の行政文書も含まれる。県・州知事、特別市(オデッサ、タガンロク、イズマイル、ケルチ＝エニカレなど)の長官からの年次報告書、総督による皇帝への上奏報告書など、行政、軍事、農業、商業、外国人移民などあらゆる分野の報告書や往復書簡がある。

帝政期のノヴォロシア・ベッサラビア総督官房は五局に分かれていた[101]。第一局(全三課)「監督、統計、整備全般」、第二局(全二課)「刑事捜査と裁判全般」、第三局(全二課)「財政・商業」、第四局(全二課)「ベッサラビア州問題」、第五局(全三課)「ノヴォロシア諸県とベッサラビア州の軍病院と軍法会議問題」である。この総督官房の構造を見るとわかるように、第四局というベッサラビア州専門の局が設置されている。第一〜三局はノヴォロシア三県を対象とし、ベッサラビア州には関与しない。第四局は、ベッサラビア州における監督、統計、建設、財政、商業、警察、検疫、郵便、医療など州統治全般にかかわる問題を統括する。本書では、これらのベッサラビア統治に関する内容の文書を中心に利用している。

オデッサと同じく現在ウクライナ領のキエフ総督府やハリコフ総督府の文書館史料を読むと、キエフ総督府の文書は右岸ウクライナらしく現地の有力者層であるポーランド人やユダヤ人に関する内容が多く、他方、左岸ウクライナのハリコノ総督府文書ではユダヤ人に関する内容はほとんど見られず、ボロネジやクルスクなどロシア諸県の地名が頻出し、東部とのつながりの強さを窺わせる[102]。これに対して、ノヴォロシア・ベッサラビア総督官房の文書は、港や船舶の管理、貿易、戦時の軍の宿営、クリミア戦争やカフカース戦争後のタタールやノガイの国外脱出、オスマン帝国やドナウ二公国との検疫や郵便に関する協定、移住者へのパスポートの発行、国外逃亡者のデータなど、黒海に面した国境地域に特徴的な人や物の流れを感じさせる内容が目立つ。またギリシア人やポーランド人による秘密結社への警戒、分離派、ドゥホボール、モロカンなど宗教集団に対する監視に関する文書も多い。

また総督の活動や時代背景を反映した変化が見られる。初代ノヴォロシア・ベッサラビア総督のM・S・ヴォロンツォフが一八三〇年にオデッサ―イスタンブル間の汽船航路を開通させ、それ以降はドニエストル、ドナウなど河川航行関連の文書が急激に増えている。またヴォロンツォフは一八四四年から一〇年間カフカース総督を兼任している。[103] このため、その当時の文書にはカフカース総督府所在地であるチフリス(現トビリシ)との報告書や書簡のやりとりが目につく。改革が開始された一八六〇年代からは、農民の状況に関する内容が目立つようになる。また、革命活動との闘いを目的に設置されたオデッサ臨時総督府の文書には、学生活動の取り締まりや出版物の検閲に関する内容が多いが、一八八五年の東ルメリア州クーデタとブルガリアによる併合に関する文書や、ドナウ河口地域を管理するドナウ・ヨーロッパ委員会(ルーマニア領ドナウ河港都市のガラツィが本部)の活動に関する文書など、国際関係やバルカン情勢に関わる内容も豊富である。

かつてベッサラビアの州都だったキシナウにあるモルドヴァ共和国国立文書館は、帝政期のベッサラビア統治に関わるあらゆる文書を所蔵しており、州(県)行政当局、ベッサラビア県ゼムストヴォ、モルドヴァ公国との国境にあるスクリャン検疫所、キシニョフ主教区管理局、民事・刑事・地方裁判所、キシニョフ市会などのフォンドがある。[104]

行政関連で本書が利用しているのは、フォンド二「ベッサラビア県知事官房(一八一二―一九一七年)」[105]、フォンド三「ベッサラビア最高議会(一八一八―一八二八年)・ベッサラビア州評議会(一八二八―七三年)」[106]、フォンド六「ベッサラビア州行政当局(一八六五―一九一八年)」[107]、フォンド八八「ベッサラビア貴族代表集会(一八一二―一九一七年)」[108]である。州知事からオデッサへの年次報告書については下書きしか残っていないなど、むしろオデッサの文書館のほうが保存状態がよい。しかし貴族やゼムストヴォからの報告書・請願書など、オデッサでは入手できない詳細なデータを提供する文書が数多く所蔵されており、その内容は行政・司法などの機構、農民改革、財政、教育、現地法、外国修道院領、鉄道建設など多岐にわたる。本書では特に、「大改革」の導入、現地法の維持、修道院領国有化を求める現地行政当局、貴族、県ゼムストヴォによる請願書を中心に分析する。

教会・修道院関連の文書も充実している。まず宗教管理機関として、フォンド二〇五「キシニョフ宗教司法局

（一八〇九―三四年）」[109]およびフォンド二〇八「キシニョフ主教管区監督局（一八三二―一九一六年）」[110]があり、ベッサラビアにある外国修道院領に関しては、フォンド二一四「ベッサラビア外国修道院領管理のための外国宗教施設代理人（一八二一―一九〇八年）」[111]やフォンド一二五「ベッサラビア外国宗教施設領管理局（一八七三―一九〇三年）」[112]などがある。またベッサラビアの各主要修道院のフォンドもあり、例えば第五章で言及する新ニャムツ修道院のフォンド二一一九は、モルドヴァ時代に設立された一四世紀からソ連時代の一九六〇年までの文献を揃えている。

また、ベッサラビアに特徴的なフォンドとして、モルドヴァ時代の文献や、ルーマニアとの関係を示すものが膨大にある。

古いものとしては、フォンド二二〇「モルドヴァ語の歴史的証書や古文書集成（一七〇三―一八六九年）」がある。これはモルドヴァ領時代のルーマニア語の証明書などを集めたもので、貴族出身であることを証明する文書や、国境を越えて交易するのに必要な許可書などがあるとされる。

また州行政文書の中にも、ドナウ河口で漁民がルーマニアの国境警備兵に威嚇射撃を受けたという報告、一八五九年のルーマニア君主クザの即位や廃位に関する報告、一九一三年にルーマニアで発生した大規模な農民蜂起の報告などがある。ドナウ二公国のロシア領事からの報告書の紙質やレターヘッドのデザインが、在ヤシ領事よりも在ブカレスト領事のほうが上等であることは、モルドヴァとワラキアの国力の差を物語っているように思われる。また前出のモルドヴァから移転してきた新ニャムツ修道院からの書簡には、修道院名が彫られた精巧な作りのさまざまなスタンプが押されており、広大な領地を所有する修道院の勢力の大きさが看取される。

一九一八年にベッサラビアはルーマニアに併合されるが、ゼムストヴォはその後数年間機能し続けていた。キシニョフ郡ゼムストヴォに関するフォンド七〇に含まれる「キシニョフ郡臨時ゼムストヴォ委員会（一九一八―二五年）」という文書群からは、ルーブリからルーマニアの通貨単位レイへの移行、ルーマニア政府による改革に対するベッサラビア・ゼムストヴォの反対運動、ルーマニア政府と国王カロル一世への忠誠を誓った官吏や労働者のリスト、郷行政の廃止、学校のルーマニア語化など、急激な改革の様子が窺える。また、外国修道院領の国有化を担当したルーマニア農務省機関「カーサ・ノアストラ（私たちの家）」（フォンド一一〇）[113]は、ルーマニア語で修道院領の接収作業を克明に記録している。

ロシア帝国外交文書館の史料では、フォンド一五九「ベッサラビアの領地」[114]とフォンド三三七／二「ロシア帝立正教パレスチナ協会」[115]を利用した。この二フォンドは、帝政期の正教外交とベッサラビアの外国修道院領の情報を得るのに欠かすことのできない文書グループである。ロシア国立古文書館ではヴォロンツォフ家のフォンド一二六二を、またロシア科学アカデミー文書館サンクトペテルブルク支部では正教外交関連のフォンド一一八を参照している。

当時の定期刊行物や公的機関の発行物については、『一八九七年第一回ロシア帝国全人口調査』[116]、『ロシア帝国法律大全』[117]、『ロシア帝国大臣評議会特別議事録』[118]、『第三国会議事録』[119]を参照した。特に大臣評議会議事録は、大臣たちがベッサラビア修道院領国有化と正教外交とのいずれを優先するかを討議している状況が記録されている貴重な資料である。

そのほか『正教パレスチナ論集』[120]、『帝立正教パレスチナ協会報告』[121]、『オデッサ歴史・古代史協会紀要』[122]、『ベッサラビア州統計委員会紀要』[123]、『ロシア帝国統計・ベッサラビア県』[124]、『ベッサラビア県要覧』[125]、『ベッサラビア・カレンダー』[126]、『ベッサラビア・ゼムストヴォ報知』[127]、『農工業の需要に関する現地委員会紀要・ベッサラビア県』[128]などを利用。現在の定期刊行物・雑誌については、ソ連期モルダヴィア共和国の『キシニョフ大学紀要』[129]、独立後のモルドヴァ共和国の主要なルーマニア語学術雑誌『モルドヴァ歴史雑誌（Revistă de istorie a Moldvei）』、『ルーマニアの運命（Destin Românesc）』、『クジェトゥル（思想）（Cugetul）』を参照している。

## 2　先行研究

先行研究については、まずノヴォロシア・ベッサラビア地域の歴史として、帝政期ではA・A・スカリコフスキー(130)（一八〇八—一九八年）、ソ連期ではE・N・ドゥルジーニナの諸研究を挙げることができる。

スカリコフスキーは、「ノヴォロシア地域のヘロドトス」と呼ばれた地域史研究の大家である(131)。ウクライナのジトーミルで正教聖職者の家庭に生まれ、ヴィリノ大学とモスクワ大学で学んだのち官吏の道に進んだ。一八二八年から初代ノヴォロシア・ベッサラビア総督ヴォロンツォフの下で勤務し、その後ノヴォロシア州統計委員会などに勤務しながら現地調査を行い、歴史、考古学、史料編纂、評論など幅広い活動を行った。オデッサの歴史、ノヴォロシア・ベッサラビアの農業、貿易、牧畜、ザポロージエ・コサック、セルビア人入植地などに関する膨大な研究を残した。本書では、ベッサラビアに関連するドナウ河口地域のコサック、ノガイ、ベッサラビアのブルガリア人に関する研究を参照している(132)。

ドゥルジーニナは、ウクライナ南部やクリミアの文書館とモスクワやレニングラードの文書館史料を駆使しながら、一八～一九世紀の南ロシアの統治、住民、農業、商業に関する一連の研究を残した(133)。また一八世紀ロシアの南下政策と国際関係を論じた研究『キュチュク・カイナルジャ条約、一七七四年(134)』があり、外交にも目を向けている点で地域史研究者のスカリコフスキーとは異なっている。

ベッサラビア統治を考えるうえで重要な南下政策、「東方問題」に関しては、膨大な先行研究がある。第一、二章で見るように、ベッサラビアのそもそもの成り立ち、その後の総督府編入は、ロシアの南下政策やバルカン正教徒民族の革命が外的要因となっていた。また第三章で見るように、ベッサラビアの貴族がゼムストヴォ設置を中央に要求した背景には「東方問題」が絡んでいた。このように、ベッサラビア統治を知るためには南下政策・バルカン問題の理解が不可欠となる。

この分野では、N・S・キニャピナとバーバラ・ジェラヴィチをまず挙げることができる。ソ連時代のロシア外交研究者キニャピナは、ロシア外交の教科書ともいえる研究を世に送り出した。[135]バルカンに限らずロシア外交全般を分析しているが、一八六六年のクレタ蜂起をめぐる列強とスルタンのアブドゥルアズィーズの駆け引きなどあまり知られていない情報も散見される。著名なバルカン研究者のジェラヴィチにもルーマニア、ギリシア、ロシアのバルカン外交などを対象とした膨大な業績があり、本書も多く参照している。[136]多くの外交官の往復書簡を利用しており、一八六〇〜七〇年代のバルカン外交を主導したイスタンブル大使N・P・イグナチエフについてはもちろんのこと、墺独露の三帝同盟を重視した外交官A・G・ジョミニやP・A・サブロフにも目を向けるなどバランス感覚に優れている。

そのほか、エテリア革命の研究などで知られるギリシア研究の権威G・L・アルシュ、前述のルーマニアに詳しいヴィノグラードフ、セルビア研究者のE・P・ナウーモフなどが編集している、モスクワのロシア科学アカデミー・スラヴ学・バルカン学研究所による論文集『バルカン研究』シリーズがある。特に第一一巻はギリシアとロシアの関係をテーマとしており、ソ連とギリシアの第一線のギリシア研究者による業績の集成である。[137]本書では特に第一、二章でこれらを参照している。

またソ連期のモルダヴィア共和国のグロスルやチェルタンが編集したキシニョフ出版の『バルカン歴史論集』[138]があり、本書ではルーマニアとギリシアに関する研究を参照した。バルカンの民族運動とロシアとの関係などについては、S・A・ニキーチンの諸研究が知られる。[139]バルカン民族に関する研究を個別に参照しても、彼らとロシアとの関係については十分にはわからないため、ソ連時代のバルカン研究者によるこれらの業績は貴重である。

例えば第五章ではブルガリア教会独立問題を扱うが、ブルガリア史研究はこの問題を単なるブルガリア人民族運動の勝利として描いており、ロシア外交が裏工作に奔走していたことについては一切触れていない[140]。

これらのバルカン研究が主にギリシア、ルーマニア、セルビア、ブルガリアを対象としているのに対し、N・I・ヒトロヴァによるモンテネグロとロシアの関係史研究は、ロシアのバルカン西部・アドリア海政策の情報を提供する数少ない文献の一例である。これらを読むと、ロシア帝国がすでに一九世紀初頭にはリエカ、ドゥブロヴニク、コトルなどアドリア海沿岸にロシア領事網を拡張していたことがわかる。伝統的な民族解放史観に支えられてはいるが、ロシア帝国外交文書館などモスクワやレニングラードの文書館のほか、モンテネグロ共和国の首都ツェティニェの文書館、ベオグラードのセルビア国立文書館やセルビア科学アカデミー文書館など現地の一次史料を利用している点で貴重である[141]。

黒海のボスフォフス・ダーダネルス海峡問題については、第一節で触れたナロチニツカヤによる別の研究『ロシアと黒海中立廃止、一八五六―一八七一年――東方問題史に寄せて』[142]がある。クリミア戦争に敗北し一八五六年パリ条約によって黒海艦隊の所有を禁じられたロシアが、普仏戦争によるフランスの敗北を利用して一八七一年にパリ条約を破棄するまでの、外相A・M・ゴルチャコフやイスタンブル大使イグナチェフによる外交戦略、そしてバルカン民族の独立運動などを論じた研究である。前述のドイツ統一の研究と同様に、ロシアの豊富な外交文書の精査に加えて、当時の新聞からわかる世論を織り交ぜることで外交と国内状況の分析を結合させる巧みな手法は、ジェラヴィチの外交研究に登場するのがもっぱら各国の君主と外交官であることとは対照的である。またアテネのロシア領事E・P・ノヴィコフのギリシアにおける外交活動、イグナチエフとカフカースとの関係など、極めて希少な情報が随所に盛り込まれている。

帝政ロシアの正教外交については、ギリシア出身であるテオファニス・スタヴロウが第一人者であり、本書も彼の研究に依拠するところが大きい。その学位論文「ロシア帝立正教パレスチナ協会、一八八二—一九一四年[143]」は、単なるパレスチナにおける布教活動の描写にとどまらず、一九世紀前半からのロシアの正教外交全般を、カトリックやプロテスタントとの対立のみならず、コンスタンティノープル総主教座、パレスチナ、シリアなどの同じ正教徒であるギリシア人との対立としての側面に着目しながら論じた画期的な研究である。その他にイグナチエフ外交に関する論文「一九世紀のコンスタンティノープルとアトス山におけるロシア外交[144]」がある。

本書にとって重要なことは、ロシアの正教外交そのものではなく、正教外交にベッサラビアの修道院領収入がつぎ込まれていたという事実である。スタヴロウの学位論文は、この点について指摘している数少ない研究の一つである。ベッサラビア通史の多くは修道院領問題に言及しているにもかかわらず、正教外交との関係には一切触れていない。つまりこの関係について指摘しているのは、ベッサラビア研究ではなく、パレスチナ研究の側なのである。

ロシアのシリア・パレスチナにおける布教・教育活動に関するロシア語の研究もいくつかあるが、特にB・F・ヤミリニェツの研究「ロシアとパレスチナ——政治・文化・宗教関係、一九—二〇世紀初頭[145]」は、スタヴロウと同様に、ベッサラビアの外国修道院領とパレスチナ正教外交との関係について言及している。そして管見では、前節で言及したタチヤーナ・ヴァルタの論文「帝政とベッサラビアの修道院領問題(一八一二—一九一七)」は、ベッサラビアの修道院領収入が、国有化後もバルカンと中近東におけるロシアの正教外交の財源となっていたことを明らかにした唯一の研究である。ただし、ヴァルタの主眼は国有化問題をめぐるベッサラビア・ゼムストヴォとペテルブルクとの対立の考察であるため、正教外交については掘り下げられていない。よって本書の第五章では、正教外交とベッサラビア修道院領の問題を結びつけて検討することを目指す。

アメリカのビザンツ研究の拠点ハーヴァード大学ダンバートン・オークス研究所の教授であるビザンツ・スラ

ヴ研究の大家イホル・シェフチェンコは、同大学ウクライナ研究所創設者で東洋学専門のオメリャン・プリツァークと並ぶ指導的なウクライナ人ディアスポラ研究者である。本書では、このシェフチェンコの論文「コンスタンティン・ティッシェンドルフと『シナイ写本』に関する新文献[146]」を参照している。これはロシア帝国領内にあるシナイ山に属する修道院領をイグナチエフが外交手段に利用したことを示した希少な研究の一つである。帝政ロシアはシナイ山の修道院と関係が深かったにもかかわらず、それに関する研究は十分に進んでいない。この論文は、ギリシア語の古文書、一九世紀当時のドイツ語やフランス語文献などを丁寧に分析し、アレクサンドル二世とドイツの聖書研究者ティッシェンドルフが『シナイ写本』を獲得しようとした顚末について貴重な情報を提供するものである。

最後に、本書の「ポスト・ビザンツ空間」というコンセプトにとって最も重要な意味を持つ研究として、ドナウ二公国とビザンツ帝国の関係を論じたニコラエ・ヨルガの『ビザンツ後のビザンツ[147]』を挙げる。これはルーマニアの著名な歴史家ヨルガの数ある業績の中でも名著の一つとされ、ビザンツ研究とルーマニア研究の見事な融合である。この表題はビザンツ学の分野において、一四五三年のコンスタンティノープル陥落後、ビザンツの文化や伝統を引き継いだ地域、国、民族全般を表す代名詞として定着し、特にルーマニアを指して引用されるようになった[148]。この研究は大著ではなくフランスなどの先行研究に頼る部分も多いが、平易な筆致で広範なポスト・ビザンツ世界とその代表者としてのドナウ二公国の特徴を描き出しており、ルーマニア人とビザンツの関係を考えるうえで極めて示唆に富むものである。

そしてドナウ二公国は、最も突出したビザンツ法の継受国でもあった。ベッサラビアの現地法の法源であるビザンツ法とバルカンにおけるビザンツ法継受については、日本における西洋法制史研究の第一人者のひとりである塙 浩《はなわひろし》（一九二五―二〇〇二年）が翻訳した、一連のルーマニア人やギリシア人の法制史研究を利用できる[149]。これらの翻訳は、ギリシア語、ルーマニア語、フランス語、ドイツ語などの貴重な文献を活用した諸研究を邦語で読むことを可能とした労作であり、ビザンツ帝国で生み出された諸法典がドナウ二公国のみならず、ギリシア、セルビア、ブルガリア、アルメニア、グルジアなどに受け継がれ、現行法として生命を保ち続けた歴史を明らかにしている。これらの研究によって、ベッサラビアが広範なビザンツ法文化の影響圏に属していたこと、修道院領と同様に現地法もまたベッサラビアとポスト・ビザンツ圏とを結ぶ紐帯だったことが理解されるのである。

## 第四節　本書の構成

第一節で挙げた三論点について検討するために、本書では、ロシアのベッサラビアを事例とし、辺境統治と外交とのつながり、膨張と統合の関係性に着目しながら、辺境が統合の対象のみならず膨張の道具でもありうる可能性について分析する。特に第二、三章ではベッサラビアの統合に国際情勢が作用したこと、第四、五章ではベッサラビアの統合と帝国の膨張との二者択一関係に注目する。

第一章では、ベッサラビアがロシアに併合されるまでの歴史的背景として、ピョートル一世以来のロシアのバルカン進出について整理し、またベッサラビアの地誌、社会階層、民族構成について概観する。

第二章では、ノヴォロシア・ベッサラビア成立の戦略的側面、およびバルカン情勢とベッサラビアの総督府編入との因果関係について分析する。バルカン正教徒民族の移民を大規模に受け入れてバルカンとの架け橋としての役割を担っていたノヴォロシア・ベッサラビアが、その特色ゆえにギリシア人の革命活動の舞台となり、結果的にノヴォロシア・ベッサラビア総督府が設置された過程を考察する。一般に国際貿易都市オデッサを中心とするノヴォロシア・ベッサラビア総督府については外国人の植民と地域開発という面が強調されやすいが、ロシアの南下政策と結びつける視点もまた必要とされることを指摘する。

第三章では、ベッサラビアの「大改革」を扱う。政府が、ベッサラビアと同じ民族を共有するルーマニアを意識しながらベッサラビアの改革を行わざるを得なかった状況、そして南下政策を有利に進めるためにベッサラビアの改革を成功させ、現地住民を満足させようとしたロシア政府の戦略的思惑について分析する。これは、ベッサラビアの改革が単なる国内問題ではなく、対外情勢および南下政策と関連づけて論じられるべき問題であることを示す事例である。

第四章では、ビザンツ法文化圏の一部としてのベッサラビアの特性に着目し、現地法の廃止問題について考察する。ドナウ二公国が顕著なビザンツ法継受国だったため、モルドヴァから併合されたベッサラビアにもビザンツ法に由来する現地法が普及していた。ここでは、当時の法相が、この現地法を廃止して帝国共通の法律を導入するよりも、現地法を温存することによってベッサラビアのルーマニア人住民とオスマン帝国領の正教徒民族との歴史的なつながりを維持すべきとした発言を紹介する。これは、ロシアが南下政策への利害を意識して、ベッサラビアの法的ロシア化を意図的に急がなかった可能性を示唆する事例である。

最後の第五章では、ベッサラビア修道院領の国有化問題とロシアの正教外交について検討する。ベッサラビアにはモルドヴァ時代からパレスチナ、シナイなどの聖地名義の広大な領地が存在し、ツァーリ政府はこの修道院領収入をベッサラビアのロシア化のためよりも正教外交の財源として運用していた。これは、ロシアが辺境を外交資源として利用したこと、また辺境の統合より膨張を優先したことをより明確に示す事例となる。

このように、第二章から第五章までにおいて、ベッサラビアの統治を論じるうえでは帝国の内政と外交の包括的分析、そして帝国の統合と膨張の機能の関係性を意識する必要があることを強調する。これらの検討を通じて、民族地域としての帝国辺境というアプローチ、「中央―地方」の二項関係、統合問題重視という従来の研究動向を克服することを目指す。

（1） *Скальковский А.* О ногайских татарах, живущих в Таврической губернии. СПб., 1843. С. 16-27; *Бачинський А.* Адміністративно-політичне управління буджацьким степом і пониззям дунаю (XIII-початок XX ст.) // Архіви України. 1966. № 5. С. 17-23.

（2） 途中で州から県に変わるため、本書では便宜上ただ「ベッサラビア」と表記するが、歴史的な地域ではなく、ロシア帝国が新設した純粋な行政区画である。

（3） 「モルドヴァ」の呼称に関して整理すると、一八六一年にモルドヴァ公国がワラキア公国と合併し、一八六六年憲法で国名が正式に「ルーマニア（ルーマニア語でロムニア）」になったのち「モルドヴァ」の名称は事実上ルーマニア東部地域名となる。一九一八年、ロシア統治下のベッサラビアがルーマニアに併合されたのち、ソヴェト政権がドニエストル川左岸地域（当時ウクライナ・ソヴェト社会主義共和国領）に、つまりベッサラビアの東に「モルダヴィア・ソヴェト社会主義自治共和国（一九二四―四〇年）」を設置した。一九四〇年にソ連はベッサラビアを併合した際、ドニエストル川左岸地域と合わせて「モルダヴィア・ソヴェト社会主義共和国」を建国した。それが一九九〇年に「モルドヴァ・ソヴェト社会主義共和国」となり、一九九一年に「モルドヴァ共和国」として独立した。つまり本国であるモルドヴァ公国がルーマニアとなったのち、この国名はソ連においてロシア語の「モルダヴィア」として受け継がれ、ソ連崩壊後、ルーマニア語の「モルドヴァ」となったという経緯である。これらの問題については、六鹿茂夫「モルドヴァの政治変動」『ロシア研究』第一六号、一九九三年、一二七―一四七頁、塩川伸明『多民族国家ソ連の興亡Ⅰ・民族と言語』岩波書店、二〇〇四年、五四―五六、二〇五―二一二頁。なお本文中で単に「モルドヴァ」と表記する場合は現在のモルドヴァ共和国ではなくモルドヴァ公国を指すものとする。

（4） ただしモルドヴァ語とルーマニア語は異なる言語とする立場もあり、またモルドヴァ人とワラキア人を異なる民族とする立場もある。また実際にモルドヴァ公国とワラキア公国にはさまざまな面で差異があった。例えば、同じ正教であっても、ワラキアの教会はコンスタンティノープル総主教座への従属度が高かったのに対し、モルドヴァの教会はむしろオフリド大主教座とのつながりが強かったとされる。*Ганицкий М.* Монастыри в Бессарабии // Кишиневские епархиальные ведомости (KEB) № 2. 1884. С. 41. また一八六六年には両国の統一に反対する動きも見られた。志田恭子「「ルーマニア人の統合」再考――一八六六年クーデタを中心に」『スラヴ研究』第五二号、二〇〇五年、二四一―二五九頁。しかし本書では便宜上、引用以外は「ルーマニア人」・「ルーマニア語」で統一する。

(5) Andreas Kappeler, *The Russian Empire: A Multiethnic History* (Harlow: Longman, 2001); Charles King, *The Moldovans: Romania, Russia, and the politics of culture* (Stanford, California: Hoover Institution Press, 1999); *Агаджанов С. Г.* (от. ред.) Национальные окраины Российской империи: Становление и развитие системы управления. М., 1998; George Negru, *Ţarismul şi mişcarea naţională a românilor din Basarabia*, (Chişinău, 2000); *Драгнев Д., Драгнев Е., Мискевка В., Варта И., Шишкану И.* История Румын: с древнейших времен до наших дней. Кишинэу, 2002.

(6) 「ルーマニア人地域」とは現地モルドヴァ共和国のルーマニア人史家たちがドナウ二公国、トランシルヴァニア、ブコヴィナ、ベッサラビアなどを指して用いるが、実際にはルーマニア人以外にもさまざまな民族が住んでいるので、ここでは括弧つきとする。

(7) 本書では、オスマン帝国の首都について、「コンスタンティノープル総主教(座)」以外は「イスタンブル」の呼称で統一する。

(8) 松里公孝「一九世紀から二〇世紀初頭にかけての右岸ウクライナにおけるポーランド・ファクター」『スラヴ研究』第四五号、一九九八年、一〇一―一三八頁。

(9) *Кимитака Мацузато* Генерал-губернаторства в Российской империи: от этнического к пространственному подходу // *Герасимов И.* (от. ред.) Новая имперская история постсоветского пространства. Казань, 2004. С. 427–458. ただしこの研究は、総督にとって民族政策が重要だったか重要でなかったかという基準で分類を行っているため、逆に民族ファクターを重視しているかのような印象を与える。これまで民族問題・民族間関係の研究が幅を利かせてきた西部諸県やカフカース地域にこそ、空間的アプローチが適用される必要がある。

(10) 松里公孝「パネル『ロシア帝国西部諸県の民族・信教関係』について」『ロシア史研究』第六八号、二〇〇一年、四頁。

(11) 原暉之『ウラジオストク物語――ロシアとアジアが交わる街』三省堂、一九九八年、同「日露戦争後のロシア極東――地域政策と国際環境」『ロシア史研究』第七二号、二〇〇三年、六―二二頁、同「巨視の歴史と微視の歴史――『アムール現地調査叢書』(一九一二～一九一三年)を手がかりとして」『ロシア史研究』第七六号、二〇〇五年、五〇―六六頁。

(12) Edward C. Thaden, *Russia's Western Borderlands, 1710-1870* (Princeton: Princeton University Press, 1984); Theodore R. Weeks, *Nation and State in Late Imperial Russia: Nationalism and Russification on the Western Frontier, 1863-1914* (DeKalb: Northern Illinois University Press, 1996); *Дариус Сталюнас* Границы в пограничье: Белорусы и этнолингвистическая политика Российской империи на западных окраинах в период великих реформ // *Ab Imperio* № 1. 2003. С. 261-292.

(13) *Роман Шпорлюк* Україна: Від Імперської Окраїни до Незалежної держави // *Кравченко В. В.* (гол. ред.) Схід-Захід. Вип. 4. 2001. С. 10-43; *Олексій Міллер* Політика Влади й Російського Націоналізму в Українському Питанні: Незроблений вибір між «Французькою» та «Британською» Стратегією // Там же. С. 174-222.

(14) Robert P. Geraci, "Window on the East: Ethnography, Orthodoxy, and Russian Nationality in Kazan, 1870-1914" (PhD diss., University of California, 1995); *Леонид Таймасов* Нерусские монастыри Казанского края: Ориентиры конфессионального обновления (вторая половина XIX века) // *Acta Slavica Iaponica* 21 (2004): 88-114; Paul W. Werth, *At The Margins of Orthodoxy: Mission, Governance, and Confessional Politics in Russia's Volga-Kama Region, 1827-1905* (Ithaca: Cornell University Press, 2002).

(15) 豊川浩一「ロシアの東方植民と諸民族支配」原暉之編集代表『スラブの民族（講座スラブの世界２）』弘文堂、一九九五年、二七一—五八頁、西山克典「帝国の「東方」支配——「同化」と「異化」によせて」『ロシア史研究』第七二号、二〇〇三年、三四—五〇頁、Daniel R. Brower, Edward J. Lazzerini, eds., *Russia's Orient: Imperial Borderlands and Peoples, 1700-1917* (Bloomington and Indianapolis: Indiana University Press, 1997).

(16) *Исхаков Ф.* Национальная политика царизма в Туркестане, 1867-1917. Ташкент, 1997; Virginia Martin, *Law and Custom in the Steppe: The Kazakhs of the Middle Horde and Russian Colonialism in the Nineteenth Century* (Richmond: Surrey, 2001); Tomohiko Uyama, "A Strategic Alliance between Kazakh Intellectuals and Russian Administrators: Imagined Communities in *Dala Walayatïnïng Gazeti* (1888-1902)," in Tadayuki Hayashi, ed., *The Construction and Deconstruction of National Histories in Slavic Eurasia* (Sapporo: The Slavic Research Center, 2003), 237-259; Allen Frank, "Islamic Transformation the Kazakh Steppe, 1742-1917: Toward an Islamic History of Kazakhstan under Russian Rule," ibid., 261-289.

（17） 原暉之「日露戦争後のロシア極東」、同「巨視の歴史と微視の歴史」、神長英輔「プリアムール総督府管内における漁業規制と漁業振興 一八八四－一九〇三」『ロシア史研究』第七三号、二〇〇三年、三七－五四頁、イゴリ・サヴァリエフ「極東ロシアにおける中国人・日本人――一八八四～一九〇三年の移民受入政策」『ロシア史研究』第六九号、二〇〇一年、四四－六〇頁。

（18） 高橋一彦『帝政ロシア司法制度史研究』名古屋大学出版会、二〇〇一年、橋本伸也「帝国・身分・学校――帝制期ロシア教育社会史の試み」『北海道大学教育学部紀要』第八〇号、二〇〇〇年、一八七－二〇五頁。

（19） *Каппелер А.* Россия-многонациональная империя: Возникновение история распад. М., 2000; *Агаджанов С. Г.* (от. ред.) Национальные окраины.

（20） ドミニク・リーベン（袴田茂樹監修・松井秀和訳）『帝国の興亡――ロシア帝国とそのライバル（上・下）』日本経済新聞社、二〇〇二年，*Альфред Рибер* Сравнивая континентальные империи // *Миллер А. И.* (ред.) Российская империя в сравнительной перспективе. М., 2004. С. 33-70; *Доминик Ливен* Империя на периферии Европы: Сравнение России и Запада // Там же. С. 71-93.

（21） *Хевролина В. М.* История внешней политики России: Вторая половина XIX века (от Парижского мира 1856 г. до русско-французского союза). М., 1997; *Виноградов В. Н.* (от. ред.) Международные отношения на Балканах 1856-1878 гг. М., 1986; Charles Jelavich, *Tsarist Russia and Balkan Nationalism: Russian Influence in the Internal Affairs of Bulgaria and Serbia, 1879-1886* (Berkeley, Los Angels: University of California Press, 1958); Barbara Jelavich, *Russia's Balkan Entanglements 1806-1914* (Cambridge: Cambridge University Press, 1991).

（22） *Нарочницкая Л. И.* Россия и войны Пруссии в 60-х годах XIX в. за объединение Германии «сверху». М., 1960.

（23） Frederick S. Starr, "Tsarist Government: the Imperial Dimension," in Jeremy R. Azrael ed., *Soviet Nationality Policies and Practices* (New York: Praeger, 1978), 3-38; Robert P. Geraci, Michael Khodarkovsky, eds., *Of Religion and Empire: Missions, Conversion, and Tolerance in Tsarist Russia* (Ithaca: Cornell University Press, 2001); *Леонид Таймасов* Этноконфессиональная ситуация в Казанской губернии накануне буржуазных реформ // *К. Мацузато* (ред.) Новая волна в изучении этнополитической истории Волга-Уральского региона. Саппоро, 2003. С. 106-136; 竹中浩「近代ロシアにおけるナショナリズムと宗教政策――ロシア帝国における福音主義的セクトの問題をめぐって」『ロシア

史研究』第六四号、一九九九年、四—一三頁、西山克典「洗礼タタール、「棄教」タタール、そして正教会——一九世紀中葉ヴォルガ中流域における宗教・文化的対抗について」松里公孝編『ロシア・イスラム世界へのいざない』スラブ研究センター研究報告シリーズ、第七三号、二〇〇〇年、二八—五四頁。ただしツァーリ政府が常に正教への改宗を強制していたわけではなく、トルキスタン総督のK・P・カウフマンのようにムスリムを刺激するのを恐れて正教の布教を行わなかった例もある。奥村庸一「一九世紀ロシアの帝国的編制と東方「異族人」教育——Н・И・イリミンスキーの活動から見えてくるもの」『ロシア史研究』第七六号、二〇〇五年、五—一四頁。

(24) オスマン帝国領など域外の正教徒に財政支援や布教・教育活動を施し、彼らに対するロシアの影響力を強める政策。「教会政策」(церковная политика)、「正教政策」(orthodox policy)などの語が用いられるが、ここでは正教外交で統一する。

(25) 本書で用いる「膨張」とは、必ずしも物理的な領土の拡張のみを意味するのではなく、バルカンや中近東の正教徒への影響力の行使など、国外における勢力拡大全般を指すものとする。

(26) Theodore R. Weeks, "Russification and the Lithuanians, 1863-1905," *Slavic Review* 60: 1 (2001): 96.

(27) Mikhail Dolbilov, "Russification and the Bureaucratic Mind in the Russian Empire's Northwestern Region in the 1860s," *Kritika* 5: 2 (Spring, 2004): 245.

(28) Edward C. Thaden, *Russification in the Baltic provinces and Finland, 1855-1914* (Princeton: Princeton University Press, 1984), 8-10.

(29) Thaden, ed., *Russification in the Baltic provinces*, 3-10; Idem. *Russia's Western Borderlands*, 7-8, 233.

(30) Edward C. Thaden, "Russification in Tsarist Russia," idem, *Interpreting History: Collective Essays on Russia's Relations with Europe* (New York: Distributed by Columbia University Press, 1990), 218.

(31) Ibid., "Russification in Tsarist Russia," 218.

(32) Tuomo Polvinen, *Imperial Borderland: Bobrikov and the Attempted Russification of Finland, 1898-1904*, translated from the Finnish by Steven Huxley (London: Hurst & Company, 1995), 19-21, 268-272.

(33) *Миллер А.* Руссификации: классифицировать и понять // *Ab Imperio* № 2. 2002. С. 133-148.

(34) Alexei Miller, *The Ukrainian Question: The Russian Empire and Nationalism in the Nineteenth Century* (Budapest, New York: Central European University Press, 2003), 150, 254-256.

（35）　松里公孝「右岸ウクライナにおけるポーランド・ファクター」一〇五―一〇六頁。

（36）　Weeks, “Russification and the Lithuanians,” 113-114.

（37）　Darius Staliunas, “Did the Government Seek to Russify Lithuanians and Poles in the Northwest Region after the Uprising of 1863-64?” *Kritika* 5: 2 (Spring, 2004): 273-274.

（38）　Первая всеобщая перепись населения Российской империи 1897 г. III. Бессарабская губерния. С. 20.

（39）　一八八三年に初等学校の生徒三万二五四三人のうち、ロシア人二万一二七八人(六五・四%)、ユダヤ人三八六〇人(一一・九%)、ポーランド人四五七人(一・四%)、それ以外の民族六九四八人(二一・三%)となっていた。George Negru, *Ţarismul şi mişcarea*, 25-26; 塩川伸明「ソ連言語政策史再考」『スラヴ研究』第四六号、一九九九年、一五九頁。また県全体の識字率も低く、ノヴォロシア三県と比べると、ヘルソン県が二五・九%、エカテリノスラフ県が二一・五%、タヴリーダ県が二七・九%であるのに対し、ベッサラビア県は一五・六%だった。Первая всеобщая перепись населения Российской империи 1897 г. III. Бессарабская губерния. С. 1; XIII. Екатеринославская губерния. С. 1; XLVII. Херсонская губерния. С. 1; XLI. Таврическая губерния. С. 1.

（40）　Negru, *Ţarismul şi mişcarea*, 166.

（41）　ベッサラビア研究史の概観であるため、本書で引用していない研究についても言及する。

（42）　Dimitrie Cantemir, *Descrierea Moldovei* (Bucureşti-Chişinău, 2001).

（43）　アンドレイ・オツェテア編(鈴木四郎・鈴木学訳)『ルーマニア史1』恒文社、一九七七年、三〇二―三〇三頁。

（44）　*Защук А.* Материалы для географии и статистики России, собранные офицерами генерального штаба, бессарабская область. СПб., 1862; *Батюшков П. Н.* Бессарабия: Историческое описание. СПб., 1892; *Лашков Н. В.* Бессарабия к столетию присоединения к России 1812-1917 гг. Кишинев, 1912.

（45）　*Кассо Л. А.* Россия на дунае и образование бессарабской области. М., 1913; *Алексей Накко* Очерк гражданского управления в Бессарабии, Молдавии и Валахии во время русско-турецкой войны 1806-1812 года // Записки императорского Одесского общества истории и древностей (ЗООИД). Т. 11. Одесса, 1879. С. 269-310.

（46）　*Крупенский А. Н.* Краткий очерк о бессарабском дворянстве (1812-1912): к 100-летнему юбилею Бессарабии. СПб., 1912.

(47) *Штанге А. Э.* Историческая записка о крестьянской реформе в Бессарабской губернии, составленная со дня пятидесятилетняго юбилея, 19-му февраля 1911 года. Кишинев, 1911.

(48) О местных Бссарабских законах. Речь, произнесенная в торжественном собрании ришельевского лицея, 21-го июня 1842 года, Адьюнктом, Магистром зконоведения Владимром Линовском. Одесса, 1842; *Егунов А. Н.* Местные гражданские законы Бессарабии. СПб., 1881; *Шимановский М. В.* О местных законах Бессарабии. Одесса, I. 1887, II. 1888; *Гроссман С. М.* Местные законы Бессарабии. СПб., 1904; *Пергамент С. Я.* Приданое по Бессарабскому праву, опыт комментария законов Арменопула и Донича. Одесса, 1901; Его же. О примении местных законов Арменопула и Донича. СПб., 1905; Его же. Спорные вопросы Бессарабского права, опыт комментария законов Арменопула и Донича. Одесса, 1905; *Кассо Л. А.* Византийское право в Бессарабии. М., 1907.

(49) *Берг Л. С.* Бессарабия: страна-люди-хозяйство, Кишинев, 1993.

(50) *Гросул Я., Будак И.* Крестьянская реформа 60–70-х годов XIX в. в Бессарабии. Кишинев, 1956; *Гросул Я.* Крестьяне Бессарабии (1812–1861 гг.). Кишинев, 1956; *Гросул Я. С., Будак И. Г.* Очерки истории народного хозяйства Бессарабии (1861–1905 гг.). Кишинев, 1972.

(51) *Будак И. Г.* Развитие капитализма в сельском хозяйстве Бессарабии в пореформенный период. Кишинев, 1954; Его же. Буржуазные реформы 60–70-х годов XIX века в Бессарабии. Кишинев, 1961; Его же. Общественно-политическое движение в Бессарабии в пореформенный период. Кишинев, 1959.

(52) Cornea Sergiu, "Evoluţia sistemului de administrare a Basarabiei 1812-1917" (Teză de doctor în ştiinţe politice. Academia de Administrare Publică pe lîngă Guvernul Republicii Moldova, 2000); Lilia Chirtoacă, "Reforma judecătorească din doua jumătate a secolului al XIX-lea în Basarabia" (PhD diss., Universitatea de Stat din Moldova, 2003); Elena Aramă, Valetina Coptileţ, *Evoluţia dreptului public pe terimoriul dintre prut şi nistru în prima jumătate a secolului al XIX-lea* (Chişinău, 2003).

(53) *Анцупов И. А.* Аграрные отоношения на юге Бессарабии (1812–1870 гг.). Кишинев, 1978; Его же. Государственная деревня Бессарабии в XIX веке (1812–1870). Кишинев, 1966.　なお、研究者の所属などの情報は、現地調査を行った二〇〇三年当時のものである。

（54）　*Грек И. Ф.* Общественное движение и классовая борьба болгар и гагаузов юга россии (конец 20-х-середина 50-х гг. XIX в.). Кишинев, 1988; Его же. Органы управления “Задунайскими переселенцами” в первой половине XIX в., Страницы истории и этографии Болгар Молдовы и Украины. Кишинев, 1995. С. 33–60; *Мещерюк И. И.* Антикрепостническая борьба гагаузов и болгар Бессарабии в 1812–1820 гг. Кишинев, 1957.

（55）　Nicolae Popovschi, *Istoria Bisericii din Basarabia în veacul al XIX-lea sub ruşi, Din negura trecutului: crîmpeie de amintiri* (Chişinău, 2000).　初版はソ連期。

（56）　Nicolae Popovschi, *Mişcarea dela Balta sau Inochentizmul în Basarabia: contribuţii la istoria vieţii religioase a Românilor din Basarabia* (Chişinău, 1926).　二〇世紀初頭に起こった事件。ベッサラビアの教会でロシア語典礼が強要され、ベッサラビア出身の修道司祭イノケンティエ（一八七五―一九一七年）がウクライナのバルタにおいてルーマニア語典礼で礼拝を行い、ベッリラビアを含む周辺地域のルーマニア人信者がバルタに殺到した事件。イノケンティエが白海地域に流刑にされると、イノケンティストと呼ばれた多くの信者が彼の後を追い、一部はその途上で命を落とした。

（57）　Nicolae Iorga, *Istoria bisericii româneşti şi vieţi religioase a românilor* (Bucureşti, 1995).

（58）　Alexandru Boldur, *Istoria Basarabiei* (Bucureşti, 1992); idem, “Basarabia românească,” în *Istoria Basarabiei* (Bucureşti, 1992).　初版はソ連期。

（59）　Ion Nistor, *Istoria Basarabiei* (Bucureşti, 1991).　初版はソ連期。

（60）　Nicolae Iorga, *Basarabia Noastră* (Chişinău, 1993).

（61）　Ştefan Ciobanu, *Din istoria mişcarii naţionale în Basarabia* (Chişinău, 1933).

（62）　ニコライ一世が即位した一八二五年に専制と農奴制に反対して蜂起した貴族を指す。一二月に蜂起したことから一二月党員（デカブリスト）と呼ばれた。

（63）　*Базанов В.* Декабристы в Кишиневе (М. Ф. Орлов и В. Ф. Раевский). Кишинев, 1951; *Эганян Л. Н.* Общественное движение в Бессарабии в первой четверти XIX века. Кишинев, 1974; *Иовва И. Ф.* Южные декабристы и греческое национально-освободительное движение. Кишинев, 1963; Его же. Передовая Россия и общественно-политическое движение в Молдавии (первая половина XIX в.). Кишинев, 1986; Его же. Декабристы в Молдавии, Кишинев, 1975

(64) Kappeler, *The Russian Empire; Агаджанов С. Г.* (от. ред.) Национальные окраины; *Трепавлов В. В.* (от. ред.) Российская многонациональная цивилизация: Единство и противоречия. М., 2003.

(65) *Иоан Скурту* (от. ред.) История Бессарабии: от истоков до 1998 года. Кишинэу, 2001; Dinu Poştarencu, *O istorie a Basarabiei în date şi documente (1812-1940).* (Chişinău, 1998); Iulian Fruntaşu, *O istorie etnopolitică a Basarabiei (1812-2002).* (Chişinău, 2002); Iulian Chifu, *Basarabia sub ocupaţie sovietică şi tentative contemporane de revenire sub tutela Moscovei* (Bucureşti, 2004).

(66) N. Jorga, *Historie des Roumains et de leur Civilisation* (Paris, 1920); R. W. Seton-Watson, *Historie des Roumains de l'époque romaine a l'achèvement de l'unité* (Paris, 1937); Andrei Oţetea, ed., *Istoria poporului român* (Bucureşti, 1970); Georges Castellan, *A History of the Romanians* (New York: Columbia University Press, 1989); Vlad Georgescu, *The Romanians: A History* (Columbus: Ohio State University Press, 1991); *Драгнев и др.* История Румын; Vasile Vasilos, *Istoria Românilor* (Chişinău, 2003).

(67) 現在のルーマニアはモルドヴァ、ムンテニア、オルテニア、トランシルヴァニア、バナト、クリシャナ、マラムレシュ、ドブロジャの八地域から構成される。「ルーマニア人地域」の一つとされるチェルニフツィを中心とするブコヴィナは、現在ウクライナ領となっている。独立後のモルドヴァの言語、民族、領土問題については、King, *The Moldovans*; 六鹿茂夫「モルドヴァの政治変動」、同「岐路に立つモルドヴァ中立主義——多民族・勢力圏交叉国家の民族・領土保全政策」『ロシア研究』第二二号、一九九六年、八一—一〇一頁。

(68) A. D. Xenopol, *Istoria Românilor din Dacia Traiană, XII. Revoluţia din 1848* (Bucureşti, n.d.); オツェテア『ルーマニア史1』、アンドレイ・オツェテア編(鈴木四郎・鈴木学訳)『ルーマニア史2』恒文社、一九七七年。フランスで出版された「ルーマニア史」も同様。ジョルジュ・カステラン(萩原直訳)『ルーマニア史』白水社、一九九三年。またロシア語に翻訳されてモスクワで出版された「ルーマニア史」のルーマニアで出版された原著も同様に、帝政ロシア下のベッサラビアを扱っていない。*Роллер М.* (ред.) История Румынии: нового и новейшего времени. М., 1950. しかし近年ルーマニアのアカデミーによる浩瀚な『ルーマニア人の歴史』シリーズにはトランシルヴァニア、ブコヴィナ、ドブロジャ(ドナウ河口地域)、ベッサラビアに関する記述もある。Dan Berindei (Coordoator), *Constituirea României Moderne (1821-1878), Istoria Românilor*, Vol. 7, T. 1 (Bucureşti, 2003).

(69) これらはルーマニア語で書かれることが多いが、二カ国語出版も珍しくない。Vasiles, *Istoria Românilor*; *Драгнев и др.* История Румын; *Ожог И. А., Шаров И. М.* История Румын. Кишинев, 1997; Igor Ojog, Igor Şarov, *Istoria Românilor* (Chişinău, 2001). またルーマニアの国制史にベッサラビアを含めたモルドヴァで出版の研究もある。*Зинаида Лупашку* История румынского государства и права. Кишинев, 2003. 他方、ルーマニアで出版されたルーマニアの国制史にはベッサラビアは含まれない。Emil Cernea, Emil Molcut, *Istoria statului şi dreptului românesc* (Bucureşti, 2001); Costică Voicu, Ion T. Amuza, Bogdan Stanciu, *Istoria statului şi dreptului românesc* (Bucureşti, 2001).

(70) 一九八九年にラテン文字の「モルドヴァ語」が国家語になるなどルーマニア民族運動が活発化する。しかしこれは同時に非ルーマニア人が多いガガウズ地域やドニエストル地域との対立が深まる契機となる。ドニエストル紛争とガガウズ問題については、六鹿茂夫「モルドヴァ「民族」紛争とロシア民族派・軍部の台頭」『国際問題』第三九三号、一九九二年、四六―六〇頁。

(71) *Драгнев и др.* История Румын. С. 4-5.

(72) Vasile Stati, *Dicţionar Moldovenesc-Românesc* (Chişinău, 2003). 『モルドヴァ・ルーマニア語辞典』はモルドヴァ共和国で話されているのはルーマニア語とは異なる言語のモルドヴァ語であるという認識の下に編纂されたため、モルドヴァのルーマニア語教師や「ルーマニア人の歴史」研究者などから大きな反感を買った。

(73) *Стати В.* История Молдовы. Кишинев, 2003. С. 7, 10.

(74) 特殊な事例として、ベッサラビアとドニエストル沿岸地域の「ルーマニア人地域」史がある。Anton Moraru, *Istoria Românilor: Basarabia şi Transnistoria 1812-1993*. (Chişinău, 1995). またベッサラビアとブコヴィナの歴史もある。Ion Alexandrescu, *A Short History of Bessarabia and Northern Bucovina* (Iaşi, 1994).

(75) *Царанов В. И.* (Координатор) История Республики Молдова: с древнейших времен до наших дней (издание второе, переработанное и дополненное). Кишинев, 2002. С. 113-180.

(76) Dinu Poştarencu, "Politica ţaristă de deznaionalizare a administraţiei Basarabiei," *Destin Românesc* 4 (1994): 70-77; idem, "Aspecte privind retrocedarea sudului Basarabiei către Principatul Moldovei la 1856-1857," *Destin Românesc* 2 (1999): 75-80; George Negru, *Ţarismul şi mişcarea naţională a românilor din Basarabia* (Chişinău, 2000); Ion Varta, "Presa Românească din Basarabia la începuturile sale," *Destin Românesc* 4 (1994): 19-31; idem, "Unele aspecte privind mişcarea

naţională în Basarabia la începutul sec. al XX-lea," *Revistă de istorie a Moldovei* 4 (1993): 14-27; idem, "Rusia şi chestiunea Basarabeană în perioada războiului Ruso-Româno-Turc (1877-1878)," *Revistă de istorie a Moldovei* 3 (1992): 3-15.

(77) *Червенков Н.* (от. ред.) Бессарабия и освобождение Болгарии. Кишинев, 2004; *Степанов В. П.* Проблемы эволюции этнического самосознания украинского населения Пруто-Днестровского междуречья // Ежегодник Института Межэтнических Исследований. Т. 1. Кишинэу, 2000. С. 52-56; *Квилинкова Е. Н.* Гагаузские календарные обычаи и обряды как форма регуляции хозяйственной, социальной и семейной жизни в конце XIX-начале XX вв. // Anuarul Institutului de Cercetări Interetnice vol. 2 (Chişinău, 2001), 92-95.

(78) Ion Ţurcanu, *Istoricitatea istoriografiei: Observaţii aspura scrisului istoric basarabean* (Chişinău, 2004); Igor M. Şarov, "Basarabia în istoriografia Rusă (1812-1868)," (PhD diss., Universitatea de Stat din Moldova, 1995).

(79) T. Varta, "Ţarismul şi chestiunea domeniilor mănăstirilor din Basarabia (1812-1917)," *Destin Românesc* 1 (1997): 14-31.

(80) Pavel Parasca, *La obârşia mitropoliei Ţarii Moldovei* (Chişinău, 2002).

(81) Ion Chirtoagă, *Din istoria Moldovei de sud-est până în anii 30 ai sec. al XIX-lea* (Chişinău, 1999); idem, "Apriţia tătarilor (nogailor) pe teritoriul Moldovei şi semnificaţia noţiunii Bugeac," in Tahsin Gemil (coordinator), *Originea Tătarilor: Locul lor în România şi în lumea turča (Constanţa, 17-20 noiembrie 1994)* (Bucureşti, 1997), 162-171; idem, *Sud-estul Moldovei şi stînga Nistrului (1484-1699): Expansiunea şi stăpînirea turco-tătară* (Budureşti, 1999); idem, "Unele aspecte ale utilizîrii nomelor juridice în Moldova de sud-est administrată de Otomani (pînă ls sfîrşitul sec-al XVI lea)," *Revistă de istorie a Moldovei* 3-4 (1994): 55-57.

(82) *Тичина А. К.* (ред.) Українське Подунав'я. Ізмаїл, 1998; *Лебеденко О. М., Тичина А. К.* Українське Подунав'я: минуле та сучасне. Одеса, 2002; *Марчук Ю. І., Тичина А. К.* Ізмаїл: історичний нарис. Одеса, 1997.

(83) *Томулец В. Н.* Торговое законодательство и торговля Бессарабии с другими губерниями России в дореформенные десятилетия (1812-1861 гг.): Афтореф. дис. ист. наук. М., 1989; Valentin Tomuleţ, "Reflrecţii generale privind dezvoltarea social-economică a Basarabiei (1812-1868)," *Cugetul* 2 (1992): 10-20; idem, "Politica comercial-vamală a

ţarismului în Basarabia şi constituirea burgheziei comerciale (1812-1868)," (teză de doctor habilitatîn ştiinţe istorice, Universitatea de Stat din Moldova, 2003).

(84) *Турков В. В.* Політика Росії щодо переселення та влаштування Бесарабських Болгар на південноукраїнських землях 1856-1871 рр.: Автореф. дис. канд. іст. наук. Харків, 1997.

(85) *Мельникова Л. С.* Східнослов'янська колонізація південної Бессарабії (V-перша половина XIX ст.): Автореф. дис. канд. іст. наук. Одеса, 1999.

(86) Marcel Şuveică, "Basarabia în politica Imperială a Rusiei (1812-1878)," (Rezumatul tezei de doctorat, Universitatea "AL.I.CUZA' Iaşi, 1999).

(87) ДАОО (Державний архів Одеської області).

(88) ANRM (Arhiva Naţională a Republicii Moldova).

(89) АВПРИ (Архив внешней политики Российской империи).

(90) РГАДА (Российский государственный архив древних актов).

(91) ПФА РАН (Санкт-Петербургский Филиал Архива Российской Академии Наук).

(92) Національна бібліотека України ім. В.І. Вернадського.

(93) Наукова бібліотека Одеського Національного Університету ім. І. І.Мечникова.

(94) Одеська державна наукова бібліотека ім. М. Горького.

(95) Biblioteca Naţională a Republicii Moldova.

(96) Academia de Ştiinţe a Republicii Moldova.

(97) Российская государственная библиотека.

(98) Российская национальная библиотека.

(99) Архивное управление при совете министров УССР, государственный архив одесской области. Путеводитель. Одесса, 1961; *Алексеева В. Ю.* Государственный архив одесской области, фонды государственного архива одесского области. Указатель. Ч. 1. Досоветский период. Одесса, 2000.

(100) фонд 1 [Канцелярія Новоросійського і Бессарабського генерал-губернатора].

(101) ДАОО, ф. 1, оп. 200, спр. 1, арк. 4–16зв.; *Шандра В. С.* Канцелярія Новоросійського і Бессарабського Генерал-Губернатора (1822–1874): Структура, особовий склад, архів // Архіви України. № 3. 2001. С. 39–64; *Шандра В. С.* Вопросник Н. В. Калачова о положении архива Канцелярии новороссийского и бессарабского генерал-губернатора // Отечественные архивы. № 5. 2000. С. 62–67.

(102) 二〇〇二～二〇〇三年のウクライナ中央国立歴史文書館（キエフ）とハリコフ州国立文書館（ハリコフ）での調査による。

(103) *Шандра В. С.* Новоросійський і бессарабський генерал-губернатор М. С. Воронцов (1823–1854) // Український Історичний Журнал. № 1. 2002. С. 69.

(104) Путеводитель по центральному государственному архиву Молдавской ССР. Ч. 1. Кишинев, 1959. この文書館の分館としてティラスポリ（帝政期はヘルソン県、現在は非承認国家の沿ドニエストル共和国）の文書館があり、帝政期からソ連時代の文書が所蔵されている。Центральный государственный архив Молдавской ССР и его филиал в г. Тирасполе. Краткий спрвочник. Кишинев, 1988.

(105) fond 2 [Канцелярия Бессарабского губернатора].

(106) fond 3 [Бессарабский верховный совет, Бессарабский областной совет].

(107) fond 6 [Бессарабское губернское правление].

(108) fond 88 [Бессарабское дворянское депутатское собрание].

(109) fond 205 [Кишиневская духовная дикастерия].

(110) fond 208 [Кишиневская духовная консистория].

(111) fond 214 [Поверенные по заведыванию имениями заграничных духовных установлений].

(112) fond 125 [Управление имениями заграничных духовных установлений в Бессарабии].

(113) fond 110 [Casa Noastră/Каса Ноастрэ].

(114) фонд 159 [Бессарабские имения].

(115) фонд 337/2 [Российское Императорское Православное Палестинское Общество].

(116) Первая всеобщая перепись населения Российской империи 1897 г. III. Бессарабская губерния; XIII. Екатеринославская губерния; XLVII. Херсонская губерния; XLI. Таврическая губерния.

(117) Полное собрание законов Российской империи (ПСЗ).

(118) *Гальперина Б. Д.* (от. сост.) Особые журналы Совета министров Российской империи 1909–1917 гг.: 1909 год. М., 2000; 1910 год. 2001; 1911 год. 2002. この資料は原暉之教授からご提供頂いた。

(119) Государственная дума, третий созыв. Стенографическая отчеты 1912 г. сессия пятая. Ч. 4. СПб., 1912.

(120) Православный палестинский сборник.

(121) Сообщения Императорского Православного Палестинского Общества (Сообщения ИППО).

(122) Записки Одесскогообщества истории и древностей (ЗООИД).

(123) Записки Бессарабского областного статистического комитета, Кишинев.

(124) Статистика Российской империи XV, волости и гмины 1890 года, III. Бессарабская губерния, СПб., 1890.

(125) Обзор Бессарабской губернии. Кишинев.

(126) Бессарабский календарь. Кишинев.

(127) Вестник Бессарабского земства, Кишинев.

(128) Труды местных комитетов о нуждах сельскохозяйственной промышленности III. бессарабская губерния, СПб., 1903.

(129) Ученые записки Государственного Кишневского Университета.

(130) ウクライナ語ではアポロン・オレクサンドロヴィチ・スカリコフシキー。したがって名前と父称のイニシャルは、ロシア語文献ではA・A・となり、ウクライナ語文献ではA・O・となる。

(131) *Хмарський В. М.* З історії розвитку археографії на Півдні України: Аполлон Скальковський. Записки Історичного Факультету. Вип. 6. Одеса, 1998. С. 4.

(132) *Скальковский.* О ногайских татарах; Его же. Некрасовцы, живущие в Бессарабии // Журнал Министерства Внутренних Дел(ЖМВД). Ч. 8. СПб., 1844; Его же. Болгарские колонии в Бессарабии и Новороссийском крае, статистический очерк. Одесса, 1848.

(133) *Дружинина Е. И.* Северное Причерноморье в 1775–1800 гг. М., 1959; Ее же. Южная Украина в 1800–1825 гг. М., 1970; Ее же. Южная Украина в период кризиса феодализма 1825–1860 гг. М., 1981

(134) *Дружинина Е. И.* Кючук-Кайнарджийский мир 1774 года (его подготовка и заключение). М., 1955.

(135) *Киняпина Н. С.* Внешняя политика России второй половины XIX в. М., 1974; Ее же. (от. ред.) Восточный вопрос во внешней политике России: конец XVIII–начало XX в. М., 1978.

(136) Barbara Jelavich, *Russia and the Rumanian National Cause: 1858–1859* (Bloomington: Indiana University Publications, 1959); idem, *Russia and the Greek Revolution of 1843* (München: Verlag R. Oldenbourg, 1966); idem, *Russian's Balkan Entanglements*; Charles and Barbara Jelavich, "Jomini and the Revival of the *Dreikaiserbund*, 1879-1880," *The Slavonic Review* 35: 85 (June, 1957): 523-550.

(137) *Арш Г. Л.* (от. ред.) Политические, общественные и культурные связи народов СССР и Греции (XIX-XX вв.), Балканские исследования. Вып. 11. М., 1989.

(138) *Гросул В. Я., Левит И. Э., Чертан Е.Е.* (ред.) Балканский исторический сборник II. Кишнев, 1970; III. 1973.

(139) *Никитин С. А.* Очерки по истории южных славян и русско-балканских связей в 50–70-е годы XIX в. М., 1970; Его же. Славянские комитеты в России в 1858–1876 годах. М., 1960; Его же. Дипроматические отношения России с южным славянами в 60-х годах XIX в. // Славянский сборник. М., 1947. С. 262–290.

(140) 例えば、以下を参照。R・J・クランプトン（高田有現・久原寛子訳）『ブルガリアの歴史（ケンブリッジ版世界各国史）』創土社、二〇〇四年、*Петър Делев*, История на България. София, 1999. С. 215–219.

(141) *Хитрова Н. И.* Черногория в национально-освободительном движении на Балканах и русско-черногорские отношения в 50–70-х годах XIX века. М., 1979; Ее же. Россия и Черногория: Русско-черногорские отношения и общественно-политическое развитие Черногории в 1878–1908 годах. М., 1993.

(142) *Нарочницкая Л. И.* Россия и отмена нейтрализации черного моря 1856–1871 гг.: К истории восточного вопроса. М., 1989.

(143) Theofanis G. Stavrou, "The Russian Imperial Orthodox Palestine Society, 1882–1914" (PhD diss., Indiana University, 1961).

(144) Theofanis G. Stavrou, "Russian Policy in Constantinople and Mount Athos in the Nineteenth Centry," in Lowell Clucas, ed., *The Byzantine Legacy in Eastern Europe* (New York: Distributed by Columbia University Press, 1988).

(145) *Ямилинец Б. Ф.* Россия и Палестина: очерки политических и культурно-религиозных отношений (XIX–начало XX века). М., 2003; *Воробьева И. А.* Русские миссии в Святой земле в 1847–1917 годах. М., 2001; *Омар Махамид* Россия и Палестина: Диалог на рубеже XIX-XX веков. СПб., 2002.

(146) Ihor Ševčenko, "New Documents on Constantine Tischendorf and the *Codex Sinaiticus*," in idem, ed., *Byzantium and the Slavs in Letters and Culture* (Cambridge, Mass.: Harvard Ukrainian Research Institute, 1991), 187–223.

(147) 初版はフランス語で出版された。この五年後の一九四〇年にヨルガは鉄衛団によって暗殺される。Nikolae Iorga, *Byzance après Byzance. Continuation de l'Histoire de la vie byzantine* (Bucarest, 1935). 本書では以下の英語版を参照した。Nicolae Iorga, *Byzantium after Byzantuim* (Iaşi, 2000).

(148) 例えば、ソロヴィエフ（塙浩訳）「ギリシャ正教諸地方におけるビザンツ法の影響」『神戸法学雑誌』第二九巻、第三号、一九七九年、三六八頁、エドガー・ヘッシュ（佐久間穆訳）『バルカン半島』みすず書房、一九九五年、二〇五頁。

(149) ソロヴィエフ（塙浩訳）「ギリシャ正教諸地方におけるビザンツ法の影響」、トラジャン・ヨナシュク、ヴァレンティン・Al・ジョルジェスク（塙浩訳）「西欧におけるローマ法の継受の形態と東欧におけるビザンツ法の継受の形態との同一性と差異」『産大法学』第一七巻、第四号、一九八四年、九五―一四五頁、P・J・ゼポス（塙浩訳）「ギリシャ法提要――その法史、近代法学および近代法、特に民法典」『産大法学』第一八巻、第一号、一九八四年、一六三―一五七頁。

# 第一章　ロシアの南下政策とベッサラビアの成立

この章では、ベッサラビア併合までの歴史的背景として、ロシアの南下政策について考察する。ベッサラビアと南下政策の関係について、ここでの論点は以下の四つである。

第一に、ベッサラビアはピョートル一世(在位一六八二―一七二五年)からアレクサンドル一世(在位一八〇一―二五年)治世前半にかけての約一〇〇年間に及ぶ野心的なバルカン進出の過程でロシアが獲得した最後の領土から形成された州であり、いわば南下政策がベッサラビアを新たに生み出したという点である。これはベッサラビアがその成立からして南下政策と結びついていたことを示している。

第二に、このバルカン進出は、ロシアとギリシア、モンテネグロ、セルビア、ドナウ二公国というバルカン正教徒民族との関係の幕開けであり、オスマン帝国領のキリスト教徒の保護者・後援者としてロシアの地位を確立し、その後の南下政策の土台を築いたという意義を持っていた。特に正教世界の盟主としてのロシアの国家的威信は、第五章で見るように、ベッサラビアの修道院領を武器とした正教外交の支柱でもあった。

第三に、ロシアがモルドヴァ公国の一部しか併合できなかったことによって、隣国と同じくルーマニア人を主要住民とする地域がロシアの国境に形成されたという点である。第三章で見るように、この「ルーマニア人地域」の一部としてのベッサラビアの属性は、のちにルーマニア人の統一運動や隣国の政情不安がベッサラビア統治に影響を及ぼす要因となる。

最後に、ベッサラビアをモルドヴァ公国から併合したことによって、ロシアは「ポスト・ビザンツ空間」の一部を獲得した。ベッサラビアは、ロシアがバルカンの正教国から併合した唯一の領土であり、オスマン帝国領の正教徒民族が程度の差はあれ共有するビザンツの伝統、宗教、文化を色濃く受け継いだ地域だった。第四、五章で見るように、ロシアはベッサラビアのこの特性を急いでロシア化せずに温存し、ベッサラビアと他のオスマン帝国領正教徒民族とのつながりを壊さないようにすることを統治方針としていたのである。

よってこのような、のちのベッサラビアの統治方針およびその利用価値を規定する条件が、ベッサラビア併合の時点で出揃ったことがわかる。このためベッサラビア統治について考えるうえでは、まずその成り立ちから把握することが必要となる。

以上の論点を踏まえ、第一節では、一八一二年に、モルドヴァ公国からのちのベッサラビアとなる領土が併合されるまでのロシアのバルカン進出を概観し、ベッサラビアという新しい地域が誕生する経緯を把握する。第二節では、ベッサラビアの地誌、社会階層、民族構成について整理する。

## 第一節　ベッサラビア併合までのロシアのバルカン進出

ここでは、一七世紀後半、ピョートル一世時代からのロシアのバルカン政策について概観し、一八〇六～一二年の露土戦争とベッサラビア併合までの情勢を整理する。ピョートル一世からアレクサンドル一世時代前半にかけての約一〇〇年間は、ロシアがバルカンの正教諸国と同盟を結び、またロシア艦隊がボスフォラス・ダーダネルス海峡を越えてアドリア海やエーゲ海に遠征するなど、活発な進出政策が展開された時代だった。そして、ベッサラビア州となるプルート川とドニエストル川の間の地域は、バルカン進出の過程でロシアが獲得した最後の領土となる。

ピョートル一世のバルカン政策は、正教国モンテネグロおよびモルドヴァ公国との同盟関係の樹立によって特徴づけられる。

ロシアと同じ正教のスラヴ国家であるモンテネグロは、一五一六年以来ツェティニェの主教座を拠点としていた神政国家であり、ヴラディカと呼ばれる主教が国政においても君主として統治していた。一六九六年からはダニーロ一世(在位一六九六—一七三七年)が世襲制のニェゴシ朝を創始し、国家の地盤を固めていた。一七一一年にダニーロとロシアは外交関係を結んでいる。オスマン帝国の侵攻に脅かされたダニーロは一七一五年にペテルブルクを訪れて財政支援を受けた。これ以来モンテネグロでは、代々の君主がロシアへ資金援助を受け取りに行くという伝統が定着する。こうしてロシアの後ろ盾を得たことにより、モンテネグロは次第にヘルツェゴヴィナなど近隣地域に対する影響力を強め、アドリア海への進出を目指すようになる。(1)

またロシアは、当時ヴェネツィア共和国の統治下にあり、カトリック勢力の強かったラグーザ共和国(ドゥブロヴニク)への接近も開始した。ヘルツェゴヴィナ出身でロシアに勤務した経験のある、通称「ラグーザ伯」サッヴァ・ヴラジスラヴィチは、ロシアとラグーザの橋渡し役として活動した。(2) 彼の請願により、一七二四年にピョートルはラグーザに正教会を建設しようと働きかけた。結局、正教徒が十数家族しかいないという理由で共和国側に却下されたが、ロシアはその後も正教徒保護を名目とした対ラグーザ外交を続け、一七八八年にはロシア総領事館を設置している。(3)

ロシアとモルドヴァ公国との接触は、一七世紀半ばから見られた。モルドヴァ公ギョルゲ・シュテファン(在位一六五三―五八年)は、一六五四年のペレヤスラフ条約によるウクライナとモスクワの同盟を歓迎し、ウクライナ・コサックのヘトマン(頭領)ボフダン・フメリニツキー(在位一六四八―一六五七年)を介してモスクワにモルドヴァを保護国化することを願い出たとされる。(4)

一七一一年、ピョートルとモルドヴァ公カンテミールは、ウクライナのルツクにおいて実際に同盟条約を締結した。この協定は、モルドヴァがロシアの保護下に入ること、その際モルドヴァの伝統や権利は維持されること、オスマン帝国に併合されたイズマイル、アッケルマン、ベンデルなどの南部地域がモルドヴァに返還されること、カンテミール家の世襲君主制を認めることを定めていた。さらに、ワラキア公コンスタンティン・ブルンコヴァヌ(在位一六八八―一七一四年)も同様の協定をロシアと結んだ。しかし、この年の末プルート川沿岸でピョートル率いるロシア軍がオスマン軍に敗北したため、カンテミールはロシアに亡命、ブルンコヴァヌは息子たちとともにイスタンブルで処刑されるという結末となった。(5)

ピョートルと同様にエカチェリーナ二世(在位一七六二―九六年)もバルカン政策を重視したが、特にギリシアに対して格別な関心を抱いていた。いわゆる「ギリシア計画」はよく知られている。

この計画は、一七八二年にオーストリアのヨーゼフ二世との書簡において具体化したもので、次のような内容とされる。ロシアは黒海とカフカースを併合し、オーストリアはオルテニア(ワラキアのオルト川以西)、ボスニア、ヘルツェゴヴィナ、イストリア(アドリア海沿岸北部)、ダルマチア、セルビアの一部を併合する。さらにロシアは二つの属国を樹立する。一つは、ビザンツ帝国をモデルとしたブルガリア、ギリシア、マケドニアを版図とする国で、エカチェリーナの孫コンスタンティンが統治するとされた。もう一つは、ワラキアとモルドヴァから構成されるダキアというルーマニア人国家で、正教の君主が統治する。(6) この計画の実現のために、エカチェリーナは黒海北岸地域を次々と併合していくこととなる。

一七六八～七四年の露土戦争では、Ａ・Ｇ・オルロフ率いるロシア艦隊がエーゲ海に遠征し、オスマン艦隊を破った。一七六八年に、オルロフはエカチェリーナ二世の命令でペロポネソスのギリシア人に呼びかけて蜂起を起こさせた。このときオルロフに協力したギリシア人貴族たちは、戦争後にロシアの外交官として各地に配置され、またペテルブルクで政界入りした。(7)

そして、この戦争後の一七七四年に締結されたキュチュク・カイナルジャ条約は、オスマン帝国領のキリスト教徒の保護者としてのロシアの地位を確立した、ロシアとバルカンの関係において最も重要な条約の一つとされる。ロシアはブク川とドニエプル川の間の地域を獲得し、ロシアの船舶は自由に黒海を航行できることになり、またオスマン帝国の主要な都市に領事館を設置することが認められた。さらに、ドナウ二公国の代表のイスタンブルへの派遣、ドナウ二公国に関するロシアの発言権が認められ、ロシアのドナウ二公国に対する影響力は強まった。(8)

エカチェリーナは、このとき獲得したブク―ドニエプル間にノヴォロシア県を設置し、Ｇ・Ａ・ポチョムキンを総督に任命した。一七七五年にはアゾフ海沿岸地域にアゾフ県が設置され、ポチョムキンが総督を兼任した。

この年エカチェリーナはドニエプル川下流のザポロージエ本営を破壊し、コサックをウクライナ南部から追放した。ポチョムキンは、ヘルソンなどの港湾都市を建設し、人口希薄な南部国境地帯の植民と開発を急いだ。オルロフが連れてきたギリシア人、アルバニア人などの他、ポーランド人、ドイツ人、ユダヤ人などがこの地域に入植した。また一七八三年にクリム・ハン国が併合され、クリミア半島とアゾフ海北岸地域が統合されてタヴリーダ県となった。(9) またポチョムキンはアストラハンなど北カフカースの植民と開発にも携わっている。(10) 一七八七〜九一年の露土戦争後のヤシ条約で、ロシアはのちのオデッサを含むオチャコフ地域を併合し、国境をドニエストル川としてモルドヴァ公国と隣接するに至った。

他方、エカチェリーナは「ギリシア計画」を追求するがゆえに、バルカンのスラヴ民族に対する支援には関心を払わなかった。一七八七〜九一年の露土戦争中に、モンテネグロからエカチェリーナに、オスマン領バルカンの全スラヴ民族を解放するための蜂起と、解放後の「スラヴ・セルビア国家」の建設を主導・援助してほしいという要請があったが、見向きもされなかったとされる。ロシアでスラヴ連邦の計画が関心を集めるようになるのは一九世紀に入ってセルビアで蜂起が勃発してからのことである。(11)

続くパーヴェル一世(在位一七九六―一八〇一年)時代は、アドリア海・地中海への進出が目覚しかった。モンテネグロとの関係の強化はその一つである。モンテネグロのペータル一世(在位一七八二―一八三〇年)は一七八五年と一七九六年のオスマン帝国との戦争で勝利し、一七九九年にスルタンにモンテネグロの独立を承認させた。パーヴェル一世は彼の軍功を賞して勲章を授与し、援助金を供与した。さらには前出のラグーザやコトル湾に面したコトルにロシア領事館を設置し、アドリア海における足場を築いた。

しかし、ナポレオン・ボナパルトの侵攻がアドリア海・地中海情勢を一変させる。一七九七年、イタリアに進出してきたフランスとオーストリアがカンポ・フォルミオ条約を締結し、ヴェネツィア共和国が滅びてオーストリアに併合された。これによって、三〇〇年間ヴェネツィア共和国の統治下にあったイオニア諸島[12]はフランス軍の統治下に入ることとなった。翌一七九八年にナポレオン軍がエジプト遠征に乗り出したため、これに対抗してロシアはセリム三世のオスマン帝国と軍事同盟を締結する。この同盟条約によってロシア艦隊がボスフォラス・ダーダネルス海峡を通行することが認められた。

エジプトでフランス軍と戦火を交えているイギリスの艦隊の要請で、一七九九年にF・F・ウシャコフとオスマン帝国のカディル・ベイが指揮するロシア・オスマン連合艦隊が、イオニア諸島からフランス軍を駆逐した。ギリシア人が大半を占めるイオニア諸島の住民たちは、正教国であるロシアからの海軍の到着を特に歓迎したとされる[13]。ウシャコフ提督はイオニア諸島を独立させることを望んだが、ツァーリもスルタンもそれを認めず、結局はオスマン帝国の宗主権を認めるラグーザ共和国のように、ロシア・オスマン帝国の共同統治下の半自治国としての地位にとどまった[14]。こうしてケルキラに中央政府を置く「イオニア七島連合共和国」が成立した。これは一七九九年から一八〇七年という短命の国だったが、最初のギリシア人自治国家として位置づけられている。

一七九八〜一八〇〇年はウシャコフがイオニア共和国を統治した。この間に貴族以外の住民にも選挙権を付与する民主的な憲法が起草されたが、オスマン帝国とロシアは貴族の権限を強化した通称コンスタンティノープル憲法(もしくはビザンツ憲法)を一八〇〇年に公布した。さらにアレクサンドル一世の即位ののち、イオニア国政へのロシアからの干渉が強まることとなる。一八〇二年にはロシアの全権大使としてザキントス出身の父をもつゲオルギー・モセニゴが派遣され、イオニアは事実上ロシアの保護国となった。このモセニゴ統治下で国務大臣を務めたのが、ケルキラ出身の貴族でのちにアレクサンドルの下で外交を担当することとなるヨアニス・カポディストリアス(一七七六―一八三一年)だった。

アレクサンドル時代のロシアのバルカン外交で特筆すべきことは、セルビア問題である。セルビア人はオスマン帝国の直接統治下に置かれていたために、ドナウ二公国のルーマニア人やイオニアのギリシア人とは異なり、ロシアと直接の関係を結ぶ機会を持たなかった。また前述のように、バルカンにスラヴ連邦国家を建設する計画は一八世紀末からあったものの、エカチェリーナの興味を引くことはなかった。しかし一八〇四年の第一次セルビア蜂起を契機として、ロシアとセルビア人との外交関係が開始されることとなる。

セルビア蜂起の中心地となったのは、オスマン帝国の行政区画の一つベオグラード・パシャリク(県)だった。この地域は一七一八年にオーストリアが大半を占拠したが一七三九年にオスマン帝国が奪還しており、オーストリアと国境を接する最西端の県として戦略的にも経済的にも重要な位置を占めていた。[15]

セルビア人による蜂起はイェニチェリ(常備歩兵軍団)に向けられたものだった。一七八八~九一年のオーストリアとの戦争で敗北したのち、オスマン帝国のセリム三世は西欧的な常備軍を創設するためにイェニチェリ制度を廃止しようとした。しかしイェニチェリに反発されたため、ベオグラード・パシャリクから彼らを追放してその領地を没収した。このためイェニチェリとオスマン軍との間に戦いが勃発する。このとき長年イェニチェリに重税を課されてきたセルビア人がオスマン軍に協力したため、セリム三世はイェニチェリに対抗するためにセルビア人を保護するようになった。

一七九八年にナポレオン軍がエジプトに侵攻し、スルタンがその対応に追われている混乱に乗じて、追放されたイェニチェリがベオグラード・パシャリクへの帰還を開始した。一八〇一年、イェニチェリに占拠されたベオグラード・パシャリクではセルビア人が虐殺される。一八〇四年、集会で指導者に選ばれた富裕な家畜商人カラジョルジェ・ペトロヴィチ(一七六八―一八一七年)率いるセルビア人たちが結束して立ち上がり、これが第一次セルビア蜂起の発端となった。[16]また、一七六六年にペーチ総主教座を廃止されて以来コンスタンティノープル総主教座の管轄下に置かれていたセルビア人正教聖職者たちも蜂起に積極的に参加したとされる。[17]

カラジョルジェは、オーストリアからの支援を拒否されたため、イスタンブルのロシア公使Ａ・Ia・イタリンスキーの協力でペテルブルクに軍事・財政援助を請願した。一八〇四年に二度にわたってペテルブルクに派遣されたセルビア人使節は、ベオグラード・パシャリクがイオニア七島連合共和国のようにロシアの直接の保護下で自治国家となること、またベオグラードにロシア領事館を設置することを希望した。(18)

当時オスマン帝国と同盟関係にあったアレクサンドルは、セルビア人への支援に乗り気でなかったが、イタリンスキーがオスマンの弱体化がロシアに有利になると進言し、また外相補佐のポーランド人Ａ・Ａ・チャルトリスキが、ロシアがバルカン民族の解放者となるべきだと訴えたため、協力を決意する。またファナリオテス出身で親ロシア派のワラキア公コンスタンティン・イプシランティもセルビア蜂起の後援者だった。(20)彼はオスマン帝国にセルビア蜂起の支援を助言するなどの働きかけを行い、イタリンスキーやチャルトリスキと連絡を取り合いながらセルビア人を援助した。(21)

ロシアは、ナポレオン軍がバルカンに侵攻する危険に対して手を打つ必要に迫られた。一八〇三年に外交官のＡ・Ｒ・ヴォロンツォフが戦略的に重要なドナウ二公国をロシアが占領する必要があるとアレクサンドルに進言し、チャルトリスキもロシア国境をドナウまで拡大することに賛同した。またモンテネグロの軍事強化が必要になると考え、一八〇五年から外交官を派遣してモンテネグロの国家機構や制度改革を推進させた。またロシア艦隊がモンテネグロのアドリア海進出を支援することとなった。(22)

一八〇六年、ロシアはさらにオスマン帝国と開戦する。一八〇五年のアウステルリッツ会戦でロシアがフランス軍に敗れたのを好機とみて、オスマン帝国はロシア艦隊のボスフォラス・ダーダネルス海峡の通行を禁止し、さらに親ロシア派のワラキア公イプシランティとモルドヴァ公アレクサンドル・モルズィを追放した。これに応じる形で一八〇六年にロシア軍はドナウ二公国に侵攻して占領体制をしき、オスマン帝国がロシアに宣戦布告した。こうして両国の同盟関係には終止符が打たれ、ロシアがベッサラビアを獲得することとなる一八〇六～一二年の露土戦争が勃発したのである。[23]

セルビアは、すでにオスマン帝国から大幅な自治を認める有利な条件を提示されていたが、露土戦争の開始を見て完全独立を目指して戦いを継続することを選んだ。セルビア人聖職者たちはコンスタンティノープル総主教座と完全に連絡を絶ち、ベオグラード府主教レオンチーはロシアとの仲介役として活動した。[24]

しかしセルビアの期待に反して、ロシア軍は苦戦する。一八〇七年ナポレオン軍との戦いに敗北したロシアは、その年のティルジット講和条約で、イオニア七島とコトル湾沿岸とをフランスに譲渡した。さらに一八一五年のウィーン会議において、イオニアはイギリスに引き渡されることとなる。[25]

さらにロシアは、フランスの調停でオスマン帝国と和平交渉を開始した。ロシアはドナウ二公国の併合を希望し、セルビアについては独立ではなくロシアの保護下の自治を条件とした。オスマン帝国はこれを承認したが、カラジョルジェは他のセルビア人指導者と対立しながらも完全独立を要求した。ロシアはナポレオンの侵攻におされ、一八一一年には和平交渉においてさらに譲歩し、ドナウ二公国の併合ではなくモルドヴァ公国のみの併合を条件としたが、結局一八一二年のブカレスト条約で獲得したのはモルドヴァ領とオスマン領の一部であるプルート川とドニエストル川の間の地域にすぎなかった。これがのちにベッサラビア州となる地域である。

翌一八一三年、ついに第一次セルビア蜂起が鎮圧される。ロシアがナポレオン軍と戦火を交えていた間に、オスマン軍がセルビア軍を破ってベオグラード・パシャリクを制圧したのである。カラジョルジェはロシアに亡命した。それでも一八一五年に新しい指導者ミロシュ・オブレノヴィチが第二次セルビア蜂起を率い、オスマン帝国下の自治公国としての地位を獲得するに至った。[26] 他方、モンテネグロは、同年にイギリス艦隊の支援でコトル湾沿岸を奪回するが、ロシア、オーストリア、プロイセンの協定でアドリア海沿岸地域はオーストリアに譲渡される。

こうして、ナポレオン侵攻への対応に追われたロシアは、イオニアを失い、セルビアやモンテネグロに十分な支援を行うことができず、ドナウ二公国を併合することにも成功しなかった。ピョートル以来のロシアのバルカン・アドリア海・地中海進出において、このナポレオン戦争と露土戦争は大きな挫折であり、これ以降アレクサンドルがバルカン情勢に対して軍事的な関与を行うことは二度となかった。第二章で見るように、一八二一年にノヴォロシア・ベッサラビアを巻き込んで勃発したエテリア蜂起を支援することなく、その後のギリシア独立戦争にも参戦しないまま一八二五年に世を去ることとなる。

しかしニコライ一世(在位一八二五―五五年)以降、ロシアのバルカン正教徒国への関与が再開される。次章で見るように、ニコライは英仏とともにギリシア独立戦争に参戦し、露土戦争に勝利してドナウ二公国を保護国化する。一八三〇～三三年という短命ではあったが、オスマン統治下のブルガリアに最初のロシア領事館が設置された。[27] アレクサンドル二世の時代には、サラエヴォ、モスタル、アルバニアのシュコダル、ノルガリアのタルノヴォなどに次々とロシア領事館が設置され、またバルカンの正教会に対する財政支援が推進される。[28] また第五章で見るように、近東における正教外交が開始されるのもニコライの時代である。まず先発隊として宣教団を派遣し、そののちロシア領事館を設置するという手段によって、エルサレム、シリアのダマスカス、イランのウルミエへと次第に勢力を拡大していくこととなる。

そして、この一八〇六～一二年の露土戦争で手に入れたベッサラビアこそが、その後の正教外交にとって強力な武器となるわけであるが、その一方で「ルーマニア人地域」の一部を抱えることにより、ロシアはルーマニアの情勢を意識し分離主義の高まりを警戒しながらベッサラビア統治を行わざるを得なくなる。つまり、ポスト・ビザンツ空間、そして「ルーマニア人地域」という二つの属性により、今後ロシアのベッサラビア統治は内政と外交の間で揺れ動くこととなる。このようにして、ベッサラビアの成立の時点において、のちのロシアのベッサラビア統治を性格づける前提条件が整ったのである。

## 第二節　ベッサラビアの風土、社会階層、民族

ベッサラビア州(一八七三年から県)は、ロシア帝国の南西の端に位置する。北緯四五度三八分から四八度一二分の間で、北海道よりわずかに北である。面積は併合時の一八一二年には四万四四二二平方キロメートル、一八九八年で四万五六三一・七平方キロメートルであり、九州(三万六七一九平方キロメートル)より大きく北海道(七万七九七九平方キロメートル)より小さい(29)。

西はプルート川(河口でドナウ川と合流)、北と東はドニエストル川、南はドナウ川と黒海によって囲まれている。プルート川はモルドヴァ公国(一八六六年以降ルーマニア)との国境であり、東はロシア帝国のヘルソン県とポドリヤ県に接し、北はオーストリア領ブコヴィナに接している。このように、東部以外は海と外国に囲まれているのが国境地域としてのベッサラビアの特徴である。

気候はヨーロッパ・ロシアの他地域と比べて温暖であるが、北部と南部とでは差がある。南部は北部より温暖だが、降水量は北部や中部よりかなり少ない。ほぼ中部に位置するキシニョフで七月は摂氏二二・四度、一月が三・四度となっている。降水量は、一一月から翌三月までが一三八ミリメートル、年平均が六二九ミリメートルとされる(30)。

大きな山地や湖はなく、平野が大部分を占めている。北部・中部には丘陵地域があるが、南部に行くにつれて

低地となる。北部はブナの森林やスモモ林が多い。北部と中部の平地は穀物栽培に適しており、秋蒔き小麦などが生産される。中部にはブナやオークの森林、ブドウ園も見られる。南部は春蒔き小麦やブドウが栽培されている。プルート川沿岸ではトウモロコシが生産される。動物では、シカ、イノシシ、キツネ、オオカミ、ウサギ、カワウソ、イタチなどが主に生息する。[31]

ドニエストル川は、オーストリア領ガリツィアのカルパチア山脈に端を発し、オデッサ付近から黒海に注ぐ。一八〇三年から汽船航行が開始され、ガリツィアの穀物がこの川を下ってオデッサの港に輸送されるようになった。[32] プルート川もガリツィアのカルパチア山脈から発し、ブコヴィナを横切って黒海に至る。オーストリアからこの川を通って主に材木が輸送された。[33] そしてドナウ川は、ドイツ南西部から発し、バイエルン地方を横切り、ウィーン、ブラチスラヴァ、ブダペシュト、ベオグラードを経由したのちベッサラビアの足元まできて黒海に注ぐ。ドナウ河口のデルタ地帯は葦が群生し、ガチョウ、白鳥、サギ、コウノトリ、ペリカンなどの楽園となっている。これらの川と黒海ではベルーガなどのチョウザメ類、スズキ、パーチ、コイ、ボラ、サバ、ナマズ、ドナウニシンのほか、エビやザリガニなどが生息する。[34]

序章で述べたとおり、正確にはロシアが併合する前のプルート川とドニエストル川の間の地域は、すべてがモルドヴァ公国の領地だったわけではなく、三部分に分割されていた。

第一がモルドヴァ公国領で、併合地の中心部分を占めており、グレチェニ、コドゥル、ホタルニチェニ、ラプスナ=オルヘイ、ソロカの五県《ツィヌート》、そしてヤシ県の一部から構成された。[35] 第二はオスマン帝国領であり、北部のホティンを中心とする「ホティン・ライヤ(軍直轄地)」だった。第三はブヂャクと呼ばれる黒海に面した南部で、やはりオスマン帝国領だった。ノガイのブヂャク・オルダの居住地だったが、彼らは一八〇六年にタヴリーダ県に移住させられた。[36]「ベッサラビア(ルーマニア語でバサラビア)」の地名は、ワラキアの建国者バサラブ一世の名に由来するが、本来はこのブヂャク地域を指す名称だった。

この三部分から構成されるプルート川とドニエストル川の間の地域を一八一二年に併合したときに、一括して州《オーブラスチ》としたのである。[37]よってベッサラビアは、歴史的地域ではなく、ロシアが新たに作り出した純粋な行政区画だった。

併合時のベッサラビアには、都市は約二〇、村は約七〇〇あったとされる。[38]人口は一八一二年で二五万五六〇五人、一八一六年には三三万七三九二人に増加した。[39]六郡(ホティン、ヤシ、オルゲエフ、ベンデル、アッケルマン、イズマイル)に分けられ、オルゲエフ郡の郡都キシニョフがベッサラビアの州都となった。「郡」は、併合当初はモルドヴァ公国の行政単位「ツィヌート」を採用していたが、すぐにロシアの「ウーエズド」に変更された。ベッサラビアの郡区画は頻繁に変わり、一八九七年のセンサスでは八郡(キシニョフ、ホティン、ソロキ(ルーマニア語でソロカ)、ベリツィ、オルゲエフ、アッケルマン、ベンデル、イズマイル)となっている。

ロシア統治下のキシニョフの住民はユダヤ人やロシア人が多く、住民数は一八一二年で七〇〇〇人だったが、一八二八年で一万八〇〇〇人、一八六〇年で八万七〇〇〇人、一九一五年で一二万八七〇〇人に増加した。[40]ベッサラビアの有力貴族が集中する北部や中部のホティン、ヤシ、ソロキ、キシニョフ郡では貴族領が多く、南部のベンデルやアッケルマン郡はブルガリア人やドイツ人など外国人入植地が多かった。[41]

宗教について見ると、圧倒的に正教徒住民が多かった。これは基幹民族であるルーマニア人が正教徒であり、オスマン帝国領の南部地域に多かったノガイはタヴリーダ県へ移住し、その後にブルガリア人などバルカン正教徒民族が移住してきたためである。併合直後の一八一三年に「キシニョフ・ホティン府主教座」が設置され、ガヴリール・バヌレスク・ボドニ(在任一八一三―二一年)が初代府主教となった。ボドニは当時のベッサラビアのルーマニア人社会で強い指導力を持ち、第二章で見るように、ロシアで学んだ経験を持ち、ロシアとベッサラビアのルーマニア人とのパイプ役を担っていた人物だった。

ベッサラビア住民の宗教について一八九七年のセンサスによると、県全体一九三万五四一二人のうち正教が一六〇万九九九人（約八二・七％）、カトリックが一万九八二五人（約一・〇％）、古儀式派が二万八五三二人（約一・五％）、プロテスタントが五万四二五八人（約二・八％）、ユダヤ人が二二万八一六八人（約一一・八％）、ムスリムが六一七人（〇・一％以下）となっている。(42)

ロシア帝国下のベッサラビア住民の身分は、①聖職者、②貴族、③ボイェルナシ、④マズィリ、⑤ルプタシ、⑥商人・町人（ルプタ）、⑦ツァラン、⑧ロマ、⑨ユダヤ人の九階層に分類された。(43)

ルーマニア人貴族はロシア人貴族と同じ地位に置かれ、地方行政や司法において権力を握り、貴族団を形成した。また動産・不動産およびロマの所有が認められた。聖職者にも貴族と同様に、教会や修道院に属する領地や農奴を含むあらゆる財産の所有が認められた。ボイェルナシは一代貴族の身分とされ、体刑や納税義務が免除された。マズィリとは主に役人が属する階層で、納税と国家勤務に従事する義務が課された。ルプタシはマズィリと同等の階層で、属するのは主に聖職者の子弟である俗人とされる。ロシアの商人や町人階級に相当するのはルプタという階層で、手工業や工業に従事した。ユダヤ人は、このルプタと農民の中間に位置する身分とされた。

第三章で見る農民改革と関連してくるのは、ツァランと農奴ロマである。(44)

ツァラン(45)とは、領主や修道院の所領で働く領地農民である。ルーマニア語で「土地」を意味するツァラに由来する名称で、土地の人、つまり農民を指す。ベッサラビアのルーマニア人住民の大半が属している階級である。賦役、土地からのあらゆる収穫物に対する十分の一税、領地の森林の警備義務、領地における道路や橋の建設のための労働や土地、郵便、家畜、養蜂、ワイン醸造などさまざまな種類の税が課されていた。ツァランの法的地位は農奴ではなく自由農民で、領主とは自由契約に基づく関係とされ、移動の自由も認められているとされた。

法的身分が農奴として定められているのはロマだけだった。[46]ロシア統治下でのロマは、州の行政当局に直属するロマと、聖職者、貴族、ボイェルナシ、マズィリ、商人・町人に従属するロマとに二分類された。
一八四二年の階層別データによると、貴族や聖職者の数は不明であるが、ボイェルナシは二〇二人、マズィリは六六三〇人、ルプタシは二三九二人、ルプタは一七二人、ツァランは正教徒が二六万一五八二人、ユダヤ人が二万七七二人、ロマは農奴が六九〇〇人、流浪が二五〇〇人となっている。[47]
ベッサラビアにはルーマニア人以外にも多くの民族が存在した。ロシア政府が一八一六〜一七年に実施した人口調査によると、当時のベッサラビアの全人口は約五〇万人、そのうちルーマニア人は八六%、ウクライナ人が六・五%、ユダヤ人が四・二%、古儀式派のリポヴァン派が一・五%、ギリシア人が〇・七%、アルメニア人が〇・六%、ブルガリア人が〇・二%、ガガウズが[48]〇・二%だったとされる。[49]
一八九七年のセンサスでは県全体一九三万五四一二人のうち、モルドヴァ人は九二万九一九人(四七・六%)、ロシア人・ウクライナ人五三万七九四三人(二七・八%)、ユダヤ人は二二万八一六八人(約一一・八%)、ブルガリア人は一〇万三二二五人(約五・三%)、ドイツ人は六万二〇六人(約三・一%)、トルコ語人口(ガガウズ)は五万五七九〇人(約二・九%)、ロマは八六三六人(約〇・四%)、アルメニア人は二〇八〇人(約〇・一%)となっている。[50]
本書で重要であるモルドヴァ人(ルーマニア人)は、モルドヴァ公国とベッサラビアの基幹民族である。一八九七年のセンサスではベッサラビア県全体の半数を下回ったが、それまではほぼ一定して全住民の四分の三を占めていた。[51]
ルーマニア人の起源には諸説あるが、紀元前八世紀以来ドナウ以北の地域ダキアに定住していたインド・ヨーロッパ語族のゲタイ・ダキア人[52]とローマ人の混合民族であるダコ・ロマン人とする説が多い。紀元一世紀からダキアの地はローマ帝国の進出に脅かされ、トラヤヌス帝時代の一〇六年に属州にされる。このダキア州の版図はのちのトランシルヴァニアやワラキアの一部に過ぎず、プルート川までは至っていなかった。二七一年にゴート人などゲルマン諸民族の侵攻によってアウレリアヌス帝はダキアからローマ軍を撤退させた。当時の碑文の大半はラテン文字で書かれており、ローマ時代のダキアはラテン文化が浸透していたと考えられている。しかしローマ軍撤退後の状況は文字史料が残存しないため明らかでないとされる。

のちにルーマニアとなるドナウ二公国のワラキア公国とモルドヴァ公国が形成されるのは一四世紀とされる。ワラキアの建国者とされるのは、ベッサラビアの地名の由来となったバサラブ一世(在位一三一〇―五二年)で、ハンガリー勢力を駆逐してワラキアを独立国家とした。モルドヴァでは最初の君主とされるボグダン公がハンガリー軍を破って国家の基礎を築き、その後ペトル一世(在位一三七五―九一年)がモルドヴァを建国したとされる。またルーマニア人貴族(ボイェリ)層が形成されたのもこの時期だった。

ワラキアとモルドヴァのいずれもビザンツ帝国からキリスト教を受容していた。一二世紀まではオフリド大主教座に属していたが、独立後はコンスタンティノープル総主教によって、ワラキアの首都アルジェシュとモルドヴァの首都スチャヴァに府主教座が設置された(53)。ただし、ワラキアの教会はコンスタンティノープル総主教座への従属度が高かったのに対し、モルドヴァの教会はオフリド大主教座とのつながりが強かったとされる(54)。

その後ドナウ二公国はオスマン帝国の侵攻を受け、ワラキアは一四七六年、モルドヴァは一五三八年にスルタンに貢納義務を負う属国となり、この状態は一九世紀初頭まで続くこととなる。現地ルーマニア人貴族による君主選挙は認められていたが、君主の任免権を握っていたのはスルタンだった。また、オスマン帝国のキリスト教徒民族を統括していたコンスタンティノープル総主教を頂点とするギリシア人の聖職者と有力者がドナウ二公国の教会と国政を掌握したため、ルーマニア人貴族層との確執を招いた。

ドナウ二公国の君主カンテミールとブルンコヴャヌとがロシアのピョートル一世と同盟したことは前節で見た

が、この行動はスルタンの怒りを買い、モルドヴァで一七一一年から、ワラキアでは一七一五年からファナリオテスを君主とする制度が開始され、ルーマニア人勢力はさらに抑えられた。このファナリオテス制はギリシア人によるエテリア革命が勃発した一八二一年まで継続することとなる。(55)

したがって、一八一二年にモルドヴァ公国からロシア統治下に移ったベッサラビアのルーマニア人貴族には、カンタクズィン、カタルジ、ロセッティなどファナリオテス系貴族が混じっていた。またロシア帝国の貴族にフランス語が浸透していたように、ドナウ二公国の貴族社会ではギリシア語が使われていたため、ベッサラビアのルーマニア人貴族の中には自分の父親や祖父にギリシア語の知識があったことを記憶している人々がいたとされる。(56) また、農村の教会でもモルドヴァ語やスラヴ語の聖歌がギリシア語に取って代わったほどで、二〇世紀初頭においても、幼年期にいくつかのギリシア語の賛美歌を習い覚えたという元聖職者の老人たちがいたとされる。(57)

一九〇三〜〇四年にベッサラビア県知事だったウルーソフが、ベッサラビアの修道院の生活様式に関してある情報を伝えている。

「ベッサラビアの修道院の生活様式にはギリシア式のしきたりが浸透しており、修道士に肉食が認められている。主教職の訪問の際には修道院の食卓には焼いた子豚、七面鳥、ガチョウがたくさん並ぶ。肉料理は正教の斎戒者が永遠に捨て去ったはずのものであり、このような修道生活の歪曲はロシアにおいては見られないものだった(58)」

実際に通常ギリシア人修道士が肉食を嗜んでいたかどうかは定かではないが、二〇世紀に入ってもベッサラビアの修道院では、ロシアとは異なるギリシアの聖職者の慣習が息づいていた可能性を窺うことができる。

また以下で見るように、ベッサラビアには、ビザンツ法を法源とする民法、および正教聖地名義の広大な修道院領が存在していた。ロシア帝国にとって、ベッサラビアがモルドヴァから受け継いだこれらのギリシア・ファクターは、従来の研究で強調されてきたルーマニア・ファクターよりはるかに重要だったのである。

（1）*Хитрова Н. И.* Черногория в национально-освободительном движении на Балканах и русско-черногорские отношения в 50-70-х годах XIX века. М., 1979. С. 12-17; スティーヴン・クリソルド編（田中一生・柴宜弘・高田敏明訳）『ユーゴスラヴィア史』恒文社、一九八〇年、八五―九〇頁。

（2）*Фрейденберг М. М.* Дубровник и Османская империя. М., 1989. С. 241.

（3）初代総領事はアルバニア出身のジカ（А. Джика）（在任一七八八―一八〇〇年）。特に次の総領事フォントン（Карл Фонтон）（在任一八〇一―〇八年）がラグーザの正教徒保護に尽力したとされる。*Лучинина Н. А.* Вопрос о православной церкви в русско-дубровницких отношениях последней трети XVIII–начала XIX в. // *Чуркина И. В.* (отв. ред.) Церковь в истории славяских народов. Балканские исследования. Вып. 17. М., 1997. С. 141-148.

（4）*Мохов Н. А.* Очерки истории молдавско-русско-украинских связей (с древнейших времен до начала XIX века). Кишинев, 1961. С. 102-103.

（5）*Драгнев Д., Драгнев Е., Мискевка В., Варта И., Шишкану И.* История Румын: с древнейших времен до наших дней. Кишинэу, 2002.

（6）また、ヴェネツィア共和国には、イストリアとダルマチアと引き換えにクレタ、キプロス、ペロポネソス半島を、フランスにはシリアとエジプトを譲渡するとされた。Barbara Jelavich, *Russia's Balkan Entanglements 1806-1914* (Cambridge: Cambridge University Press, 1991), 5; *Маркевич А. И.* Южная Русь при Экатерине II. Одесса, 1893. С. 23; Hugh Ragsdale, "Evaluating the Traditions of Russian Aggression: Catherine II and the Greek Project," *Slavonic and East European Review* 66: 1 (1988): 91-117.

（7）Stephen K. Batalden, *Catherine II's Greek Prelate Eugenios Voulgaris in Russia, 1771-1806* (New York: Distributed by Columbia University Press, 1982), 24-27; C・M・ウッドハウス（西村六郎訳）『近代ギリシァ史』みすず書房、一九九七年、一五三―一五四頁、阿部重雄『ギリシア独立とカポディーストリアス』刀水書房、二〇〇一年、八五―八六頁。なお、本書での「ギリシア人貴族」、「ギリシア人聖職者」などは、オスマン帝国において正教を奉じギリシア語を話す人々を指し、エトノスとしてのギリシア人を指すものではない。

（8） *Дружинина Е. И.* Кючук-Кайнарджийский мир 1774 года (его подготовка и заключение). М., 1955. С. 295-302, 354-355.

（9） Isabel de Madariaga, *Russia in the Age of Catherine the Great* (London: Weidenfeld and Nicolson, 1981), 343-373; *Лашков Ф.* Князь Г. А. Потемкин-Таврический, как деятель Крыма: Краткий очерк по архивным данным. Симферополь, 1890. С. 6-9; *Маркевич А. И.* Императрица Екатерина II и Крым (к столетию со дня кончны Екатерины Великой). Симферополь, 1897. С. 15-19; *Дружинина Е. И.* Северное Причерноморье в 1775-1800 гг. М., 1959; *Любавский М. К.* Обзор истории русской колонизации с древнейших времен и до XX века. М., 1996. С. 368-391; *Кабузан В. М.* Заселение Новороссии (Екатеринославской и Херсонской губерний) в XVIII-первой половине XIX века (1719-1858 гг.). М., 1976. С. 53-64; *Атлас Д.* Старая Одесса: Ее друдья и недруги. Одесса, 1992. С. 21-38.

（10） Roger P. Bartlett, *Human Capital: the Settlement of Foreigners in Russia 1762-1804* (Cambridge: Cambridge University Press, 1979), 109-142.

（11） *Грачев В. П.* Планы создания славяно-сербского государства на Балканах в начале XIX в. и отношение к ним правительства России // *Достян И. С.* (от. ред.) Россия и Балкан: Из истроии общественно-политических и культурных связей (XVIII в.-1878 г.). М., 1995. С. 7-8.

（12） ケルキラ（コルフ）、パクソス、レフカス、イターキ、ケファリニア、ザキントス、キチラの七島から構成される。住民の多くはギリシア人。ヴェネツィア共和国の統治下で自治を認められていた。

（13） James L. McKnight, "Admiral Ushakov and the Ionian Republic: the Genesis of Russia's First Balkan Satellite" (PhD diss., University of Wisconsin, 1965), 141.

（14） K. E. Fleming, *The Muslim Bonaparte: Diplomacy and Orientalism in Ali Pasha's Greece* (Princeton, N. J.: Princeton University Press, 1999), 95-105; *Достян И. С.* (от. ред.) Формирование национальных независимых государств на

Балканах конец XVIII-70-е годы XIX в. М., 1986. С. 31-38; 阿部重雄『ギリシア独立とカポディーストリアス』一一一五七頁。

(15) セルビア蜂起の直前には、ベオグラード・パシャリクには約二〇万人のセルビア人、四万人のトルコ人、そしてわずかな少数民族がいたとされ、セルビア人は農村に多く、その四分の一しかいなかったトルコ人は主に都市に居住していた。*Достян И. С.* (от. ред.) Формирование национальных независимых. С. 92.

(16) セルビアにおける蜂起については、*Липранди И. П.* Болгария. М., 1877. С. 39-40; *Никитин С. А.* Первое сербское восстание 1804-1813 гг. и Россия. Книга первая 1804-1807. М., 1980; 柴宜弘「セルビア蜂起——バルカン初の反オスマン反乱」野崎直治編『ヨーロッパの反乱と革命』山川出版社、一九九二年、二五一—二六九頁。

(17) *Грачев В. П.* Православная церковь и первое сербское восстание 1804-1813 гг. // *Чуркина И. В.* (от. ред.) Церковь в истории славянских народов. Балканские исследования. Вып. 17. М., 1997. С. 165.

(18) *Достян И. С.* (от. ред.) Формирование национальных независимых. С. 97-98.

(19) イスタンブルのギリシア人地区ファナルに居住し、権勢を握っていたギリシア人有力者層。コンスタンティノープル総主教座がある灯台(ファナル)広場の名にちなむ。外交官や主要通訳官としてオスマン帝国の政治に強い影響力を持った。ドナウ二公国の君主のほか、エーゲ海諸島の知事職も彼らが占めた。リチャード・クロッグ(高久暁訳)『ギリシャ近現代史』新評論、一九九八年、二二—二三頁。彼らの歴史については以下を参照。ウッドハウス『近代ギリシァ史』一五〇頁、Steven Runciman, *The Great Church in Captivity: A Study of the Patriarchate of Constantinople from the Eve of the Turkish Conquest to the Greek War of Independence* (Cambridge: Cambridge University Press, 1968), 360-384.

(20) コンスタンティン・イプシランティは、モルドヴァ公(在位一七九九—一八〇一年)とワラキア公(在位一八〇二—〇六、一八〇六—〇七年)の両方を務めた。Petru D. Popescu, *Dicţionar de personalităţi istorice* (Bucureşti, 2001), 146-148.

(21) *Грачев В. П.* Начальный этап русской политики в отношении первого сербского восстания 1804-1813 гг. (1804-1807 гг.) // *Чубриловић В.* (ред.) Југословенске земље и Русија за време првог српског устанка 1804-1813. Београд, 1983. С. 179, 190; *Достян И. С.* Россия и балканский вопрос, из истории русско-балканских политических связей в первой трети XIX в. М., 1972. С. 163; *Белов М. В.* Первое сербское восстание 1804-1813 гг. и Россия: События, документы, историография. Нижний Новгород, 1999. С. 12; Wayne S. Vucinich, "Russia and the First

Serbian Uprising, 1807-1809," in Wayne S. Vucinich, ed., *The First Serbian Uprising 1804-1813* (New York: Boulder-Brooklyn College Press, 1982), 102-103; David MacKenzie, *Serbs and Russians* (New York: Distributed by Columbia University Press, 1996), 5; *Константинос Хадзопулос* Греческий корпус под командованием Н. Пангалоса в 1807 г. // *Арш Г. Л.* (от. ред.) Политические, общественные и культурные связи народов СССР и Греции (XIX-XX вв.). Балканские исследования. Вып. 11. М., 1989. С. 14.

(22) *Аншаков Ю. П.* Становление Черногорского государства и Россия (1798-1856 гг.) М., 1998. С. 72-76, 103-132. 当時チャルトリスキは、バルカンにヘルツェゴヴィナ、モンテネグロ、ダルマチア、コトル湾沿岸地域から構成される国家の建設を計画していた。さらにモンテネグロのペータル一世は「スラヴ・セルビア王国」建設計画をペテルブルクに送っていた。その内容は、モンテネグロ、コトル湾沿岸、ヘルツェゴヴィナ、ラグーザ、ダルマチアの連合国家を建設し、ロシア皇帝を最高権力者、ロシア人を現地統治者、モンテネグロの主教が副統治者とすることを想定したものだった。

(23) *Иоан Скурту* (от. ред.) История Бессарабии: от истоков до 1998 года. Кишинэу, 2001. С. 27. この露土戦争の原因となったドナウ二公国の君主任命問題については、黛秋津「ロシア・オスマン関係の中のワラキア・モルドヴァ公問題」『史学雑誌』第一一三編、第三号、二〇〇四年、一一三三頁。

(24) *Сироткин В. Г.* Франко-русская дипломатическая борьба на балканах и планы создания славяно-сербского государства в 1806-1807 гг. // Ученые записки института славяноведения. Академия Наук СССР. Т. 25. 1962. С. 171-192; *Грачев В. П.* Православная церковь и первое сербское восстание. С. 166-168.

(25) ギリシア王国の第二の王ゲオルギオス一世が即位した一八六四年にイギリスから返還される。

(26) カラジョルジェは一八一四年末から主にベッサラビア北部の町ホティンやペテルブルクに滞在したのち、一八一七年にギリシア人の革命組織「フィリキ・エテリア(友愛協会)」と協力して、ギリシア人とセルビア人の共同蜂起の実現を目指すが失敗する。*Бажова А. П.* Карагеоргий в России // *Чубриловић* (ред.) Југословенске земљ. С. 295-302.

(27) ブルガリアのスリヴェンに設置。*Степанова Л. И.* Первое консульство России в Болгарских землях (Сливен, 1830-1833) // *Левит И. Э.* (от. ред.) Проблемы истории стран юго-восточной европы: Политика, культура, историография. Кишинев, 1989. С. 155-185.

(28) *Хевролина В. М.* История внешней политики России: Вторая половина XIX века (от Парижского мира 1856 г.

до русско-французского союза). М., 1997. С. 61; *Хитрова Н. И.* Черногория в национально-освободительном движении на Балканах и русско-черногорские отношения в 50-70-х годах XIX века. М., 1979. С. 116.　サラエヴォのボスニア領事は、一八七〇年からボスニア・ヘルツェゴヴィナ総領事に変わる。

(29)　クリミア戦争の敗北で一八五六年にベッサラビア南部のドナウ河口域をモルドヴァに併合されるが露土戦争後の一八七八年にほぼ再併合しており、一八一二年の併合時と帝政末期とでは面積はほとんど変わっていない。*Скурту* (от. ред.) История Бессарабии. С. 37; *Брокгауз Ф. А., Ефрон И. А.* Энциклопедический словарь. Т. 3. СПб., 1898. С. 697.

(30)　*Брокгауз, Ефрон* Энциклопедический словарь. Т. 3. С 606.

(31)　*Андреева Е. А.* Народоведение и этнография Бессарабии: сборник материалов. Измаил, 1996. С. 10-11.

(32)　*Защук А.* Материалы для географии и статистики России, собранные офицерами генерального штаба, Бессарабская область. СПб., 1862. С. 346.

(33)　ДАОО, ф. 1, оп. 215, спр. 7, арк. 7.

(34)　*Защук А.* Сельско-хозяйственная промышленность Бессарабской области // Записки императорского общества сельского хозяйства Южной России. Одесса, 1861, январь. С. 583-586.

(35)　Greceni, Codru, Hotărniceni, Lăpusna-Orhei, Soroca, Iaşi.　ヤシ県はプルート川をまたいで位置しており、ロシアは左岸のヤシ県を併合した。モルドヴァに残された右岸にはモルドヴァの首都ヤシがある。

(36)　*Скальковский А.* О ногайских татарах, живущих в Таврической губернии. СПб., 1843. С. 16-27; *Бачинський А.* Адміністративно-політичне управління буджацьким степом і пониззям дунаю (XIII-початок XX ст.) // Архіви України. № 5. 1966. С. 17-23.

(37)　*Берг Л. С.* Бессарабия: Страна-люди-хозяйство. Кишинев, 1993. С. 12; *Защук.* Материалы для географии. С. 10-11; *Алексей Накко* Очерк гражданского управления в Бессарабии, Молдавии и Валахии во время русско-турецкой войны 1806-1812 года // Записки императорского Одесского общества истории и древностей (ЗООИД) Т. 11. Одесса., 1879. С. 289-290.

(38)　Dinu Poştarencu, *O istorie a Basarabiei în date şi documente (1812-1940).* (Chişinău, 1998), 64.

(39)　*Кабузан В. М.* Народнонаселение Бессарабской области и левобережных районов приднестровья (конец XVIIIпервая половина XIX в.). Кишинев, 1974. С. 37.

(40) *Берг Л. С.* Бессарабия. С. 186.

(41) *Берг Л. С.* Бессарабия. С. 129.

(42) Первая всеобщая перепись населения Российской империи 1897 г. III. Бессарабская губерния. С. 2. パーセントの算出は小数第二位の数字を四捨五入。

(43) ПСЗ-1. Т. 35. № 27357.

(44) この他に、わずかながらも私有地を所有している自由農民のラゼシ(răzeş)もいる。ロシア語ではレゼシ(резеш)。ワラキアではモシュネン(moşnen)。

(45) 複数ではツァラニ(ţărani)、ロシア語ではツァラーネ(царане)。なおマズィリ(mazili)とルプタシ(ruptaşi)は複数形。ルーマニア貴族のルーマニア語複数形はボイェリ(boieri)。

(46) インド北西部出身の民族集団。オスマン帝国時代初期にはバルカンにすでに多くのロマがいたとされ、モルドヴァでは一四一七年の記録にすでに現れるとされる。放浪を主な生活様式とするが、領主の邸宅で仕える場合もあった。靴屋などの皮革加工業や音楽などに従事した。伊東孝之他監修『東欧を知る事典』平凡社、二〇〇三年、五八七頁、*Защук А.* Материалы для географии. С. 174–178.

(47) Права состояния разных классов народонаселения Бессарабской области // ЖМВД Ч. 3. 1843. С. 54–63; *Свиньин П.* Описание Бессарабской области в 1816 году // ЗООИД Т. 6. 1867. С. 211–216; *Лашков Н. В.* Бессарабия к столетию присоединения к России 1812–1917 гг. Кишинев, 1912. С. 67–69.

(48) 公式にはトルコ語を話すブルガリア人として分類されるが、実際にはガガウズは正教徒であることを除いてはブルガリア人と接点がなく、習俗が全く異なる。ブルガリア人とガガウズは混ざらずにそれぞれの村を形成し、主に農業、牧畜、果樹園経営などに携わっていた。*Наулко* (ред.) Культура і побут населення України. Київ, 1993. С. 43; *Берг Л. С.* Бессарабия: страна-люди-хозяйство. Кишинев, 1993. С. 124–126.

(49) *Скурту* (от. ред.) История Бессарабии. С. 43. 以下のドゥルジーニナの研究はベッサラビアを含むノヴォロシアの住民について詳しい。*Дружинина Е. И.* Южная Украина в 1800–1825 гг. М., 1970; Ее же. Южная Украина в период кризиса феодализма 1825–1860 гг. М., 1981.

(50) Первая всеобщая перепись населения Российской империи 1897 г. III. бессарабская губерния. С. 3.

(51) モルドヴァ人の人口は増加している。割合が減少した理由として、ユダヤ人やウクライナ人の割合が増加したことが挙げられる。Charles King, *The Moldovans: Romania, Russia, and the politics of culture* (Stanford: Hoover Institution Press, 1999), 24.

(52) ゲタイ人とダキア人の区別は地理的なもので、民族的には同一と考えられている。ゲタイ人はカルパチア山脈の南部・東部の平地やドナウ河口域に住み、ダキア人はカルパチア山脈に囲まれた西部(トランシルヴァニア)に住んでいたとされる。*Драгнев и др.* История Румын. С. 11; アンドレイ・オツェテア(鈴木四郎・鈴木学訳)『ルーマニア史1』恒文社、一九七七年、五六頁。

(53) 一三五九年にワラキアの首都アルジェシュに府主教座が設置され、一六六八年にブカレストに移された。一四〇〇年頃モルドヴァの首都スチャヴァに府主教座が置かれ、のちにヤシに移された。

(54) *Ганицкий М.* Монастыри в Бессарабии // КЕВ № 2. 1884. С. 41.

(55) ジョルジュ・カステラン(萩原直訳)『ルーマニア史』白水社、一九九三年、五—二五頁、金原保夫「中世のバルカン」柴宜弘編『バルカン史(新版世界各国史18)』第二章、山川出版社、一九九八年、四九—五二、一〇〇—一〇三頁。

(56) ANRM, fond 88, inv. 1, dosar 2193, fila 24.

(57) *Елевферий Михалевич* Былое Бессарабии // КЕВ № 20. 1903. С. 544.

(58) *Урусов С. Д.* Записки губернатора: Кишинев 1903–1904 г. Berlin, n.d. С. 104.

# 第二章　バルカン情勢が生んだ総督府

この章では、一八二八年のノヴォロシア・ベッサラビア総督府の成立について考察する。従来、特にノヴォロシア地域に関しては、植民、農業・貿易の振興といった新地開発の側面が強調されてきたが、ここでは、バルカン進出の前哨としての戦略的性格に着目する。またギリシア人の蜂起と独立戦争が総督府設置の外的要因となる過程を検討する。

ロシア帝国は、一八世紀末から一九世紀はじめにかけて、主にオスマン帝国から併合されたノヴォロシアとベッサラビア南部に、バルカンの正教徒民族やその他のキリスト教徒民族を大規模に受け入れてキリスト教化し、バルカンとの紐帯としての性格を植えつけた。ところが、この地域がギリシア人の革命活動の温床となり、民族蜂起の中継地帯となったため、ロシアはこの地域への統制強化に踏み切ることとなる。

以下ではまず、ノヴォロシア・ベッサラビア地域が併合され、主に正教徒の移民が優先的に入植し、一九世紀はじめまでに現地住民のみならず現地統治者たちをも巻き込んだ革命活動の温床へと変貌していく過程を整理する。そして一八二一年のエテリア蜂起を契機として、ロシア政府がこの地域に根づいた革命の危険性を一掃し、露土戦争直前にノヴォロシア・ベッサラビア総督府を設置し、統合・ロシア化を強めていく状況を考察する。

## 第一節　新たな正教地域の創出

従来の研究において、ノヴォロシア地域には、その「新《ノヴォ》ロシア」の名が示すとおり、無人のステップに移民を招き都市や港を建設することによって作り出された新世界としてのイメージが定着している。例えば、序章で挙げた南ウクライナ地域研究の大家ドゥルジーニナによる一連の著作は、ノヴォロシア・ベッサラビアの農業、工業、貿易の発展を分析した内容であり、その他にも、この地域の植民政策や外国人入植地をテーマとした研究は膨大にある。(1) よってこの地域を扱った先行研究は、植民、農業、商業の推進という国内問題を重視してきたということができるだろう。

さらに、このノヴォロシアのイメージが、そのままノヴォロシア・ベッサラビア総督府の機能の理解にまで反映されている。例えば、ウクライナの歴史研究者V・S・シャンドラの学位論文は、キエフ、ハリコフ、オデッサの三総督府の機能を論じたものであるが、キエフ総督府(一八三二―一九一四年)の設置には一八三〇〜三一年のポーランド蜂起が影響していたことを指摘しているのに対し、ノヴォロシア・ベッサラビア総督府については外的要因と結びつけずに内政問題としての植民政策を軸に論じている。(2)

また松里公孝の総督府研究は、南西・北西総督府やカフカース総督府を「敬われるべき敵」であるポーランド人や山岳諸民族に対する政策を中心とする「民族政策型」、ノヴォロシア、シベリア、中央アジア、極東における総督府については辺境の開発が重要な政策であった「経営型」総督府として分類している。(3)

たしかに、南部国境地域の統治者にとって人口希薄な土地への植民と開発が重要な任務であったことは疑いない。しかし、以下で見るように、ノヴォロシアとベッサラビア（特に南部）は、ギリシア人やブルガリア人などを優先的に受け入れて保護したことによって、ロシアがバルカンの正教徒民族を自らの傘下に取り込んでいく足場としての性格を帯びたのである。

以下では、このような外交的な側面に注目しながら、ノヴォロシア・ベッサラビアの形成過程を考察する。

ノヴォロシアへの本格的なバルカン民族の入植政策を開始したのは、ピョートル一世の娘であるエリザヴェータ・ペトローヴナ（在位一七四一―六一年）であり、一七五〇年代のことだった。

一七五一年、ロシアがオスマン帝国との国境の警備のために同じ正教徒であるセルビア人の移住を認めたことから、翌一七五二年、陸軍少将イワン・ホルヴァトが率いるセルビア人連隊とセルビア人以外のバルカン諸民族がドニエプル右岸地域（のちのヘルソン県とエカテリノスラフ県）に入植した。この入植地は、「ノーヴァヤ・セルビア」と名づけられ、聖エリザヴェート要塞（のちのエリザヴェートグラード）が建設された。さらに一七五三年には、イワン・シェヴィチとライコ・デ・プレラドヴィチが率いるセルビア人連隊がノヴォロシアに入植した。彼らはドニエプル左岸のバフムトを中心とする地域に入植地「スラヴャノ・セルビア」を形成した。(4)

これらの入植地の主な住民であるセルビア人、マケドニア人、モルドヴァ人、ブルガリア人たちは、自分たちの手で新たに正教会を建設した。ノーヴァヤ・セルビアはペレヤスラフ主教管区に、スラヴャノセルビアはベルゴロド大主教管区に編入されたが、一七六〇年、ノーヴァヤ・セルビアではホルヴァトを中心とした入植者たちがロシア政府に請願書を提出し、バルカン出身の聖職者が統括する自治的なノヴォセルビア主教座の設置と主教座修道院の建設の許可を求めた。しかしペテルブルクは、ノーヴァヤ・セルビアが小規模の入植地であることを理由にこれを認めなかった。(5)

しかしいずれにしても、このバルカン民族入植政策は長くは続かなかった。政府の優遇措置にもかかわらず、バルカンからの移住者は増加せず、かわりにウクライナ人逃亡農民が大規模に移住したのである。例えば、スラヴャノセルビアの住民は一七五五年にわずか一五一三人であったが、一七六三年には一万七六人となった。このうち外国人は三九九二人(モルドヴァ人は二六二七人、セルビア人は三七八人)で、ウクライナ人が六〇%を占めていたとされる。(6)またバルカン民族の移住前から定住していたウクライナ人住民との争いも絶えなかった。

こうしてセルビア人入植地は、わずか一〇年後の一七六四年にエカチェリーナ二世によって廃止され、のちに新設されるノヴォロシア県に編入された。その後エカチェリーナは、ドニエプル下流のザポロージエ本営を壊滅させてウクライナ・コサックを追放し、ノヴォロシアへの本格的な外国人入植政策を開始する。(7)

すでに第一章で見たように、エカチェリーナ二世、ポチョムキン、オルロフは、ノヴォロシア県とアゾフ県にギリシア人を中心とするバルカン正教徒を入植させ、南部国境地帯をキリスト教化することに努めた。言うまでもなく、これは「ギリシア計画」実現の一環でもあった。

続いてエカチェリーナはノヴォロシアとアゾフの二県を統括するロシア教会の「ヘルソン・スラヴャンスカ主教管区」を新設し、イオニアのケルキラ島出身のギリシア人エウゲニオス・ヴルガリスを初代の大主教に任命した。(8)のちに同じくケルキラ出身のニキフォロス・テオトキスがヴルガリスを継いで大主教となる。

前述のとおり、当時オスマン領だったギリシア本土やその他の諸島とは異なり、イオニア諸島はヴェネツィア共和国の統治下にあったため、イオニアのギリシア人知識人にとってヴェネツィアがヨーロッパへの窓口となっていた。多くのギリシア人がヨーロッパ最古の大学の一つであるヴェネツィアのパドヴァ大学で学んでおり、ヴルガリス、テオトキス、そしてカポディストリアスもこの大学の出身者だった。

ヴルガリスを継いで大主教となったテオトキスは、一七七九年、ヘルソン・スフヴァンスカ主教座の所在地ポルタワで神学校を開校し、ラテン語や神学などを教えた。一七八九年にこの神学校でギリシア語と哲学を教えていたのは、のちにベッサラビアに新設されるキシニョフ・ホティン府主教管区の初代府主教となるガヴリール・バヌレスク・ボドニだった。テオトキスはモルドヴァの首都ヤシのアカデミーでボドニと同窓だった。またテオトキスはのちにアストラハン・スターヴロポリ主教座に就任してカフカース方面で活動する。[9] このように、ロシアは教養の高いギリシア人やルーマニア人の正教聖職者を招いてロシア南部・ベッサラビアに配置し、この地域における正教と学問の普及を図ったのである。

さらにクリミアもまた、エカチェリーナによって併合された地域だった。クリミア南部は四世紀初頭にすでにビザンツ帝国の属州としてケルソネス主教座（三〇二―一三九四年）が設置されており、キエフ・ルーシ成立以前から正教化されていた。一〇世紀にルーシのウラジーミル大公が洗礼を受けた地は、クリミアのケルソネスとされている。[10] 特に八世紀には、ビザンツ帝国からギリシア人聖職者たちがクリミアに集中的に移住してきた。当時のビザンツ帝国では皇帝レオン三世の主唱でいわゆる「聖像破壊運動（イコノクラスム）」が起こっており、これに反対した聖職者たちにとってクリミアは迫害からの避難所となったのである。この地に逃れてきたビザンツ聖職者たちは数多くの洞窟修道院を建てたが、特にバフチサライ近郊のウスペンスキー修道院は、のちにクリム・ハン国の正教徒の拠点となる。

またこの八世紀にクリミア半島はハザールとビザンツによって南北に二分されていたが、南部のビザンツ帝国領にはギリシア人とゴート人の二種類の主教座が五つ設置されていた。ギリシア系主教座のケルソネス、スグジェヤ(現スダク)、フリ(現スタールイ・クリム)、そしてゴート系主教座のボスポル(現ケルチ)とドロス(もしくはドリ)である。ゴート系主教座は八世紀からコンスタンティノープル総主教座の管轄下に入ったとされる。

ビザンツ崩壊後の一四世紀末には、クリミア半島は大部分がクリム・ハン国領、南端部はフェオドロ公国とジェノヴァ領とに分割されていた。フェオドロ公国はマングプ(旧ドロスとされる)を首都とするキリスト教国で、ビザンツ亡命政権の一つトレビゾンドのコムネノス家出身者が建国し、マングプを拠点とするゴート主教座(一三九四—一七八六年)が統括していた。住民はゴート人のほかにスキタイやサルマート人の末裔、ギリシア人、アルメニア人、カライームなどで構成されていたとされる。一四七五年以降クリミア南端部はオスマン帝国領となるが、ゴート主教座はコンスタンティノープル総主教座の管轄下で存続する。

しかしエカチェリーナは、クリム・ハン国の正教徒住民を獲得するために、コンスタンティノープル総主教との対立も辞さなかった。ポチョムキンとエカチェリーナは、ウラジーミル大公が洗礼を受けた正教ルーシの揺籃の地であり、また自然の景観が美しいクリミアに憧れを抱いていたとされる。特にポチョムキンは、ロシアにとっての天国もしくはエデンの園としてクリミアを併合するように進言していた[11]。

次第にクリミアに勢力を拡大していったロシアは、クリム・ハン国の政情が不安定であることを理由に、ゴートとケフェ(現フェオドシヤ)管区を統括する府主教イグナーチー・ゴザディノフに働きかけ、一七七八年にギリシア人を中心とするクリミア正教徒三万人以上をロシア領アゾフ海北岸に移住させた。コンスタンティノープル総主教座は、クリミアの信徒がロシアの教会と宗務院の管轄下に移ったことに強く抗議したが[12]、エカチェリーナは一七八三年にクリム・ハン国そのものを併合し、クリミア半島をタヴリーダ県の一部として統合したのだった[13]。

こうしてロシアは、南部国境地帯にバルカンからの移住を奨励し、また優れた正教聖職者・神学者をオスマン領外のイオニアやモルドヴァから招聘し、コンスタンティノープル総主教の権益を損なってまでも、正教徒民族をロシア正教会の勢力下に引きつけた。よってノヴォロシアとベッサラビア南部における入植は、未開地の開発、国境警備という統合・防衛の目的のみならず、正教圏の盟主としての戦略も絡んでいたと考えられる。

一七八七〜九一年の露土戦争後のヤシ条約によってロシアが併合したオスマン領に新たに建設された国際都市オデッサには、ギリシア人商人が集中して黒海貿易に大きな役割を果たした。[14] 初代ノヴォロシア総督のリシュリュー(在任一八〇三―一四年)[15]によってオデッサは自由港となり、ギリシア人商人の活躍で穀物輸出を中心とする貿易が盛んとなる。リシュリューの後任のA・F・ランジェロン(在任一八一五―二二年)はギリシア人商業学校の設立に力を貸すなど、オデッサのギリシア人コミュニティの保護者として知られていた。[16] オデッサがギリシア人革命組織「フィリキ・エテリア(友愛協会)」の本拠地となるのはこの頃のことである。

また、黒海北岸には国境防衛のためにバルカン出身の軍人の入植が奨励された。一七七五年にエカチェリーナがザポロージエ本営を壊滅させたとき、ウクライナ・コサックが所有していた軍馬などの家畜を、バルカンから入植させたギリシア人やアルバニア人の軍人たちに下賜した。一七八〇年代初期には、ギリシア人・アルバニア人はヘルソンで黒海艦隊のための造船業に従事し、前出のイオニアからフランス軍を駆逐したウシャコフの地中海遠征に従軍した。またオデッサには、三〇〇〇人以上のオデッサ・ギリシア人砲兵大隊(一七九五―九七年)および四〇〇〇人近いオデッサ・ギリシア人歩兵大隊(一八〇三―一九年)が勤務した。この軍はエテリア蜂起以前に解体され、ロシアを離れた者も多かったが、中にはのちにエテリアの活動に加わった者もいた。[17]

さらに、ベッサラビア南部には、やはり正教徒民族であるブルガリア人やガガウズが入植した。[18]

一八世紀以来、ブルガリア人は露土戦争のたびにオスマン領から逃れてロシア領のベッサラビアに移住していた。特に一七八七〜九一年にノガイのいるブヂャク地域に大規模に移住し、イズマイル、キリヤ、レニ、アッケルマンなどの南部の都市、さらにはキシニョフに定住した。一八〇六〜一二年には、約三〇〇〇人がブヂャクの無人の土地やルーマニア人領主の土地に入植した。このとき入植した人々は「新ブルガリア人」と呼ばれ、一七八七〜九一年のブルガリア人移住者は「旧ブルガリア人」と呼ばれた。[19] テュルク系の言語を話す正教徒ガガウズもブルガリア人とともに入植し、ベッサラビア南部のコムラトやイズマイル周辺に村を形成した。

このような移民の急増に対応して、ロシア政府は彼らを保護する体制を整備する。一八一八年にアレクサンドル一世は、ベッサラビア南部のカグル郡とアッケルマン郡の土地四五万四〇〇〇デシャチナをブルガリア人に提供することを認め、一八三四年までに多くのブルガリア人がベッサラビアに移住してきた。[20] さらに一八一八年にエカテリノスラフに「南ロシア外国人入植者保護委員会」[21]が設置され、I・N・インゾフが委員長に任命される。[22] 一八二一年から、ブルガリア人居住地の中心地はインゾフが建設したボルグラードとなり、一八三三年には「ドナウ川の向こうからの移民」の問題を扱う「ザドナウ移民局」[23]が設置された。[24] 主にバルカンの正教徒民族であるザドナウ移民にはロシア国籍の取得が認められ、外国人であるドイツ人入植者などと区別された。

このようにして、主にオスマン帝国からロシアに併合されたノヴォロシア・ベッサラビアは、「バルカン正教徒保護区」としての性格を帯びた。しかしこれによって、この地域がエテリア蜂起の拠点となる前提条件もまた整えられたのである。オデッサを建設して三〇年、そしてベッサラビアを併合して一〇年経たないうちに、ロシアはこの地域が自らにとって諸刃の剣であることを悟ることとなる。

## 第二節　エテリア蜂起とノヴォロシア・ベッサラビアの統合

ここでは、ギリシア人革命家たちがノヴォロシア・ベッサラビアを拠点に活動を展開し、彼らによる一八二一年のエテリア蜂起がギリシア独立戦争につながり、それが原因で中央政府によるベッサラビアとノヴォロシアへの統制が強まっていった状況を検討する。

従来のベッサラビア研究においてよく知られるように、一八一二年に併合された当初のベッサラビアは、現地語の使用や現地貴族の行政参加が大幅に認められた州だった。

その大きな理由として、第一章で触れたイオニア出身の外務担当長官[25]カポディストリアスの影響が大きかったと考えられる[26]。彼はベッサラビア統治方針について、「この地域の法と慣習、言語や特権を保存しなければならない」[27]と主張していた。また、ロシアがベッサラビアに続いてドナウ二公国をも併合し、バルカンの正教徒の保護者としての影響力を拡大することを望んでいたとされ、このような彼の外交姿勢がベッサラビアの統治方針にも反映され、現地ルーマニア人住民にとって緩やかな統治規程になったと推測される。

一八一二年の併合後、ベッサラビア州の全般的な統治規程『ベッサラビア州設置規程[28]』が一八一八年四月二九日付で公布された。この州設置規程の起草にはカポディストリアスが参画していた。

これによると、ベッサラビア州は隣接するポドリヤ軍務総督[29]の管轄下に置かれた。州には、管理、執行、財務、刑事裁判や民事裁判などの業務を行う機関として、最高議会《ヴェルホーヴヌイ・ソヴェト》が設置された。議長はポドリヤ軍務総督、残りの議員は州庁《オブラスナーヤ・プラヴーニエ》からロシア人四人(ベッサラビア知事、副知事、民事裁判所の判事、刑事裁判所の判事)、現地ルーマニア人貴族から六人で構成されていた。この六人の議員は選挙制で、三年任期となっていた。つまり、現地貴族の州行政・司法への参加が大幅に認められていたことになる。また行政でも裁判でもロシア語とモルドヴァ語(ルーマニア語)の二カ国語使用が原則とされ、特に財産問題が多い民事裁判では現地語が優先されることとなった。またモルドヴァ時代からの現地法の保存が認められた。

ところが、わずか一〇年後の一八二八年二月二九日付『ベッサラビア州統治規程[30]』によって、ベッサラビアは統制を強化され、ノヴォロシア・ベッサラビア総督府に編入された。

この規程によると、ベッサラビア統治の最高責任者は、元老院に直属するノヴォロシア・ベッサラビア総督となり、最高議会は廃止され、州評議会《オブラスヌイ・ソヴェト》が新設された[31]。州評議会は、議長のノヴォロシア・ベッサラビア総督と七人の議員で構成された。議員とは、州知事、州貴族団長、副知事、民事裁判所の判事、刑事裁判所の判事、総督の推薦で元老院が承認した現地ルーマニア人貴族二名の常任議員とされた。最高議会では現地ルーマニア人貴族の議員六人は選挙制だったが、州評議会では任命制となり、人数も三分の一に減らされたことになる。こうして州行政は実質的にロシア人の総督と州知事に握られることとなった。また州評議会は裁判権を失った[32]。さらに公的機関におけるロシア語使用が定められ、必要に応じてルーマニア語に訳されることとなった。

この一〇年の間に、モルドヴァ公国の首都ヤシでエテリア蜂起が勃発し、それがバルカンを巻き込んだギリシア独立戦争へと拡大し、カポディストリアスがロシアを去り、アレクサンドル一世が死去し、ニコライ一世がギリシア独立戦争に参戦した。そして今まさにオスマン帝国に宣戦布告してベッサラビアから軍を南下させる直前の公布だった。

以下ではまず、エテリア蜂起が起こるまでの経緯を概観し、続いてノヴォロシア・ベッサラビア地域がギリシア人の革命活動の温床となった背景を考察する。そして、このバルカン情勢の緊迫という外的要因によって、バルカンに開かれた地域だったノヴォロシア・ベッサラビアが、統制強化されていく過程を追う。

一八二一年にいわゆるエテリア蜂起を引き起こしたギリシア人革命家の秘密組織「フィリキ・エテリア」は、ギリシア革命の思想的指導者であるコンスタンティノス・リガス・ヴェレスティンリス(一七五七―九八年)に由来する。

リガスはギリシアのテッサリア地方に生まれ、イスタンブルで革命的な詩を書くなどの活動を行った。一七八六年にワラキアに移住し、のちにワラキア公となるアレクサンドル・イプシランティ[33]に仕えながら他のギリシア人たちと「エテリア（協会）」を創設する。一七九六年にはウィーンに渡り、現地のギリシア人たちと接触した。ウィーンでは、より具体的な革命の綱領として、「ギリシア共和国憲法」と呼ばれることになる『ルメリア、小アジア、地中海諸島およびモルダヴィア・ワラキアの住民のための新政治規定』を執筆している。しかし、エテリア会員の裏切りによって逮捕され、一七九八年にオーストリア政府の手でオスマン帝国に引き渡され、ベオグラードで処刑された[34]。

エテリア創始者リガスの死から約一五年後の一八一四年、彼の活動を引き継いだ三人のギリシア人商人ニコラオス・スクファス、アファナシオス・ツァカロフ、エマニュイロス・クサントスが、オデッサにフィリキ・エテリアを設立した。フィリキ・エテリアの幹部委員会はオデッサ、イスタンブル、モスクワのギリシア人商人や教師たち七人から構成されていた。一八一八年にフィリキ・エテリアの本部はオデッサからイスタンブルに移転したが、その拠点はギリシア本国の各地やドナウ二公国の首都ブカレストとヤシ、そしてドナウ河口のガラツィなどに次々と形成された。こうしてエテリアの革命家たちは急速にその活動範囲を拡大していった。

ロシア領内でのエテリアの活動も活発だった。ギリシア人住民の多いオデッサでは、本部がイスタンブルに移った後もエテリア指導者アファナシオス・セケリスを中心に活動が行われ、この組織の中心的拠点の一つであり続けた。また一八一七年にオデッサに設立されたギリシア商業学校は、ギリシア語教育を主要な目的とし、各地から集まったギリシア人の若者たちに愛国心を植えつける役割を果たしたとされる[35]。特に教師ゲオルギオス・ラッサニスはランカスター・システムを導入し、のちのデカブリストの活動に大きな影響を与えた[36]。

ベッサラビアもまたエテリアの活動を中継する役割を果たした。州都キシニョフ、ドナウ河口都市のイズマイルとレニは重要なエテリアの拠点だった。キシニョフのエテリア指導者I・プサルティスとロシア軍大尉のパーヴェル・アントロニクは、ベッサラビア全土から会員を募集してきた。ベッサラビア知事K・A・カタカズィの兄弟で在イスタンブル・ロシア大使秘書G・A・カタカズィが、前章で見たワラキアのファナリオテス君主コンスタンティン・イプシランティの息子たちをエテリアに入会させた場所もキシニョフだった[37]。

イズマイル支部はさらに大規模だったとされ、セケリスを中心に一八一七年からこの地での募集活動が開始された。ドナウ海軍大尉D・I・カラマチャノを筆頭とするドナウ海軍将校たちの入会は、ロシアとドナウ二公国との連携体制を構築するうえで大きな貢献となった。セケリスはブルガリア人住民との関係が深かったとされ、ブルガリア人の多い地域に位置するレニでの活動を有利に展開した。このイズマイルとレニを経由してドナウ二公国との連絡が行われた。またベッサラビア側のプルート河岸にあるスクリャン検疫所はモルドヴァ公国の首都ヤシに近いこともあり、密使たちが落ち合う連絡所として機能していた。

よく知られるように、エテリアの革命家たちはロシアからの援助を念頭に置き、当時ロシアの政界で活躍していた同胞のカポディストリアスを指導者として迎えようとした。しかしカポディストリアスは、メッテルニヒの主導する反動的なウィーン体制に通暁しており、自らも革命活動を危険視していたため、この要請を拒絶した。そこで一八二〇年、コンスタンティン・イプシランティの息子でロシアの陸軍少尉だったアレクサンドル・イプシランティ(一七九二―一八二八年)が指導者として迎えられた[38]。

これによってエテリアの計画は急速に進展する。一八二〇年一〇月、イズマイル検疫所にイプシランティを筆頭とする各地の主要なエテリア活動家たちが集結し、蜂起の計画について話し合った。この「イズマイル協議」ののち、最終的にドナウ二公国で決起することが決まると、イプシランティはエテリア会員であるモルドヴァの首相と君主のミハイル・スツ[39]から、モルドヴァでの蜂起を支援するとの約束を取りつけた。さらに彼は、実際に蜂起が起これればロシアからの後援を得られるものと期待していたとされる。

翌一八二一年に入ると事態は予期せぬ急展開を見せた。一月にワラキア西部のオルテニアで、トゥドル・ウラジミレスク[40]率いる蜂起が勃発し、イプシランティはその動きに呼応してただちにドナウ二公国に進軍することを余儀なくされたのである。二月末にエテリア軍はガラツィで決起し、オスマン警備隊を襲撃して町を制圧した。これと同時にイプシランティはプルート川を渡り、ヤシに入った。エテリア軍はヤシのオスマン軍を破り、イプシランティはここで初めてオスマンからのギリシア人の解放を目的とした蜂起の開始を公に宣言した。これに応じて、ロシアのギリシア人のみならず大勢のロシア人、ウクライナ人、ブルガリア人、ヤルビア人、アルバニア人がオデッサからベッサラビアを経由してモルドヴァ入りし、エテリア軍に参加した[41]。

しかしイプシランティの予想に反し、アレクサンドル一世は支援の要請を拒絶した。エテリアにとって折悪しくも、当時ロシアを含めた列強は一八二〇年以来のスペインやイタリアにおける蜂起の対策に頭を悩ませていた。エテリア蜂起の知らせがアレクサンドルに届いたのは、ライバッハ(現スロヴェニアの首都リュブリャナ)でナポリ蜂起の制圧に関する神聖同盟の会談が行われていた最中だった。アレクサンドルはカポディストリアスにエテリア蜂起に対して一切の援助を行わないように命じ、エテリア軍は窮地に立たされる。

他方、ドナウ二公国で戦いを展開していたウラジミレスクは、農民をルーマニア人領主やファナリオテスから解放することを目的としていたため、ギリシア人を中心とするエテリア軍と行動を共にすることを拒否した。イプシランティは、ウラジミレスクがオスマン帝国と手を結ぶことを恐れて彼を殺害する。五月にはオスマン軍がドナウ二公国に進攻し、六月にエテリア蜂起は制圧されたが、蜂起はギリシア本国のペロポネソス、イピロス、テッサリア、マケドニアなどに拡大し、本格的なギリシア独立戦争を引き起こすこととなる。

このように、バルカンの正教徒民族に門戸を開いていたノヴォロシア・ベッサラビアは、当時ウィーン体制に参画していたロシアの足元をすくう危険地帯へと転化したのだった。

アレクサンドルは、この地域の革命活動を除去するために、まず秘密結社や組織の排除に着手した。また、革命活動の伝播に少なからぬ役割を果たしていた現地統治者であるランジェロンやインゾフもこの地を離れることとなった。

前述のように、ランジェロンもインゾフも地域発展のためにギリシア人やブルガリア人の保護者として彼らの入植や活動を支援していた。イプシランティはランジェロンとしばしば談話し、ギリシア独立の願いについて語っていたが、ランジェロンは警戒の必要を感じていなかったとされる。ブカレスト総領事A・A・ピニ、ヤシ領事A・N・ピザニも同様に、ギリシア人の動きを知っていたにもかかわらず積極的に妨害することはなかった。またベッサラビア統治者のインゾフは、キシニョフで蜂起が立案されたことについてペテルブルクから厳しく叱責されたにもかかわらず、ひそかにエテリア会員の出国に協力していたとされる。

さらに彼らは、ノヴォロシア・ベッサラビアで活動していた将来デカブリストとなる革命家たちやフリーメーソンの組織に関与していた。

例えば、「南方結社」のキシニョフ支部は、一八二〇～二一年にかけてベッサラビア・デカブリストたちの拠点となっていた。ベッサラビア・デカブリストの中心的人物は、M・F・オルロフとV・F・ラエフスキーだった。特にラエフスキーは、一八二五年にデカブリスト革命が起こる三年前に逮捕された「最初のデカブリスト」として知られる。(42) 陸軍少将だったオルロフがベッサラビア駐軍の第一六師団長として一八二〇年七月にキシニョフ入りして以来、彼の自宅はフリーメーソン会員仲間や将来のデカブリストたちが集う政治クラブと化していた。作家のA・F・ヴェリトマン、アレクサンドル・イプシランティもまたオルロフの家に出入りし、彼らと親しく交流していた。特にオルロフはイプシランティ兄弟と旧知の仲であり、エテリアの活動について関心を持っていた。

オルロフは一八二一年にモスクワで開催された「福祉同盟」の大会に出席し、キシニョフに戻るとラエフスキーとともに活動を開始した。彼らはランカスター式学校を開いて下士官に自由主義思想を鼓吹した。オルロフは自らの第一六師団で兵への体刑を廃止するなどの改革を行い、ラエフスキーは著作活動を通して反専制・反農奴制を訴えた。また一八二一年にキシニョフにフリーメーソンの支部「オヴィディウス」が結成された。この支部名はドナウ川下流域に流刑されてその地で没した古代ローマの詩人の名からとったもので、P・S・プーシキンを会長に、オルロフ、ラエフスキー、そして当時ベッサラビアに流刑されインゾフの保護下にあったA・S・プーシキンなどが参加していた(43)。

そして、一八一七年にオデッサで結成された支部「ポントス・エウクセイノス(黒海)」の創始者の一人は、他ならぬランジェロンだった(44)。この支部の七〇人以上の会員は、ロシア人、ウクライナ人、ポーランド人、フランス人、ギリシア人、ユダヤ人、イタリア人、ドイツ人など国際色豊かで、ランジェロン自身もフランス出身だった。彼らはイスタンブル、ナポリ、マルセイユ、パリ、ジュネーヴ、ローザンヌ、ライプツィヒなどの外国の諸都市と交流し、ロシア国内ではのちのデカブリストたちとの関係も深かった。ランジェロン自身もオデッサの「福祉同盟」のメンバーだったとされる。

さらに、一八〇六〜一二年の露土戦争でイズマイル要塞を落とし、イズマイル市の創設者・統治者として知られるS・A・トゥチコフ(一七六七―一八三九年)はキシニョフの「オヴィディウス」の会員であり、彼自身もイズマイルにフリーメーソン支部を開設している(45)。文学に造詣が深く、プーシキンとも親しかったとされる。

このように、ノヴォロシア・ベッサラビアは、現地統治者たちをも巻き込みながら、その革命的土壌を醸成していた。のちのデカブリストたちの活動がベッサラビアの行政統合に直接影響したかどうかは不明だが、アレクサンドル一世はベッサラビアの統治者までが参加していたフリーメーソン活動についてよく知っていたとされる。一八二二年、アレクサンドルはフリーメーソン禁止令を発布した。特にキシニョフの「オヴィディウス」は、バルカン正教徒民族の独立運動との関係を危険視されたため、ロシアにおいて真っ先に閉鎖された結社の一つだった。また「最初のデカブリスト」ラエフスキーが逮捕され、ドニエストル沿岸のティラスポリ要塞に幽閉された。さらに、ランジェロンが療養を理由にオデッサを去り、インゾフが後任となった。また後に見るように、ベッサラビアの現地住民にとって保護者的な存在だったカポディストリアスが、バルカン外交において影響力を失ったためにペテルブルクを離れた。

さらに翌一八二三年には、ノヴォロシア三県[46]とベッサラビア州を合わせて統治する「ノヴォロシア総督兼ベッサラビア州全権総督」[47]職がオデッサに新設され、初代総督に有力貴族のM・S・ヴォロンツォフが就任した。このとき、内相のV・P・コチュベイはインゾフに書簡(一八二三年五月二二日付)を送り、彼を解任してヴォロンツォフをこの新ポストに任命することを知らせた。コチュベイはインゾフの労をねぎらいつつ、この役職を設置する理由について次のように説明している。

「国境であり沿海であるという地域的位置、ならびに現在の非常事態、今日までのトルコ帝国を揺るがす諸事件、それらのベッサラビア、オデッサ、クリミアの貿易に与える影響のみならず、住民の人心や精神状態に与える影響、これらすべてが不断の監視と指揮権の特殊機能とを要求しています。このため、これら諸地域の統治を一点に集中させ、政府の精神的権威にとって極めて有害なあらゆる変動の期待を断つために、指揮官に最高権力を委ねる必要がありました。その指揮官職はもはや臨時ではなく、総督・全権総督という肩書きで事実上表現されることになります。〔中略〕皇帝はこの地位にご自分の侍従将官ヴォロンツォフ伯を選出されました(48)」

この文面に記されている「非常事態」、「トルコ帝国を揺るがす諸事件」、もしくはロシアの精神的権威を揺るがしかねないという「あらゆる変動の期待」が、一八二一年のエテリア蜂起を発端として起こり、当時オスマン領のバルカンを舞台に繰り広げられていたギリシア独立戦争を指していたことは疑いない。

こうして、バルカンの革命活動を助長しかねない統治者たちは一掃され、ノヴォロシアとベッサラビアはバルカン情勢の緊迫化と革命活動の波及への対策として行政統合されたのである。これは、五年後の一八二八年に実施される正式な「ノヴォロシア・ベッサラビア総督府」の設置とベッサラビアの統制強化の布石となるものだった。

## 第三節　露土戦争と総督府設置

一八二八年に実施されたベッサラビアの統制強化とノヴォロシア・ベッサラビア総督府設置は、露土戦争開始前の国境防衛の強化として理解されてきた。

例えばジュースベリーは、ベッサラビアの統制強化を定めた規程が露土戦争の一カ月前に公布されたことを指摘し、「南部国境が平和である限りは、行政が無能でも辺境の州は何とかやっていくことができた。新しい戦争を前にして、ベッサラビアは正常な秩序の下に置かれなければならなかった(49)」と指摘した。カペラーもまた「一八二八年、新たな露土戦争がベッサラビアに着目させ、これまで享受してきた大幅な自治体制が著しく制限された」[50]と述べている。

実際には、一八二八年の総督府設置と露土戦争との因果関係を明確に示している史料は管見では見つからず、証拠を提示している先行研究もない。それでも、一八二三年の行政統合以来の流れから判断すれば、戦争を目前に控えての国境防衛だったとするのは、おそらく妥当な解釈であると思われる。

よって以下では、ノヴォロシア・ベッサラビア総督府設置の外的要因として、ギリシア独立戦争が長引いた末に露土戦争へと至るロシア外交と国際情勢の推移を整理する。

エテリア蜂起とその後のバルカンの混乱に対し、オスマン帝国は強い憤りを示した。コンスタンティノープル総主教のグレゴリウス五世は責任を問われて処刑され、オスマン領のギリシア人住民は殺害され、正教会は破壊され、ドナウ二公国のファナリオテス制は廃止された。

これに対し、ロシアは、ギリシア人の蜂起を容認しない立場を堅持しつつも、イスタンブル大使のG・A・ストロガノフを通じてオスマン政府に厳重に抗議した。これによって、ロシアとオスマン帝国との関係は緊張し、一八二一年七月にストロガノフは最後通牒をスルタンに突きつけることとなる。これはカポディストリアスが起草したもので、蜂起の制圧よりも正教徒の保護を重視するように訴え、オスマン帝国内の正教徒を取り巻く環境の改善、ロシアもオスマン帝国とともにドナウ二公国の共同統治者となることを要求として掲げていた。しかしオスマン帝国が期限内に回答しなかったため、ストロガノフは交渉を打ち切って帰国した。

ロシア国内ではギリシア人に対して同情的な世論が高まり、ギリシア独立戦争への参入を求める声が上がっていた。またカポディストリアスやストロガノフのみならず、英仏墺駐在のロシア大使たちも参戦を支持した。しかし、ロシアのバルカン進出を望まないオーストリアとイギリスは、ロシアのギリシア独立戦争への介入に反対しており、アレクサンドル一世は列強の賛同を得られない軍事行動には踏み切れずにいた。結局一八二二年にロシアはオスマン帝国に対し、ギリシアの問題をヨーロッパ諸国との合意によって解決すること、ドナウ二公国の内政問題については、ロシアとオスマン帝国の双方で取り決めることを改めて要求するにとどまった。すでに見たように、バルカン正教徒民族に対する積極的支援方針を却下されたカポディストリアスは、一八二二年にペテルブルクを去る。

ギリシア独立戦争の情勢が変わるのは一八二五年だった。オスマン帝国がエジプト総督のムハンマド・アリーに支援を要請し、エジプト軍が参戦することとなった。これによってイギリス外交がギリシア独立戦争への介入へ傾いていく。他方、ロシアでは、この年の一二月にアレクサンドル一世が急死し、ニコライ一世が即位した。ロシアとイギリスは翌一八二六年四月にペテルブルクで会談し、オスマン帝国の宗主権下でのギリシア自治国を樹立させることを条件に、ギリシア独立戦争への介入を決定した。これはアレクサンドル一世時代の外交路線とは異なり、ウィーンのメッテルニヒの影響と袂を分かつものだった。翌一八二七年七月のロンドン協定では、これにフランスも加わることが決定した[51]。

こうして一八二七年八月、英仏露の三国がギリシア側に付いて参戦した。一〇月のナヴァリノ海戦では三国の連合艦隊がオスマン・エジプト連合艦隊を壊滅させている。一二月には三国とオスマン帝国との国交は決裂し、ロシア軍の南下を警戒したオスマン帝国はドナウ二公国との国境付近に軍を集結させた。

これに対し、ロシアも軍をドナウ川河口地域に進め、ドナウ二公国の支援を取りつけて戦争の態勢に入った。開戦前にはニコライ一世自身がベッサラビア南部に展開するドナウ前線のロシア軍を視察に訪れている[52]。そして四月、ロシアがオスマン帝国に宣戦布告を行い、ドナウ二公国に進攻し、これが一八二八〜二九年の露土戦争の開始となった。前述の『ベッサラビア州統治規程』が二月二九日付で公布されたほぼ一カ月後のことである。

このようにして、ロシアは、オスマン帝国との開戦直前にベッサラビアの行政的統合を強行した。よってノヴォロシア・ベッサラビア総督府は、露土戦争バルカン前線の橋頭堡として南部国境地帯の防衛線を固める目的で設置されたと考えられる。

以上の考察から、ノヴォロシア・ベッサラビア総督府の機能を考える上で、開発や経営といった内政面のみならず、外交面も意識する必要があることが示された。ポーランド蜂起への対策としてキエフ総督府が設置されたように、ノヴォロシア・ベッサラビア総督府は、バルカン情勢および露土戦争への対策として設置されたと考えられる。

ノヴォロシアとベッサラビアは、バルカンの正教徒民族にとって正教国統治下の新天地であり、ロシアにとってはバルカン進出の足がかりだった。しかし、まさにそのために、この地域はバルカン正教徒民族の革命活動を育む基盤となり、帝国であるロシアにとっては極めて不都合な事態をもたらしたのである。

ただし、次章以降で見るように、これ以降ベッサラビアのバルカンとの紐帯としての利用価値が完全に軽視され、ベッサラビアの統合・ロシア化が急速に加速する、というわけでは必ずしもない。むしろ、隣国と同一の民族を擁し、「ポスト・ビザンツ空間」でもあるベッサラビアは、引き続き、南下政策の「前哨地点《ペレドヴォイ・ポスト》」（次章参照）として認識され、帝国の膨張の道具として活用されることとなる。

（1） *Дружинина Е. И.* Северное Причерноморье в 1755–1800 гг. М., 1959; Ее же. Южная Украина в 1800–1825 гг. М., 1970; Ее же. Южная Украина в период кризиса феодализма 1825–1860 гг. М., 1981; *Кабузан В. М.*

Заселение Новороссии (Екатеринславской и Херсонской губерний) в XVII-первой половине XIX века (1719-1858 гг.). М., 1976; *Наулко В. І.* (ред.) Культура і побут населення України. Київ, 1993; *Любавский М. К.* Обзор истории русской колонизации древнейших времен и до XX века. М., 1996; Patricia Herlihy, *Odessa: A History, 1794-1914* (Cambridge: Harvard University Press, 1986).

(2) *Шандра В. С.* Інститут генерал-губернаторства в Україні XIX-початку XX ст.: структура, функції, архіви канцелярій: Дис. іст. наук. Інститут історії України НАН України. Київ, 2002. С. 290-371. ポーランド反乱が招いた帝国西部のロシア化政策については以下を参照。Edward C. Thaden, *Russia's Western Borderlands, 1710-1870* (Princeton: Princeton University Press, 1984), 121-143; *Агаджанов С. Г.* (от. ред.) Национальные окраины Российской империи: Становление и развитие системы управления. М., 1998. С. 145.

(3) *Кимитака Мацузато* Генерал-губернаторства в Российской империи: от этнического к пространственному подходу // *Герасимов И.* (от. ред.) Новая имперская история постсоветского пространства. Казань, 2004. С. 450-451, 456-457.

(4) *Любавский.* Обзор истории русской колонизации. С. 380-381; *Лаврів П.* Історія південно-східньої України. Київ, 1996. С. 101-106. 関連するウカースとして次を参照。ПСЗ-1. Т. 13. № 9919, 9921, 10104.

(5) *Мільчев В.* Проблема синтезу балканської, російської та української моделей православ'я на південноукраїнських землях у XVIII столітті // Міжконфесійні взаїмини на півдні України XVIII-XX століття. Запоріжжя, 1999. С. 23-49.

(6) *Кабузан В. М.* Заселение Новороссии С. 52-53, 86-94, 100-101.

(7) エカチェリーナはバルカン民族のみならず、ユダヤ人など広範な外国人に門戸を開いた。特に自分がドイツ出身であることから、メノー派の住民の入植を奨励した。南ウクライナのドイツ人移民については、*Кулинич І. М., Кривець Н. В.* Нариси з історії німецьких колоній в Україні. Київ, 1995; H. L. Dyck, *A Mennonite in Russia: The Diaries of Jakob D. Epp 1851-1880* (Toronto: University of Toronto Press, 1991).

(8) Stephen K. Batalden, *Catherine II's Greek Prelate, Eugenios Voulgaris in Russia, 1771-1806* (New York: Distributed by Columbia University Press, 1982), 24-39.

(9) Gregory L. Bruess, *Religion, Identity and Empire: A Greek Archbishop in the Russia of Catherine the Great* (New York: Distributed by Columbia University Press, 1997), 1, 74, 177.

(10) 清水睦夫「ロシア国家の起源」田中陽兒・倉持俊一・和田春樹編『世界歴史大系ロシア史Ⅰ――九～一七世紀』第一章、山川出版社、一九九五年、五一―五二頁。

(11) Andreas Schönle, "Garden of the Empire: Catherine's Appropriation of the Crimea," *Slavic Review* 60: 1 (2001): 1-23.

(12) Batalden *Catherine II's Greek Prelate*, 40, 63.

(13) クリミアの正教に関しては以下を参照した。Alexander A. Vasiliev, *The Goths in the Crimea* (Cambridge Massachusetts, Mediaeval Academy of America, 1936); *Фадеева Т. М., Шапошников А. К.* Княжество Феодоро и его князья: Крымско-готский сборник. Симферополь, 2005; *Катунин Ю. А.* Из истории христианства в Крыму: Таврическая епархия (вторая половина XIX-начало XX века). Симферополь, 1995; *Герцен А. Г., Могаричев Ю. М.* О возникновении готской епархии в Таврике // Материалы по археологии, истории и этнографии Таврии, Вып. 2. Симферополь, 1991. С. 119-121; *Хартахай Ф.* Христианство в Крыму. М., 2003; *Гавриил, архиепископ*, Переселение греков из Крыма в азовскую губернию и основание Готфийской и Кафийской епархии // ЗООИД. Т. 1. 1844. С. 197-204; *Феофилов М.* Исторический очерк христианства в Крыму // Таврические Епархиальные Ведомости. № 8. 1899. С. 603-615; *Тур В. Г.* Православные монастыри Крыма в XIX-начале XX вв. Издание второе, переработанное и дополненное. Київ, 2006; *Гедьо А. В.* Переселення греків з Криму до приазов'я у 1778 р. // Український Історичний Журнал № 1. 2001. С. 73-84.

(14) オデッサはオスマン時代の要塞ハジベイを拠点に建設された。一七九五年にオデッサの住民二三四九人の一〇％をギリシア人が占めていた。またユダヤ人も同様の割合を占めていたとされる。高尾千津子「地域問題としての「ユダヤ人問題」」『ロシア史研究』第七六号、二〇〇五年、七〇頁、*Констатинос Папулидис* Просветительская и культурная деятельность греков Одессы в XIX и XX вв. // *Арш Г. Л.* (от. ред.) Политические, общественные и культурные связи народов СССР и Греции (XIX-XX вв.). Балканские исследования. Вып. 11. С. 190-199.

(15) リシュリュー公爵。アルマン・エマニュエル・デュ・プレシ。パリ出身。フランス革命を逃れてウィーンに渡った後、ロシアに勤務。オデッサの建設者および初代市長として都市の発展に寄与。*Скальковский А.* Первое тридцатилетие исто-

рии города Одессы 1795–1825. Одесса, 1857. С. 114–118; *Атлас Д.* Старая Одесса: Ее друдья и недруги. Одесса, 1992. С. 39–51.

（16）*Арш Г. Л.* Греческое коммерческое училище Одессы в 1817–1830 (Из истории новогреческого Просвещения) // *Арш Г. Л.* (от. ред.) Общественные и культурные связи народов СССР и Балкан XVII–XX вв., Балканские исследования Вып. 10. М., 1987. С. 31–62.

（17）*Сапожников И. В., Белоусова Л. Г.* Греки под Одессой: Очерки истории п. Александровка с древнейших времен до начала XX века. Одесса, 1999. С. 61–64, 74. 特に彼らとの関わりについては、ナポリ出身の陸軍少将ヨシフ・デ・リバス（Иосиф Де-Рибас）が有名。オルロフの勧めでロシア軍での勤務につき、エカチェリーナ時代にノヴォロシアやクリミアの戦役で活躍した。*Скальковский А.* Первое тридцатилетие. С. 8–9, 40.

（18）一八四三年でブルガリア人・ガガウズが五万六八九五人、モルドヴァ人一万二一一人、ウクライナ人一〇七四人、アルバニア人・セルビア人九七〇人、ギリシア人一五四人、ロマ五六人の計六万九三六〇人、一八五〇年では、ブルガリア人四万三九七二人、ガガウズ二万一五五三人、モルドヴァ人一万二八〇五人、ウクライナ人一四四〇人、アルバニア人・セルビア人一三二八人、ギリシア人三〇七人、ロマ五六人の計八万一四六一人だったとされる。*Мещерюк И. И.* Антикрепостническая борьба гагаузов и болгар Украины. Кишинев, 1995. С. 10, 37, 78–110; *Зеленчук В. С.* Население Бессарабии и поднестровья в XIX в. (этнические и социально-демографические процессы). Кишинев, 1979. С. 185; *Защук А.* Этнография Бессарабской области // ЗООИД. Т. 5. 1863. С. 512; *Грек И.* Органы управления “Задунайскими переселенцами” в первой половине XIX в., Страницы истории и этографии Болгар Молдовы и Украины. Кишинев, 1995. С. 33–60; *Скальковский А.* Болгарские колонии в Бессарабии и Новороссийском крае, статистический очерк. Одесса, 1848. С. 134; *Новаков С. З.* Контакты и взаимозаимствования в сфере крестьянского материального производства среди колонистов болгарского и немецкого водворения на юге Бессарабии в XIX–начале XX в. // Ежегодник института межэтнических исследований. Т. 1. Академия наук Республики Молдова. Кишинэу, 2000. С. 41–46; *Анцупов И. А.* Аграрные отоношения на юге Бессарабии (1812–1870 гг.). Кишинев, 1978. С. 26–27.

（19）現在のモルドヴァ共和国内にある「ガガウズ自治区」の行政中心都市。

（20）一八三〇年代にはブルガリア人とガガウズの村が五七村あったとされる。*Берг Л. С.* Бессарабия: страна-люди-хозяйство. Кишинев, 1993. С. 109–110; *Зеленчук В. С.* Население Бессарабии и поднестровья в XIX в. (этнические и социально-демографические процессы). Кишинев, 1979. С. 185; *Защук А.* Этнография Бессарабской области. С. 512.

(21) Попечительный комитет о колонистах южного края России.

(22) *Мещерюк И. И.* Антикрепостническая борьба. С. 10, 37, 78–110.

(23) Управление Задунайских переселенцев.

(24) *Зеленчук В. С.* Население Бессарабии. С. 185; *Защук А.* Этнография Бессарабской области. С. 512; *Грек И.* Органы управления "Задунайскими переселенцами." С. 33–60; *Скальковский А.* Болгарские колонии. С. 134.

(25) アレクサンドル一世は一八一一年にK・V・ネッセルローデ（一七八〇―一八六二年）を外務担当長官（статс-секретарь по иностранным делам）に任命し、一八一五年にカポディストリアスも同じ職に任命する。一八一六年にネッセルローデはуправляющий Министерствомに任命されるが、カポディストリアスは一八二二年にロシアを離れるまでは、外交問題の実質的な担当者だったとされる。*Мешков А. Ю.* (от. ред.) Очерки истории министерства иностранных дел России. Т. 3. Биографии министров иностранных дел 1802–2002 гг. М., 2002. С. 92–93, 103–105.

(26) また、ベッサラビアの貴族からアレクサンドル一世に宛てて、現地語使用の許可を求める請願も行われていた。ДАОО, ф. 1, оп. 214, спр. 1, арк. 29–32зв.

(27) Patricia Kennedy Grimsted, *The Foreign Ministers of Alexander I: Political Attitudes and the Conduct of Russian Diplomacy, 1801–1825* (Berkeley, Los Angeles: University of California Press, 1969), 236.

(28) Устав образования Бессарабской Области. ПСЗ-1. Т. 35. № 27357.

(29) Подльский военный генерал-губернатор.

(30) Учреждение для управления Бессарабской Области. ПСЗ-2. Т. 3. № 1834; *Агаджанов С. Г.* (от. ред.) Национальные окраины. С. 170–177.

(31) 州行政のトップは州知事で、州評議会、州庁、財務局、州刑事裁判所、州民事裁判所、良心裁判所が業務を担当した。

(32) ただし、実質的にはベッサラビアの刑事・民事裁判所の裁判長は現地貴族が占めた。*Крупенский А. Н.* Краткий очерк о бессарабском дворянстве (1812–1912): к 100-летнему юбилею Бессарабии. СПб., 1912. С. 5–7. また一八

三四年から民事裁判所の裁判長の選出が現地貴族による選挙制となった。ПСЗ-2. Т. 4. № 6740.

(33) ワラキア君主としての在位は一七七四―八二年、一七九六―九七年、モルドヴァ公としての在位は一七八七―八八年。Petru D. Popescu, *Dicționar de personalități istorice* (București, 2001), 146-147.

(34) *Оганян Л. Н.* Общественное движение в Бессарабии в первой четверти XIX века. Кишинев, 1963. Ч. 2. С. 6-7; リチャード・クロッグ（高久暁訳）『ギリシャ近現代史』新評論社、一九九八年、二七―二八頁。リガスのギリシア共和国構想などの思想活動については、萩原直「近代ヘレニズムとバルカン諸民族――バルカン社会における共生と民族的結合」柴田三千雄ほか編『社会的結合（シリーズ世界史への問い4）』岩波書店、一九八九年、二五五―二八一頁。

(35) 正式にはベル・ランカスター教授法と呼ばれる、上級生が下級生を教える助教システム。一八三〇年代にはブルガリアにもランカスター学校が拡大したとされる。佐原徹哉「ドナウ州での教育改革の試み（一八六五―六八）とその反応――タンズィマート期ブルガリア社会の一断面」和田春樹・家田修・松里公孝編『スラブの歴史（講座スラブの世界3）』弘文堂、一九九五年、一四〇頁。

(36) *Арш Г. Л.* Греческое коммерческое училище. С. 31-62.

(37) 当時ベッサラビアには第一次セルビア蜂起を率いたカラジョルジェが亡命していた。彼はギリシア人革命家のみならず、後述のトゥドル・ウラジミレスクとも接触していたとされる。ひそかにセルビアに入国し、ミロシュ・オブレノヴィチにギリシアの革命活動との連携をもちかけようとしたが、革命を望まないオブレノヴィチの命令で暗殺される。*Арш Г. Л.* Из ранней истории греческого революционного общества «Филики Этерия» (Н. Галатис в Молдавии и Валахии в 1817-1818 гг.) // *Гросул В. Я., Левит И. Э., Чертан Е. Е.* (ред.) Балканский исторический сборник II. Кишинев, 1970. С. 8-10.

(38) 彼については、*Арш Г. Л.* Александр Ипсиланти и его взаимоотношения с правительством России (новые архивные данные) // *Достян И. С.* (от. ред.) Россия и Балкан: Из истроии общественно-политических и культурных связей (XVIII в.-1878 г.). М., 1995. С. 208-240.

(39) モルドヴァ公国最後のファナリオテス君主。在位は一八一九年から一八二一年。Popescu, Dicționar de personalități istorice, 252.

(40) トゥドル・ウラジミレスクは、オルテニアの小貴族の出身。高い教育を受け、トランシルヴァニアとの家畜交易で財を成した。一八〇六〜一二年の露土戦争ではハイドゥク軍を率いて参加している。その経験を生かしてオルテニアで蜂起を旗揚げし、ワラキアのルーマニア人貴族からの解放を目指して武器を取るように人々に呼びかけた。革命の綱領であり憲法としての性格を持つ『ルーマニア人民の要求』では人民の主権が定められていた。*Драгнев. Д., Драгнев Е., Мискевка В., Варта И., Шишкану И.* История Румын: с древнейших времен до наших дней. Кишинэу, 2002. С. 148–150.

(41) *Спирос Лукатос* «Памятник» русским филэллинам // *Арш Г. Л.* (от. ред.) Политические, общественные и культурные связи народов СССР и Греции (XIX-XX вв.), Балканские исследования. Вып. 11. М., 1989. С. 75.

(42) *Иовва И. Ф.* Передовая Россия и общественно-политическое движение в Молдавии (первая половина XIX в.). Кишинев, 1986. С. 102.

(43) エテリア革命の勃発は、ベッサラビア・デカブリストたちに強い印象を与えた。オルロフは自分の軍を率いてイプシランティに合流することを願ったとされるが、実現しなかった。ベッサラビア・デカブリストたちと親しかった南方結社の指導者ペステリもまたエテリア革命に賛同し、ロシア帝国がギリシア人を支援することを望んだ。のちに彼は露土戦争やバルカンに関する史料を集め、『ギリシア王国』という覚書を執筆しており、この問題に強い関心を抱いていたことがわかる。デカブリストたちと交流していたプーシキンもまたギリシア革命に強い感銘を受けていた。*Оганян Л. Н.* Общественное движение. Ч. 1; *Иовва И. Ф.* Декабристы в Молдавии. Кишинев, 1975; Его же. Южные декабристы и греческое национально-освободительное движение. Кишинев, 1963; *Базанов В.* Декабристы в Кишиневе (М. Ф. Орлов и В. Ф. Раевский). Кишинев 1951; *Орлик О. В.* Декабристы и внешняя политика России. М. 1984. С. 77–124; *Сыроечковский Б. Е.* Из истории движения декабристов. М. 1969; *Сыроечковский Б. Е.* Балканская проблема в политических планах декабристов // *Дружинина Н. М.*, Его же. (ред.) Очерки из истории движения декабристов: Сборник статей. М, 1954. С. 186–275; *Мякотин В. А.* А. С. Пушкин и декабристы. Берлин, 1923; F. F. Vigel', *Zapiski*, in Marc Raeff, ed., *Memoir Series 10* (Cambridge: Columbia University Press, *1974*), Ч. 6, 112–113; A・G・マズーア（武藤潔・山内正樹訳）『デカブリストの反乱——ロシア革命の序曲』光和堂、一九八三年、岩間徹『プーシキンとデカブリスト』誠文堂新光社、一九八一年、加藤史朗「デカブリストの反乱」野崎直治編『ヨーロッパの反乱と革命』山川出版社、一九九二年、二七〇—二九〇頁。

(44) *Сарбей В. Г.* Національне відродження України. Україна крізь віки, Т. 9. Київ, 1999. С. 76; *Серков А. И.*

История русского масонства XIX века. СПб., 2000. С. 134, 195.

（45）　一八三〇年からイズマイル特別市長。*Тичина А. К.* (ред.) Українське Подунав'я. Ізмаїл, 1998. С. 62–67; *Марчук, Ю. І. Тичина А. К.* Ізмаїл: історичний нарис. Одеса, 1997. С. 21–32; *Иовва И. Ф.* Передовая Россия и общественно-политическое движение. С. 74, 79.

（46）　一八〇二年にノヴォロシア県がエカテリノスラフ県、ニコラエフ県、タヴリーダ県に分かれる。ニコラエフ県はのちにヘルソンを県都とするヘルソン県となり、一八二二年にこの三県がノヴォロシア総督の管轄区となる。

（47）　Новороссийский генерал-губернатор и полномочный наместник Бессарабской области.

（48）　ДАОО, ф. 1, оп. 214, спр. 14, арк. 1-13зв.　オガニャンはサンクトペテルブルク（当時レニングラード）の中央国立歴史文書館所蔵のコチュベイからインゾフに宛てた書簡を引用しているが、おそらく同一内容と思われる。しかしインゾフ解任とヴォロンツォフ任命の部分だけで背景の事情説明の部分は紹介していない。*Оганян Л. Н.* Общественное движение. Ч. 1. С. 44.

（49）　George F. Jewsbury, "Russian administrative policies toward Bessarabia, 1806-1828" (PhD diss., University of Washington, 1970), 193.

（50）　Andreas Kappeler, *The Russian Empire: A Multiethnic History* (Harlow: Longman, 2001), 101.

（51）　Barbara Jelavich, *Russian's Balkan Entanglements 1806–1914* (Cambridge: Cambridge University Press, 1991), 49–89.　一八二七年四月にはカポディストリアスがギリシアの国民議会で初代大統領に選出された。

（52）　*Орлик О. В.* (от. ред.) История внешней политики России: первая половина XIX века (от войн России против Наполеона до Парижского мира 1856 г.). М., 1995. С. 231.

# 第三章　対外政策としての「大改革」

本章では、「ルーマニア人地域」の一部、そしてひいてはバルカンに面した南部国境地域としてのベッサラビアの性格に着目する。それによって、一見内政問題と思われる「大改革」が、ベッサラビアにおいては対外政策と密接に結びついていたことを明らかにし、内政と外交の包括的分析が必要であることを指摘する。

第一章で見たように、モルドヴァ公国領の一部を併合してベッサラビア州を作り上げたことにより、ロシアは隣国の基幹民族ルーマニア人を主要住民とする国境地域を持つこととなった。そしてこのことは、のちに本国のルーマニア人の動きがベッサラビアのルーマニア人に影響を及ぼす前提条件となる。

すでに序章で指摘したとおり、ベッサラビアのルーマニア・ファクターへの着目は、特にベッサラビアを「民族地域」として認識し、ベッサラビアのルーマニア人エリートの民族運動やロシアのルーマニア語抑圧政策を論じた研究に特徴的なものである。しかしここでは、「大改革」という通常のロシア史研究では国内問題として論じられるテーマにおいても、ベッサラビアのルーマニア・ファクターが影響していたことを明らかにする。具体的には、ルーマニアの統一と改革がベッサラビアのルーマニア人貴族の民族意識を刺激したこと、ルーマニアの政情さらにはバルカン情勢を意識しながらベッサラビアの郡改革、農民改革、ゼムストヴォ設置が要求・実施されたことを検討する。

統一ルーマニアが誕生したことにより、ベッサラビアにとってロシアは、その中心へ統合されるべき絶対的な存在ではなくなり、隣国と比較される相対的な立場となった。また国境地域であるベッサラビアは、常に近隣諸国からの視線にさらされており、このような状況はベッサラビアの改革に作用せずにはいられなかった。したがってこれは、第二章の総督府設置と同様に、ベッサラビアにおける改革が、中央から辺境という図式ではなく隣接地域との関係性の中で検討されなければならない問題であることを示す事例である。

以下では、まずドナウ二公国が君主アレクサンドル・ヨアン・クザ（在位一八五九―六六年）の下で統一に至るまでの経緯とルーマニアにおける改革について概観し、続いてベッサラビアで実施された郡改革、農民改革およびゼムストヴォ設置における外的要因と戦略としての側面について考察する。

## 第一節　統一ルーマニアの誕生まで

ベッサラビアの改革について検討する前に、まずドナウ二公国が統一ルーマニアに至るまでの過程について整理する。ベッサラビアのルーマニア人貴族を引きつけ、ベッサラビア行政当局に分離主義を警戒させた前提条件として、ロシアの保護下に置かれていたドナウ二公国が統一に至り、ルーマニア人の国民国家として近代化改革を進めていった状況について踏まえておく必要があるからである。

ギリシア独立戦争を契機として、オスマン帝国はギリシア人勢力を警戒するようになった。ドナウ二公国のファナリオテス制は廃止され、一八二六年にロシアとオスマン帝国の間で締結されたアッケルマン条約は、ドナウ二公国における現地ルーマニア人の君主の選出と、事実上の憲法となる法規の制定を認めた。こうしてドナウ二公国は両帝国の共同管轄下に置かれることとなった。しかし一八二八年に始まった露土戦争によってロシア軍がドナウ二公国を占拠する。一八二九年のアドリアノープル条約でオスマン帝国はドナウ二公国の自治を承認し、ロシアへの賠償金の完済までロシア軍によるドナウ二公国の統治を認めた。このロシアによるドナウ二公国の軍政は、オスマン帝国がロシアに賠償金を支払い終える一八三四年三月まで続くこととなる。ドナウ二公国の軍政と改革は、のちの国有財産相として知られるP・D・キセリョフ（一七八八—一八七二年）に委ねられた。こうして一八三〇年に事実上の憲法である「レグラメント・オルガニク（基本法規）」が公布され、翌一八三一年五月にままずワラキアで、続いて一〇月にモルドヴァで特別議会において承認された。(1)

レグラメント・オルガニクは、行政、司法、軍事、検疫、財務、警察、農民改革などに関するあらゆる法律の集成だった。政府は立法、執行、司法に分立し、君主の選出には聖職者、貴族、都市代表などから構成される特別議会が召集されることが定められた。閣僚制が初めて導入され、内相、財務相、国務長官（国政と外交を担当）、法相、宗務相、陸相が任命されることとなった。一八三四年に初めての君主選挙が行われ、ワラキアではアレクサンドル・ディミトリエ・ギカ（在位一八三四—三八年）が、モルドヴァではミハイル・ストゥルザ（在位一八三四—四九年）が即位した。

この法規はモルドヴァとワラキアでそれぞれ公布されたが、ほぼ同文・同内容であったために両国に同一の国家制度が導入されることとなり、ルーマニア人に統一への希望を抱かせる要因となった。さらにパリのルーマニア人留学生のサークルでは、イオン・ギカ、C・A・ロセッティ、ミハイル・コガルニチャヌ(一八一七―九一年)[2]、アレクサンドル・ヨアン・クザ(一八二〇―七三年)[3]、ニコラエ・バルチェスクなどの統一派が活動を開始した。これらの若い知識人を中心にルーマニアの改革と民族統一を目指す運動が高まっていくこととなる。[4]

一八四八年の革命は、ドナウ二公国にも大きな影響を与えた。コガルニチャヌやクザを中心としたモルドヴァでの改革要求運動は当時のモルドヴァ君主によってすぐに弾圧されたが、ワラキアでの運動はバルチェスク、イオン・ブラティアヌ(一八二一―九一年)、ロセッティなどが臨時政府を樹立するまでに至った。彼らは綱領としてあらゆる市民の政治的平等、国民軍の創設、出版の自由、死刑の廃止、ツァランの解放と土地の分与、農奴ロマの解放などを掲げた。しかし臨時政府は農民問題をめぐって内部対立を起こし、最終的にこれらルーマニア人の革命はロシア軍とオスマン軍によって鎮圧される。[5] それでもドナウ二公国の統一問題はクリミア戦争後に国際会議の場で議論されることとなり、またこの革命で中心的な役割を果たしたドナウ二公国の知識人たちは、のちの統一ルーマニアにおいて指導的な役割を果たすこととなる。

一八五六年二月、クリミア戦争終結後のパリ講和会議の席上でドナウ二公国問題が提議された。これは一八四八年革命後に国外に亡命したルーマニア人活動家たちの英仏などへの働きかけが大きく関与していた。列強は、外国人君主下でのモルドヴァとワラキアの統一について賛否を問い、最終的に、両公国に対するオスマン帝国の宗主権は維持され(ロシアの保護権は廃止)、両公国がそれぞれ特別議会《アドホック》を設置してこの問題について取り組むべきとの結論に至った。[6]

統一派のグリゴレ・アレクサンドル・ギカ(在位一八四九―五三、一八五四―五六年)を君主とし、強力な論客にして最も指導的な活動家として知られたコガルニチャヌを擁するモルドヴァでは、クリミア戦争中から公然と統一運動が行われていた。コガルニチャヌはすでに一八五五年末から新聞『ドナウの星』を発行し、二公国の統一や領主地農民の解放を呼びかけていた。[7] また一八四八年革命後に亡命していたロセッティ、ニコラエ・ゴレスク、ブラティアヌなどの中心的な活動家たちが続々と帰国した。一八五六年六月にワフキア君主のバルブ・シュティルベイ(在位一八四九―五三、一八五四―五六年)とモルドヴァ君主のギカが退位し、九月から活動を開始した両公国のそれぞれの特別議会は、外国人君主統治下におけるルーマニア統一国家樹立をほぼ満場一致で決議した。[8]

しかし、一八五六年のパリ会議において、列強七カ国(フランス、イギリス、プロイセン、オーストリア、ロシア、オスマン帝国、サルデーニャ)は、ドナウ二公国がそれぞれ地元出身の君主と議会とを有した上で、オスマン帝国の宗主権を維持することを決議したため、統一の承認を期待していたモルドヴァとワラキアの人々は落胆する。ところがこのパリ会議の決定は、ドナウ二公国でそれぞれの君主を選出することを定めていたが、両国が同一の君主を選出する可能性については想定していなかった。これを利用したモルドヴァとワラキアは、同一人物を君主に選出することによって事実上の両公国の統一を果たすことに成功したのだった。

まず一八五九年一月三日にモルドヴァで君主候補の選出が協議された。モルドヴァ統一派において有力君主候補であったコガルニチャヌとラスカル・カタルジウ(一八二三―九九年)[9]は、土地改革の問題で対立していた。コガルニチャヌは一八四八年革命以前から、領主地農民の自由農民化と土地の有償分配の実現を目標としており、他方、保守派カタルジウは領主にとって不利な改革に反対し、「土地なし」での農民の解放を主張した。またやはり候補の一人であったコスタケ・ネグリ(一八一二―七六年)[10]は農民への土地の無償分与を主張していた。このため、君主候補の決定をめぐって協議は紛糾した。そこで候補の練り直しが行われ、その場にいなかったクザが多数決で統一派候補に選ばれた。クザは一八四八年革命におけるモルドヴァの指導的な活動家の一人であったが、当時陸軍大佐として軍の指導部におり、土地改革の具体的な綱領を持っていなかったことがかえって有利に働いたのだった。こうして一八五九年一月五日の選挙において、クザは圧倒的多数でモルドヴァの君主に選出された。

モルドヴァの人々は統一派君主の誕生を熱狂的に歓迎し、両公国の統一のためにワラキアにおいても彼を選出することを望む声が噴き上がった。ところがワラキアでは反統一派が優勢だった。彼らは統一派候補の選出を阻止しようとしたが、暴徒化した民衆が議会の建物を占拠して保守派議員を脅迫したため、ブカレストは混乱に陥った。二四日、ついにワラキアの統一派が自分たちの候補を取り下げてモルドヴァのクザを候補に立て、保守派も含めて全員がクザに投票した。こうしてモルドヴァ出身のクザがワラキアにおいても君主として選出され、統一を望んだ両公国の人々は歓喜に沸き返った。列強はこの選挙結果に驚き、特にドナウ二公国の宗主国であるオスマン帝国は反発したが、両公国の統一を支持するナポレオン三世の外交によって、最終的に列強もこの二重選出を承認した。(11)

オスマン帝国に自分の在位期間のみドナウ二公国の合同を認めさせたクザは、一八六二年一月二二〜二四日に両公国の議会と行政を一元化し、保守派のバルブ・カタルジウを首相とする統一政府を樹立させた。さらに両国の軍や通貨が統一された。こうしてブカレストを首都とするルーマニア人国家である合併公国が誕生したのだった。(12)一八六三年一〇月にはコガルニチャヌが首相に任命され、短期間で数々の改革を断行する「クザ—コガルニチャヌ体制」が発足することとなる。

## 第二節　アレクサンドル・クザの改革

ここでは、クザが行った改革について整理する。まず一八六三年一二月一七日に、修道院領国有化法が公布された。この修道院領はオスマン帝国領の正教の聖地に寄進され、ギリシア人聖職者に所属するもので、ドナウ二公国の全耕地の一七％を占めていたとされる。[13] 第五章で見るように、この措置はギリシア人聖職者や彼らを支援するロシアなど列強の反発を買ったが、長い間ギリシア人が独占してきた膨大な土地がルーマニア人の手に戻ったために国内では歓迎された。

一八六四年四月一一日にフランスのコミューン制度をモデルとした地方自治制度であるコムーナ制度法[14]が公布され、同時に県制度[15]も導入された。五月二日には「選挙法」[16]が、一一月二五日には教育改革が公布され、当時フランスにもなかったという無償義務教育制度が導入された。[18] また一一月二七日には軍改革[17]が公布された。またルーマニアに不平等を強いていた領事裁判権など国内の外国人の特権が廃止される。[19] さらにフランスで生まれた国際基準のメートル法が導入された。一八六五年一二月二日と四日には、ナポレオン法典を中心に、ベルギー、オーストリア、プロイセン、イタリアなど近代ヨーロッパ法をモデルとした刑法と民法が導入された。これは次章で見るように、ドナウ二公国が伝統的に受け継いできたビザンツ法との決別だった。さらにクザは一八六四年にルーマニア教会を独立させ、修道院領国有化に続いてギリシア人聖職者との関係を完全に断ち切った。これは第五章で見るように、セルビアやギリシア王国に続くコンスタンティノープル総主教座からの離脱だった。このようにして、クザは短期間のうちにあらゆる部門における改革を断行したのだった。

しかし最大の難関は農民改革だった。第一章で見たように、ドナウ二公国の農民は、ラゼシ（モシュネン）、ツァラン、そして農奴に分かれていた。ラゼシ（モシュネン）とは、わずかだが私有地を所有している自由農民を指す。ツァランは土地を持たない領地農民で、法的地位は農奴ではなく自由農民だった。法的身分が奴隷として定められているのは農奴ロマのみだった。

一八〇四年のデータでは、モルドヴァの全一七一三領地のうち、二五（一・五％）が君主、五四六（三一・九％）がラゼシ、九二七（五四・一％）が貴族、二一五（一二・五％）が修道院に属しており、約六七％が貴族や修道院の領地だった。モルドヴァの賦役は四〇～六〇日、ワラキアでは一二～一四日で、賦役のほかにジジュマと呼ばれる穀物などの農作物や現金で納める十分の一税が課された。一八三一年のレグラメント・オルガニクによって役牛を四頭、二頭、零頭所有する世帯の三カテゴリーで税額が定められた。貢租の額は削減されたが、賦役日数はモルドヴァでは七二日、ワラキアでは五六日となり、農民の負担は増大した。[20]

一八六四年の改革当時、四五一〇人の貴族と国家が所有していた土地は六二三万三七四四ヘクタールで、国土の約七〇%を占め、約七〇万人の農民が所有していたのは残り三〇%の三一四万七二一ヘクタールとされる。[21] 多くの農民たちは、領主への賦役や土地の賃貸を仲介する大土地所有者への小作料などの負担を課されていた。ルーマニアより一足先に自治や独立を獲得したセルビアやギリシアでは、オスマン統治の名残の払拭と国内体制の強化が進められ、トルコ人大土地所有者が追放された。ロシアでは一八六一年二月一九日令によって農奴解放が宣言された。これに影響を受けたルーマニアのツァランが各地で農民蜂起を起こし、一八六四年の農業法成立をクザに急がせる要因となった。

首相のコガルニチャヌが起草した法案は、農民に市民権を付与し、土地を有償分配することを定めていた。しかし土地所有者である貴族たちはこの法案に反対し、議会において否決した。特に「現在賦役の義務を負い、領主やその他の土地に住む農民たちは、この法令によって自由となり、自分に所属することになる村、牧場、牧草地、耕地の完全な所有者となる」という法案第四二項が猛反発を受けた。貴族たちは「私有地農民は、期限付きの自由意志契約によってのみ、自分の利益に関わる問題を処理することが認められる」という内容に変更するように求めた。しかしこれを認めると、レグラメント・オルガニク時代の状態と何ら変わることなく、農民が土地を持つことができずに領主に隷属することになるのは明らかだった。議会は内閣不信任案を提出したため内閣は総辞職したが、クザはこれを認めず、武力を行使して議会を解散させるというクーデタを実行した。[22]

このようにして、ルーマニアにおいて一八六四年八月一四日に農業法が公布された。ロシアでは農村共同体を対象に土地が分与されたのに対し、ルーマニアでは世帯ごとに家畜数(四頭の雄牛と一頭の雌牛、二頭の雄牛と一頭の雌牛、一頭の雌牛のみ)を基準に分与された。分与地の面積には地方差があり、ソラキア、モルドヴァ、ベッサラビア南部併合地の三カテゴリーに分類された[23]。ワラキアでは四ポゴン一五プラジン(約二・三ヘクタール)から一一ポゴン(約五・五ヘクタール)まで、モルドヴァでは五ファリチ四〇プラジン(約七・七ヘクタール)から一二ファリチ四〇プラジン(約一七・八ヘクタール)までとされた。そしてベッサラビア南部併合地の場合は、二ファリチ七〇プラジン(約四・一ヘクタール)から六ファリチ三〇プラジン(約九・一ヘクタール)までとされた。しかし実際には、領主に土地を減らされたり耕作に向かない土地や不便な場所を割り当てられたりすることも多かった。また土地の分与は有償で、償却期間は一五年とされた。この改革の結果、およそ五〇万世帯に二〇〇万ヘクタールの土地が分与されたとされる[24]。

プルート川の向こうで同じルーマニア人が統一を果たし、立憲君主国家を樹立し、矢継ぎ早に改革を実現していく様子は、ベッサラビアのルーマニア人貴族を引きつけずにはいられなかった。そしてロシアは、三〇年ほど前には自分たちの保護下にあったドナウ二公国が、列強の支援の下でルーマニア人の国民国家として近代化していくのを否応なしに意識させられることとなる。以下では、ロシアによるベッサラビアの「大改革」について考察する。

## 第三節　ベッサラビアにおける郡改革

前節で見たように、ロシアの保護下において改革されたドナウ二公国は、クリミア戦争後に事実上のルーマニア統一を果たし、今度はルーマニア人自身の手によって数々の改革が行われた。他方、この時期にはロシアにおいても「大改革」が実施されていたが、ベッサラビアへの改革導入は常に延期されていた。ドニエストル川の向こうではロシアの他県に改革が導入され、プルート川の向こうでは同一民族のルーマニア人が統一国家を樹立し近代化政策を推進しているのを見て、ベッサラビア貴族はロシア政府への不満とルーマニアへの憧れを抱くようになる。

例えば、一八六三年七月六日付のベッサラビア州知事I・O・ヴェリオの上奏書は、ルーマニアの誕生がベッサラビアのルーマニア人貴族の政治意識に変革をもたらしたことを知らせている。

「ベッサラビアは国境に位置し、隣国と同一の民族が半分以上を占める特殊な州です。〔中略〕一八五六年のパリ条約までベッサラビアの貴族は自分の財産や利益のことしか考えていませんでしたが、クリミア戦争後にドナウ二公国が議会制を導入してから政治意識を持つようになり、教育のある若い世代は統一ルーマニアへの憧れを抱き始めました。〔中略〕そしてこの新しい傾向は、これまで自分たちの利害しか考えてこなかった人々にも刺激を与えています(25)」

これは一八七一年にドイツが統一されたとき、バルト・ドイツ人の間にドイツ愛国心の高揚が観察されたことと類似の状況である。ドイツ統一を目指すプロイセンでは一八六二年にビスマルクが首相となり、一八六四年にデンマークから併合したシュレースヴィヒ・ホルシュテインを争ってオーストリアを破り、一八七〇年の普仏戦争ではフランスに勝利した。当時、バルト地域における農地改革やロシア化政策に対する反発も手伝って、これらのプロイセンの勝利にバルト・ドイツ人の一部は熱狂したという。実際にはビスマルク率いるドイツ帝国に共感を抱いたバルト貴族はそれほど多くはなかったとされるが、ロシアではプロイセンの拡張主義に対する危機感が強まり、バルト諸県が「シュレースヴィヒ・ホルシュテインの弟」としてビスマルクに併合されかねないといったドイツ脅威論が起こった(26)。

陸軍相のD・A・ミリューチン（在任一八六一－八一年）は、バルト諸県のドイツ貴族の分離主義的な傾向がプロイセンの一連の勝利によってさらに促進されることを危惧した。外相A・M・ゴルチャコフ（在任一八五六－八二年）もまた、ビスマルクが遅かれ早かれバルト諸県の領有権を要求してくるのではないかという危機感を抱いたとされる。実際一八六五年にビスマルクはバルト諸県におけるプロテスタント教会政策について内政干渉を行おうとしたが、ゴルチャコフの反発を受けて引き下がっている(27)。

さらに新聞『声』、M・N・カトコフが主筆の『モスクワ報知』、陸軍省の機関紙『ロシア傷痍軍人』が中心となって、バルト地域へのロシアの影響力を強めるべきだと主張した。例えば新聞『声』は、プロイセンがデンマークからキール港を併合したのに続いて、今度はバルト諸県やリガ港を要求してこないとは保証できない、と指摘した。これに対抗してドイツの新聞は、バルト諸県のドイツ人やプロテスタント教会がロシアに抑圧されており、しかるべき折にプロイセンが同胞を救わなければならないと主張した。『モスクワ報知』は、バルト・ドイツ貴族の分離主義を批判し、またドイツの新聞がバルト諸県をプロイセンに併合することを狙って分離主義を煽っていると非難した。[28] またN・Ia・ダニレフスキーの『ロシアとヨーロッパ』などで指摘された汎ゲルマン主義と汎スラヴ主義の対立という問題や、Iu・F・サマーリンが『ロシアの辺境』で展開したバルト・ドイツ人貴族による陰謀説も知られている。[29]

確かに、ルーマニアの統一とドイツの統一とを同列に論じることはできない。ルーマニアは統一を達成したとはいえ、当時はまだオスマン帝国の宗主権と列強の保護の下に置かれており、ドイツのような軍事国家でもなかった。またベッサラビアのルーマニア人貴族はバルト・ドイツ人勢力とは比較にならない弱小集団であり、そして何よりルーマニア人それ自体が、スラヴ民族ではないもののロシアにとっては正教徒の同胞だった。このため、ルーマニア統一の動きによって、中央政府がベッサラビアの分離主義を強く警戒したわけでもベッサラビア貴族を危険視する世論が強まったわけでもなかった。

しかし以下で見るように、ベッサラビアの行政当局は、現地貴族のあいだに発生した親ルーマニア主義の雰囲気を肌で感じる立場にいた。彼らはルーマニアの方角を見ているベッサラビア貴族の目を再びロシアに向かせるため、ロシアの求心力を回復させる手段として改革導入を中央に請願した。そして政府もまた、隣国にいるベッサラビアと同一民族の存在を意識しながらベッサラビアの改革を行っていたのである。この節では、まずベッサラビアの郡改革に対してルーマニアが及ぼした影響を考察する。

クリミア戦争後、農奴解放について本格的な議論が開始されたとき、開明的な改革者たちは農奴制の廃止には県や郡の改革が不可避であると認識していた。一八五六年末から一八五七年はじめ、自由主義者M・E・サルティコフ゠シチェドリンが郡と市の警察機構改革案を起草し、その案を継承する形で一八五八年はじめに内務省は郡行政についての審議を開始した。そしてN・A・ミリューチンが二つの計画案を作成する。一つは領主と農奴との係争の調停について、もう一つは郡警察とあらゆる郡の機関の改革だった。その案は郡の行政統合と警察・行政、司法・検察、経営・管理の分権を目指し、郡と市の警察は郡警察署長の管理下に統括されるというものだった[30]。

一八五八年二月一八日の勅令によって、この二計画について審議するために総委員会《グラーヴヌイ・コミテート》に付属して特別委員会が発足した。この委員会は自由主義的な内相Ｓ・Ｓ・ランスコイと、保守派の法相のＶ・Ｎ・パーニン、Ia・Ａ・ロストフツェフそして国有財産相Ｍ・Ｎ・ムラヴィヨフの四人から構成され、当面の課題として郡警察の改革と領主と農民の係争を調停する治安判事（のちの調停吏）制度の問題に取り組んだ。特に郡警察の改革は「改革の過渡期にあって秩序と平穏を保証する」ために重要であり、治安判事制度の導入のためにも「地方警察が強い権限、独立性、統一性を獲得しなければならない」とされた[31]。

しかし実際に起草された「重要原則《グラーヴヌエ・ナチャーラ》」は、ムラヴィヨフの意向を強く反映したものだった。これは郡長《ウエーズヌイ・ナチャーリニク》を首長とする郡行政制度、郡と市の警察改革、そして治安判事制に関する計画案だった。これによると、郡長は八等官から四等官の官吏の中から政府によって任命され、郡と市の警察を統括する郡警察署長は郡長に従属するとされた。このような警察の掌握に加えて、治安判事の選挙や裁判にも郡長が影響力を及ぼすとされ、権力の分散からは程遠い内容となった。五月一〇日に総委員会はこの「重要原則」について検討し、アレクサンドル二世はこの案を県知事たちの直接の審議にかけることを決定した。こうして「重要原則」は五月一六日付で各県に送付された[32]。

「重要原則」はオデッサのノヴォロシア・ベッサラビア総督へも送られてきた。そこでも「農奴解放について検討し、領主と農奴の関係の変革にあたり、郡警察の構造と体制、さらには郡の地方自治制度をも整備する必要があると考え、現在準備中である領主・農奴間関係の改革のあらゆる成功が地方行政の構造と体制にかかっている」として、郡行政の改革が農奴解放のための重要な問題であることが強調されていた。[33] 五月三一日付でその計画案がオデッサからベッサラビア州知事へ送られ、ただちに検討して見解を報告するようにとの命令が伝えられた。ベッサラビアでは命令どおり審議が行われ、六月二五日付の書簡で、貴族団長M・A・カンタクズィンがキシニョフへ「重要原則」を歓迎する意向を伝えた。

「郡の行政改革の効果は明白です。郡からの文書はしばしば遅れてくるうえに手違いも多く、業務においてもミスが目に付きます。そのため住民は腹を立てて苦情を州庁に持ち込んできますが、州都から遠く離れた村の住民にとって、それは少なからぬ労力と出費を伴うことになります。郡行政当局が住民の苦情に直接対応することになれば、そのような煩雑な手続きが取り除かれるでしょう。〔中略〕司法改革については、住民同士や領主との土地問題、労働条件、契約違反、賃金に関する訴訟で裁判所は溢れ返っているので、県・郡裁判所と治安判事がベッサラビアに導入されるならば、これらの揉め事が平和的に決着するかもしれません」[34]

ただし農奴解放については、「ベッサラビアの農民は大半が自由農民であるため必要なし」という見解を州知事も貴族団長も示した。これらの審議結果は州知事からオデッサの総督に伝えられた。

しかしアレクサンドル二世やランスコイの予想どおり、大半の県知事や総督たちは郡長に権力が集中することを望まず、四六県中三九県が「重要原則」に反対を表明した。[35] そこでアレクサンドル二世はこの案を却下し、一八五九年三月二七日の勅令で「郡の機関に関する委員会」の設置を命じる。こうしてミリューチンを中心とした委員会が発足し、郡警察長官下における郡の機関の統一が目指された。一八六一年の農奴制廃止に遅れて、一八六二年一二月二五日に地方警察制度が裁可され、郡警察署長とその補佐は県知事による任免とされた。こうして郡警察署長は任命職となった。[36]

この改革は四四県に導入されたが、ベッサラビアは対象とされていなかった。[37] すでに裁可されていた一八六〇年六月八日の予審判事制度[38]も一八六一年二月一九日の調停機関設置法[39]もベッサラビアへの適用は先送りされた。諸改革がベッサラビアを素通りしていくのを見て、現地貴族の間にはペテルブルクに対する不満が広がった。州知事ファントン・デ・ヴェッライオンはノヴォロシア・ベッサラビア総督P・E・コツェブエ（在任一八六二―七四年）に書簡（一八六三年一月二二日付）を送り、ベッサラビアを特殊扱いせずに他県と同じように改革を実施してほしいと訴えた。彼は次のように述べる。

「ベッサラビアには調停吏と予審判事すらまだ任命されておりません。このうえ警察改革まで延期されるという今回の決定は、現地のルーマニア人に非常に否定的な印象を与えました。〔中略〕彼らはいまだにロシアになじんでいませんし、政治的権利においてははるかに先に進んでしまった同一民族のモルドヴァ人を目の当たりにしています。ベッサラビアがロシアに併合されたときには多くのことが約束されたのに、実行されたことは少ないとの不満が起こり始め、ついにはロシア政府がベッサラビアの改善をいつも延期しているのは以前のようにベッサラビアをモルドヴァに併合しようとしているからだとの噂が広がり始めました。このような噂は単なる憶測によるものでしょうが、モルドヴァ人貴族たちがロシアからベッサラビアが離れるという噂を喜んで信じロシア人が動揺するなど、社会的不安やかなわぬ夢をかきたてることになりかねません。ベッサラビアは改革を必要としているのです[40]」

ヴェッライオンに続いてベッサラビア知事となったヴェリオもまた、総督宛の書簡（一八六三年三月五日付）において、ベッサラビアのルーマニア人がロシアに背を向けてプルート川の向こうを見ていると警告し、改革の遅れがベッサラビアの分離主義を強める危険性を示唆した。

「ベッサラビアの経済・行政の改善を急がなければなりません。〔中略〕住民は統一したモルドヴァとワラキアの運命に心から共感し、ルーマニアとなってヨーロッパ諸国と同じレベルに変革を遂げるであろう合併公国の急激な発展を、関心を持って見つめています。〔中略〕合併公国からのベッサラビア住民の民族意識への刺激を妨げることができるのはベッサラビアの生活様式の改善しかないのですから、ベッサラビア改革のいかなる遅れも政治的過失となるでしょう[41]」

オデッサのコツェブエもベッサラビア行政当局を支持し、アレクサンドル二世はヴェリオの改革導入の必要性に関する覚書に「完全に賛成」と書き記した[42]。そして三月三一日付の内務省からオデッサへの書簡で、皇帝がベッサラビアの改革を内務省に命じ、導入が決定したことがコツェブエに知らされた[43]。

こうして、一八六三年一二月二日付の元老院令でベッサラビアへの警察改革の導入が決定され、翌年四月一日から実施されたのだった[44]。さらにノヴォロシア・ベッサラビア総督は司法省にベッサラビア州の各郡に二人ずつ、キシニョフ郡には四人ずつ計一六人の予審判事を任命してほしいと請願し、一八六三年九月一六日付の元老院令でベッサラビアにおける予審判事一六人の任命が決定された[45]。

このように、ベッサラビアのルーマニア人住民がルーマニアの統一に刺激され、ロシアに対する不満を募らせて離反する恐れが強まったことが、現地行政当局が改革導入を訴える重要な論拠となった。この訴えに皇帝が賛同し、ただちに改革が導入されたことは、ペテルブルクもまたベッサラビアの分離主義を警戒し、改革によって彼らを慰撫しようとしたことを示唆している。

## 第四節　ベッサラビア農民改革

郡改革と同様に、ベッサラビアの農民改革もまた隣国のルーマニア人を意識して行われた。ここでは、一八六八年のベッサラビアにおける農奴解放におけるルーマニア・ファクターについて考察する。

ベッサラビアの農民改革において重要な点は、中央政府がベッサラビアの農民改革の際に、ルーマニアのクザのツァラン改革を意識していたということである。

例えば、ルーマニアで農業法が公布される前の一八六三年、内相P・A・ヴァルーエノは、ベッサラビアのツァランに提示された権利がモルドヴァ公国のツァランが享受している権利よりも低くないようにすることが必要だと考えた。そこで、オデッサの総督のコツェブエに対し、ベッサラビアの農民改革の判断材料とするためにモルドヴァのツァランに関する法令のデータを収集するように命じていた[46]。またパーニンも「ベッサラビア農民を隣国のモルドヴァの農民よりも可能な限りよい状態に置く」ことを目指していたのだった[47]。よって、以下ではまずベッサラビアの農民改革について概観し、続いてその背景にあったルーマニアの農民改革へのロシア政府の対抗意識、およびベッサラビアの農民改革の外交戦略としての性格について考える。

一八三一年にレグラメント・オルガニクが制定されたドナウ二公国とは異なり、ベッサラビアではツァランと領主の関係は任意契約に基づくとされ、土地利用に対する労働や貢租に関する基準は法律で定められていなかった。しかし実際には、自由意志による契約とは名ばかりで、自分の土地を持たないツァランは不利な条件で重労働を強いられる立場にあり、領主は自由に彼らを土地から追放することができた。他方、領主はツァランが義務不履行のまま移住していくことに不満を持ち、彼らを領地に縛りつける法的手段を必要としていた。

ツァランと領主の両方からの請願を考慮し、政府は対策として一八三四年一月二四日付で「ベッサラビアのツァランもしくは自由農民に関する法令[48]」を発布した。これによると、領主とツァランとの間で交わされる任意契約は文書として作成され、ツァランに利用が許される土地の面積、その土地利用に対してツァランが負う義務、契約の有効期間(三年から二〇年まで)が明記されることが義務づけられた。

さらにこの法令では、村にツァラン管理機関を設置することが定められた。これは領地に住むツァランによる管理機関で、三〇〇～七〇〇世帯から構成される郷役場に設置され、ツァランから三年任期の郷長《ヴォロスナーヤ・ゴロヴァー》、二人の陪審員(スタルシナーもしくはザセダーチェリ)を選出し、郷を構成する村にはやはり三年任期の村長が選出されることが定められた。彼らの主な任務はツァランと領主の契約の履行を監視することで、ツァランが契約で定められた義務を果たさないまま他の領主の下へ移ることを防ぐ役目もあった。村の裁判でツァランを裁くのも彼らの仕事だった。裁判においては「農民代理人《ポセリャンスキー・ストリャプチー》」がツァランの利益を保護するとされた[49]。しかしツァランは文書による領主との契約を好まず、この制度は浸透しなかった。また貴族団長が郷長や陪審員の選出や承認に関与したため、ツァランに対する領主からの影響を排除することはできなかった[50]。

そのため、政府は一八四六年三月二七日付で「ベッサラビアの領主と領地に住むツァランの間に任意契約が締結されていない場合における双方の義務の規程[51]」を公布した。これが一般に「規範契約《ノルマールヌイ・コントラクト》」と呼ばれる規程である[52]。これによると、ツァランへの土地利用については、役牛を所有しないツァランには三ファリチ(約四・三ヘクタール)、一つがいの馬か牛所有には四ファリチ四一プラジン(約六・五ヘクタール)、二つがい所有には六ファリチ四二プラジン（約九・四ヘクタール）、三つがい所有には八ファリチ四三プラジン（約一一・二ヘクタール）、四つがい所有には一〇ファリチ四四プラジン（約一五・一ヘクタール）と定められた。賦役についても家畜数によって細かい規程が設定されたが、他方、領主が勝手にツァランを追放する権利が剝奪された。

しかし、この規程によってさらに領主と土地に縛りつけられることとなったツァランは猛反発し、結局は一八三四年令の文書契約と同様に十分に浸透しないまま、ツァラン改革まで口頭での契約が大半を占めていたのだった。[53] 内務省も「一八四六年の「規範契約」公布後もツァランの経済状態はいっこうに改善されていない」と認めざるを得なかった。[54]

一八六一年のデータによると、ベッサラビアにおける人口比率は、貴族一・二％（八六四九人）、聖職者二・一％（一万四六七五人）、ツァラン五八・六％（四〇万五四四六人）、レゼシ一二・三％（八万五〇八一人）、農奴ロマ一・六％（一万八四四人）となっており、土地所有の割合は、貴族六四・七％（二二七万二三六〇デシャチナ）、聖職者六・九％（二四万一九七〇デシャチナ）、レゼシ六・三％（二二万一九一デシャチナ）となっていた。[55] このうちベッサラビアで農奴とされたのはわずかな数のロマであり、ツァランは自由農民とされていたため、前節の郡改革の「重要原則」に対する回答で見たように、ベッサラビア貴族は農奴解放を不要と考えていた。[56] しかしアレクサンドル二世でさえ、ツァランが法的に自由農民でありながら、実はロシア人農奴と変わらない状態に置かれていることをよく知っていた。[57] したがって、ベッサラビアにおける農民改革は、まず農奴ロマそしてツァランの解放、という二段構えの体制で実施する必要があった。

まずは、農奴ロマの解放について審議が行われた。一八五八年一二月四日から一八五九年三月三一日までキシニョフに「ベッサラビア州の農奴ロマの状況改善に関する法案作成委員会」が設置され、解放法の検討が行われた。[58] その結果、一八六一年の農奴解放令では、ベッサラビアのロマについては土地なし解放となり、ツァランと同じ身分として「規範契約」による領地の利用のみを認める内容となった(59)。

続いてツァラン改革についての検討が開始された。一八六二年、総委員会は、ノヴォロシア・ベッサラビア総督の監督下でツァラン改革を行うための特別委員会をオデッサに設置することを決定した。メンバーは貴族から二人、修道院長から一人、ツァランから二人、内務省から一人、国有財産省から一人、農民代理人から一人の代表で構成され、ベッサラビア州の副知事が議長となった。しかしベッサラビア貴族の多くは土地分与に反対したため、委員会は結局「規範契約」とほとんど変わらない改革案を提示した。それによると、ツァランは領主の土地を利用しなければならず、そのために相互の契約による義務を負わなければならない、契約が合意に至らなければ調停吏が仲裁する、ツァランと領主の契約には一定の期限が定められ、期限が切れると領主はツァランを領地から追放する権利を持つとされた。

しかし内務省はこの案を却下した。一八六三年の報告でオデッサの総督コツェブエもまた、従来どおりの任意契約では領主からツァランを守ることは不可能だとする見解を示した(60)。ベッサラビア州知事もまた、一八六七年一二月二日付の報告書で、領主はできるだけツァランを土地なしで追い出そうとしており、ツァランは文書による契約を避けて可能な限り自分に有利な条件を領主から引き出そうとしているため議論が長引いている、と報告している(61)。ベッサラビアの各地でツァランが蜂起し、「規範契約」による隷属状態の廃止、無償の土地分与、領主からの完全独立、市民権の付与を要求した。シベリアやカフカースの国有地への移住を希望するツァランも多かった。最終的に政府は、分与地の面積の削減などを条件としてベッサラビアの貴族にツァランへの有償の土地分与を認めさせた(62)。

このようにして、一八六八年七月一四日付の「土地所有者、修道院その他宗教関連官庁の領地に住むベッサラビア州の農民(ツァラン)の土地制度に関する法令(63)」が公布された。ルーマニアの改革では解放された農民に土地の所有権が付与されたのに対し、ロシアではベッサラビアも含めて農民には償却が終わるまで「土地の用益権」を認めたに過ぎなかった。各郡の分与地の面積は、ホティン郡では八（約八・七ヘクタール）もしくは八・五デシャチナ（約九・三ヘクタール）、ヤシ郡は九・五デシャチナ（約一〇・四ヘクタール）、ソロキ郡は八もしくは九・五デシャチナ、オルゲエフ郡は八デシャチナ、キシニョフ郡は八もしくは九・五デシャチナ、ベンデル郡は一〇・五（約一一・五ヘクタール）もしくは一一・五デシャチナ（約一二・六ヘクタール）、アッケルマン郡では一三・五デシャチナ（約一四・八ヘクタール）と定められた。貢租も各郡で異なり、一デシャチナにつき二ルーブリ五〇カペイカから一ルーブリ二〇カペイカの幅で規定された。

　実際には、ベッサラビアの農民改革は、猛反発する現地貴族に大幅に譲歩しなければならず、隣国ルーマニアの農民と比べて著しく有利な改革ではなかったとされる。例えば、前述のように、ルーマニアの改革では解放された農民に土地の所有権が付与されたのに対し、ベッサラビアのツァランには償却が終わるまで「土地の用益権」が認められただけだった。しかもルーマニアと同様に、多くのツァランには規定以下の面積しか分与されず、償却についてもロシアの他県と同様に土地の価値よりはるかに高額を支払う結果になったとされる[64]。ただし、ロシアの他県の改革と比べると幾分の相違が見られた。例えば、他の県の多くが共同体の単位で土地が分与されたのとは異なり、ルーマニアのように各世帯に世襲地として分与されたため、ロシアの農村共同体のような定期的割替は行われなかった。また一八六一年令とは異なり、一八六八年令はツァランに分与地の受け取り拒否権や他人への譲渡権を認めていた[65]。これらの点で、ベッサラビアの農民は他県の農民とは異なる扱いを受けていたことがわかる。

　前述のように、このツァラン改革で重要な点は、ベッサラビアのルーマニア人農民の生活水準を隣国のルーマニア人農民の水準よりも高くするように、ロシア政府が心がけていたということである。

このような、ロシア領内に、ある民族が国境の内と外にまたがって分布している場合、民族を国境外の同一民族より高い生活水準に置こうとする方針は、実はベッサラビア特有のものではなくザバイカル州のブリヤート人統治にも共通して見られたものだった。

ブリヤート人とは、シベリアやバイカル湖周辺に住むモンゴル諸族の一つで、一七二七年のキャフタ条約でロシアと清の国境が確定して以来、清統治下の同胞とは異なる社会制度を構築することとなった[66]。よってロシア帝国においては、ブリヤート人もまた、ベッサラビアのルーマニア人と同様に、国境の変化によって分断されロシア領内に取り込まれた民族の一例と考えられていた。

このブリヤート人を統治するにあたり、この地域を統括していたプリアムール総督府(一八八四—一九一七年)[67]がその秘訣について記した文書がある。それによると、ザバイカル州は清との国境を挟んで隣り合っているのがわずかな数のモンゴル人遊牧民に過ぎないため、国境の安全は維持されているとして次のように述べている。

「モンゴル人遊牧民はロシア帝国領で比較的良好な条件で暮らしている同一民族のブリヤート人を羨望の眼差しで眺めている。したがって、ザバイカルの国境保全のために必要なのは、ただ我々のブリヤート人の生活水準を下げず、現在のように隣人のモンゴル人より経済的・法的な条件を高いまま維持することである[68]」

この事例は、ロシア政府が、国境地域の住民に域外の同一民族よりもよい条件を付与することで国境の安全を維持するという基本方針をとっていた可能性を示唆している。

しかし、ベッサラビアにおいては、問題は国境保全にとどまるものではなかった。序章で挙げたソ連期の歴史家ブダクやグロスルのベッサラビア研究は、このような生活水準引き上げ政策はバルカン進出のための外交政策だった、と指摘している(69)。ただし、彼らがその根拠としているのは、ベッサラビアの農民の生活状態を隣国よりもよくすべきとした前記のパーニンの言葉のみであるため、これが単なる国境維持政策ではなく対外進出政策だったとするに足る十分な論拠が示されているとは言い難い。

これに対し、本書が次に挙げる一八八六年のベッサラビア県貴族会議の報告書は、ベッサラビアの農民改革を成功させてバルカンへの勢力拡大の足がかりにしようという思惑を政府が抱いており、ベッサラビアの貴族自身もその事情をよく理解していたことを示唆する内容であり、ブダクらの見解を裏づけるものである。

その報告書は、一八六八年の農民改革を振り返り、政府がベッサラビアの「政治的かつ地理的状況に鑑み」た結果、自分たちベッサラビアの貴族が「祖国のために犠牲を捧げることを求められ」、他県の領主以上の負担を強いられたとして、次のように記している。

「隣国ルーマニアにおいて（中略）農民改革が実施され、ルーマニア政府は（中略）農民に領地を分配した。我々の政府は、政治的な理由から、隣国ルーマニアに遅れをとることはしたくなかったし、またできなかった。なぜなら、ベッサラビアはルーマニアから切り取られた領地の一片であり、東方におけるロシアの前哨地点《ペレドヴォイ・ポスト》であるため、ベッサラビアのルーマニア人住民を満足させ、ロシアのルーマニア人農民をルーマニアの農民が置かれている状態と同様に、いやさらによい状態に置く必要があったのだった。この必要性は、第一に、ルーマニア人住民をロシアでの生活に満足させるためであり、第二に、より政治的な観点からとして、ベッサラビアはまさにドナウおよびブルガリアに、つまりロシアのあらゆる正当な希求の対象である宿願の地《ザヴェトヌエ・メスター》に隣接しているためである。つまりベッサラビアを、ロシアでの状態と生活保障において、特に農民改革のような重

要な問題において、十分に満足させることが極めて重大だったのである」(70)（強調は原文どおり）

実際、後述のように、ロシアは特に一八六〇年代からオスマン帝国領のブルガリアに影響力を行使し、一八七七〜七八年の露土戦争後はオスマン帝国下の自治公国となったブルガリアの国政にも干渉を続けていた。したがって、ベッサラビアのルーマニア人住民を「満足させ」、彼らの関心を国境の外側ではなく内側に引きつけることは、ロシアにとって単なる辺境の統合政策にとどまるものではなく、バルカンの正教徒民族にベッサラビアのルーマニア人を「羨望の眼差し」で眺めさせ、正教圏の盟主としての威信を対外的にアピールするという外交戦略でもあったと考えられる。

このように、ルーマニアを意識して行われたベッサラビアの農民改革も郡改革と同様に、ロシア帝国の対外政策としての性格を持っていたのである。

## 第五節　ベッサラビアにおけるゼムストヴォ設置

さらにルーマニアにおける動きは、ベッサラビアへのゼムストヴォ導入にも作用していた。

西部諸県へのゼムストヴォ導入に関する松里公孝の研究によると、右岸ウクライナ（キエフ、ヴォルィニ、ポドリヤ三県）においてゼムストヴォ導入が一九一一年まで延期されたのは、現地のポーランド系貴族の勢力が強いために、ゼムストヴォがツァーリ政府に対する抵抗運動の道具となる危険があったためとされる。右岸ウクライナにはロシア人貴族がほとんど存在せず、優勢な位置を占めるのはポーランド人貴族とユダヤ人、そして農民はウクライナ人という構成であったため、ゼムストヴォを導入すればポーランド人とユダヤ人に議席を占められることは明らかだったからである。一九一一年にはゼムストヴォが導入されるが、それでもポーランド人議員が多数派となることを防ぐ差別選挙法を伴っていたとされる。(71)

他方、先行研究によるとベッサラビアのゼムストヴォ導入が延期されたのは農民改革の遅れが原因とされ、実際、農民改革が導入された翌年にはゼムストヴォ法が裁可されている。しかし、現地行政当局がゼムストヴォ導入を必要とした背景には、ルーマニアおよびバルカン、オーストリアにおける政情不安が絡んでいた。西部諸県のエリートたちがゼムストヴォの導入を求めた理由は、現地の近代化とウクライナ人農民の啓蒙の遅れがポーランド人やユダヤ人優位を助長しているという内政的な事情に絡んでいたのに対し、ベッサラビアの場合は、ルーマニアやバルカンなどの国外情勢が主要因となっていたのである。

さらにベッサラビアは、バルカンに面した国境地域として、ルーマニア人のみならずバルカン正教徒全体をロシアに引きつけ、隣接諸国に対してロシアの立場を代表しその政策の意図を代弁することを求められていた。例えば、ロシアへの併合直後、ロシア軍指揮官のＰ・Ｖ・チチャゴフによる、モルドヴァ貴族出身で初代ベッサラビア文民知事スカラト・ストゥルザ（在任一八一二―一三年）に対する特別指令によると、ペテルブルクがベッサラビアに対し、何よりも「バルカン諸民族の共感を呼び、彼らをロシアの味方に引き入れるための手本となるように」という任務を課したとされる。(72)

また前章で見たように、最初にイプシランティがエテリア蜂起の狼煙を上げたのはモルドヴァのヤシだったが、この直後にカポディストリアスはベッサラビア統治者のインゾフに秘密書簡（一八二一年三月一四―二六日付）を送っている。その書簡の中でカポディストリアスは、モルドヴァからの避難民の受け入れと国境警備強化をインゾフに命じ、さらに「ベッサラビアが単に平穏を維持しているというだけでなく、隣接地域に対して模範となること」[73]を皇帝が望んでおられる、と締めくくっていた。これは、ロシア南部国境に位置するベッサラビアが、周辺地域において非常事態が起こった場合には避難所としての安全性と包容力とを誇示する役割を期待されていたことを示している。

このように、ベッサラビア統治者は、隣国のルーマニア人の動向を意識するだけでなく、バルカンに面し、バルカン正教徒の一部を住民とするロシアの国境地域として、近隣諸国に対するモデルとなることを意識しなければならなかった。そして以下で見るように、併合から五〇年を経た「大改革」期にあっても、ベッサラビア現地権力は、国境の向こうから自分たちに向けられる視線を常に感じており、ゼムストヴォ設置を求める論拠としていたのである。

クザ政権が数々の改革を推進したことはすでに見たが、その強権的なやりかたは保守派のみならず急進自由派においても敵を増やす結果を招いた。ロセッティ率いる急進自由派はクザの即位と統一を歓迎したが、議会民主制を望む彼らは君主の権限を強化するクザから次第に離れ、保守派に接近していく。ロセッティが一八五七年に発行した新聞『ルーマニア人(ロムヌル)』はクザ統治下で発禁となり、彼自身も二度投獄される[74]。他方、最初の首相であった保守派指導者バルブ・カタルジウは農業改革に反対していたが、一八六二年五月に何者かによって暗殺された。保守派のラスカル・カタルジウ、急進自由派イオン・ブラティアヌ、穏健自由派イオン・ギカなどは議会の反対を押し切って農業法を成立させたクザに対する反発を強めていった。

この間、ロシアにおいても「大改革」は進行していた。一八六四年一月一日にゼムストヴォ設置法が公布されるが、前述のようにベッサラビアへの導入は農民改革の遅れから延期された[75]。

ベッサラビア行政当局はゼムストヴォ導入に賛成する立場をとっていた。ベッサラビア州知事ヴェリオは一八六三年七月六日付の上奏書において、「ゼムストヴォを導入すれば、親ルーマニアの傾向に対する反対勢力が強まることになるでしょう。貴族ではないロシア人土地所有者や、特に精力的なモルドヴァ主義反対者であるユダヤ人が、ゼムストヴォ議会に多数参加することになるからです。〔中略〕現在行われている大改革は、一方では、地域の法と正義のため、そして他方では、モルドヴァ民族の希求を少しずつ排除し、現在強まってきているモルドヴァ立憲主義の幻想を拭い去るために役立つのです(76)」と述べた。ヴェリオはゼムストヴォがベッサラビアの親ルーマニア主義を弱める道具になると考えたのである。

一八六四年にノヴォロシア・ベッサラビア総督のコツェブエは、ゼムストヴォ導入によって地方自治体と現地政府とのあいだに軋轢が生まれる懸念を表明しながらも、ゼムストヴォ導入に賛成の意を内務省に伝えた。

「ロシアの他の臣民が享受している権利を、同じロシア政府の統治下にいる自分たちに与えられないことに、ベッサラビアの住民が無関心でいられると考えることはできません。〔中略〕現在、ルーマニアの知識人層にクザの専制に対する強い憤激が起こっている今こそ、温情ある改革とリベラルな制度を施してやることで、ベッサラビアのモルドヴァ人をロシア政府により強く結びつける好機なのです(77)」

コツェブエがこのように主張したのには、前述のように、当時ルーマニアにおいてクザへの反発が強まっていた背景があった。ルーマニアでは一八六三年に急進自由派と保守の両方が手を結んだ「奇怪な連合《チンストルオアサ・コアリツェ》」が成立していた。この反体制グループがクーデタによってクザを国外追放するのは、コツェブエのこの報告書が書かれた二年後の一八六六年のことである(78)。大熱狂に迎えられて即位したクザの権威とカリスマ性が早くも揺らぎ、劇的な統一を果たしたはずのルーマニアが再び内紛の危機を迎えつつあることを察知したコツェブエは、ベッサラビアのルーマニア人住民のロシアへの関心を取り戻すチャンスは今しかないと訴えているのだった。

さらに、ベッサラビアの貴族団長N・M・クルペンスキーもゼムストヴォ導入の必要性を主張したが、その理由はもはやルーマニアとの関係にとどまるものではなかった。

「我々は帝国の端にいるため、我々の過失や些細な誤りの一つ一つが彼らにとっては勝利となるような国々に囲まれているのです。近隣諸国は、このベッサラビアの状態から、ロシア政府の行動全般について判断を下すのです。それなのに、そのロシア政府は、ベッサラビアの利害をロシアの他地域の利害と決定的に永久に結びつける必要があるということを忘れているか、もしくは全く知らないのです。〔中略〕オーストリアの荒廃と東方問題の発生は、今以上にベッサラビアにゼムストヴォを導入するにふさわしい時期はないことを明瞭に示しています(79)」

彼が指摘するように、オーストリアもまた激動の時期を迎えていた。クザが二重選出された数カ月後の一八五九年四月にオーストリアはフランスとサルデーニャ同盟軍との戦争に敗北し、ロンバルディアを失う。翌一八六〇年にはハプスブルク領のトスカナとモデナの両公国を併合したサルデーニャによって統一イタリアが誕生し、翌一八六一年にヴィットーリオ・エマヌエーレ国王が即位する(80)。同じくドイツ統一を目指すビスマルク率いるプロイセンはデンマークからシュレースヴィヒ・ホルシュテインを併合し、さらにその領地をめぐってオーストリアと争うこととなる。この時期にドイツがバルト諸国を併合する危険性を訴える声が強まったことはすでに見たとおりである。クザがクーデタで失脚した数カ月後に勃発した一八六六年六月の普墺戦争でもオーストリアは敗北し、参戦国であるイタリアに今度はヴェネツィアを奪われる。財政破綻と国家再編の必要を痛感したオーストリアが二重君主国を成立させるのは翌一八六七年のことである[81]。

さらに、特に「リソルジメント運動」と呼ばれるイタリア統一運動の成功とオーストリアの弱体化は、バルカンの諸民族にも活気を与えた。一八五九年、モンテネグロの支援を受けてボスニア・ヘルツェゴヴィナで蜂起が発生し、翌一八六〇年春から六二年にかけてバルカンのほぼ全土に拡大した。さらに一八六六年の普墺戦争とほぼ同時に起こったクレタ島の蜂起はバルカンに波及し、一八六七年にはセルビアを中心にバルカン同盟が結成されることとなる[82]。貴族団長クルペンスキーは、オーストリアが衰退しバルカン情勢が混乱している今こそ、辺境のベッサラビアにゼムストヴォを導入して国家統合を強め、ロシアの威信を対外的にアピールする好機だと主張していたのだった[83]。

このようにベッサラビアの現地権力は、内政状態のみならず、ルーマニアやオーストリア政情を意識しながらゼムストヴォを要求していた。また彼ら自身も、ベッサラビアが国境地域であるがゆえに、自分たちが周辺諸国から観察されロシアの行動全般を理解するための判断材料とされていることを意識させられていた。以上のことは、ベッサラビアのゼムストヴォ設置もまた、外交ファクター抜きには論じられない問題であることを示している。

本章では、ベッサラビアの「大改革」と対外政策との関係について考察した。ルーマニアの統一や改革に刺激されてベッサラビアのルーマニア人貴族の間で民族意識が高まったこと、現地行政当局がベッサラビアにおける親ルーマニア主義の高揚を意識して改革を中央に請願し、中央も隣国に対抗心を燃やして農民改革を実施したこと、さらに現地貴族がオーストリアの衰退やバルカン情勢と結びつけてゼムストヴォ設置問題を認識していたことが明らかとなった。

ロシアがモルドヴァ公国の一部しか獲得できなかったことで、ベッサラビアは「国境に位置し、隣国と同一の民族が半分以上を占める特殊な州」(ヴェリオ)となった。このことは、現地権力や中央がベッサラビアの内部事情だけに目を向けてベッサラビアの改革を論じることを不可能にした。ロシアは、ルーマニアの動向やベッサラビアの分離主義に目を配り、さらにはバルカン全体の中にベッサラビアを位置づけながら改革を進める必要に迫られたのだった。

ルーマニアの統一は、現地貴族、現地行政当局、そして中央政府にも、ルーマニアとロシアとを比較する視点をもたらした。バルカン正教諸国に隣接した帝国辺境においては、ロシアは絶対的な存在ではなく隣国と比較される相対的な存在だったのである。このことは、帝国の統合政策を中央と地方の関係ではなく、近隣諸国を含めた三角関係で捉え直さなければならないこと、またベッサラビアの「大改革」が内政のみならず、外交の視点からも考察されなければならないことを示している。

(1) *Заблоцкий-десятовский А. П.* Граф П. Д. Киселев и его время. Т. 1. СПб., 1882; *Гросул В. Я.* Реформы в дунайских княжествах и Россия (20–30 годы XIX века). М., 1966; L. E. Olson, "P. D. Kiselev and the Rumanian Peasantry: The Influence of the Russian Occupation on Agrarian Relations in the Danubian Principalities, 1828-1834" (PhD diss., University of Illinois, 1975); アンドレイ・オツェテァ編(鈴木四郎・鈴木学訳)『ルーマニア史2』恒文社、一九七七年、二六一―三〇頁、ジョルジュ・カステラン(萩原直訳)『ルーマニア史』白水社、一九九三年、三三―三五頁。

(2) モルドヴァ出身の歴史家、政治家。クザの退位後はカロル一世の統治下で内相や外相を務め、露土戦争後のルーマニアの独立に貢献する。

(3) モルドヴァの貴族出身。ヤシやパリで学び軍務を経験したのち一八四八年にはルーマニアで革命活動に参加。革命後はモルドヴァ公グリゴレ・アレクサンドル・ギカの庇護下でガラツィ市長などを務める。クーデタ後は主にウィーンとフィレンツェに住み、ドイツのハイデルベルクにおいて死去。ヤシに埋葬される。Petru D. Popescu, *Dicționar de personalități isto-*

rice (Bucureşti, 2001), 92-97.

(4) A. D. Xenopol, *Istoria Românilor din Dacia Traiană* (Bucureşti, n.d.), 54-59.

(5) *Роллер* (ред.) История Румынии. С. 278-292; *Березняков Н. В.* Революционное и национально-освободительное движение в Дунайских княжествах в 1848-1849 гг. Кишинев, 1955. С. 58-96.

(6) *Достян И. С.* (от. ред.) Формирование национальных независимых государств на Балканах конец XVII-70-е годы XIX в. М., 1986. С. 301-303.

(7) Vasile Maciu, "Organizarea mişcarii pentru unire în anii 1855-1857 în Moldova şi Ţara Romînească," *Studii: revistă de istorie* 12: 1 (1959): 61-62.

(8) モルドヴァ特別議会が統一を目指して掲げた五項目は、①公国の自治、②ルーマニアの国名での二公国の統一、③外国人世襲君主の擁立、④領土の中立、⑤「民族のあらゆる利益」の代表たる国民議会の立法権掌握であった。*Виноградов В. Н.* Россия объединение Румынских княжеств. М., 1961. С. 134-137, 178.

(9) カロル一世統治下で長く首相を務める。

(10) クザの土地改革の協力者。また在イスタンブル使節としてクザがオスマン帝国に二公国の統一を承認させたときに支援した。*Гросул В. Я., Чертан Е. Е.* Россия и формирование румынского независимого государства. М., 1969. С. 107-108; *Роллер* (ред.) История Румынии. С. 321, 327.

(11) *Виноградов В. Н.* Россия и объединение Румынских княжеств. М., 1961. С. 252-266; Barbara Jelavich, *Russia and the Rumanian National Cause: 1858-1859* (Bloomington: Indiana University Publications, 1959), 49-54. フランスはルーマニアへの影響力の拡大を狙ってドナウ二公国の統一に早くから協力的だった。*Варта И. С.* Проблема объединения Дунайских княжеств в 1855-1859 гг. во внешней политике франции: Автореф. дис. канд. ист. наук. М., 1989. С. 18-23.

(12) 国名が正式に「ルーマニア」(ルーマニア語ではロムニア)となるのは、カロル一世が即位し憲法が公布される一八六六年だが、ここではクザ統治下の合併公国についても便宜上ルーマニアの国名を用いる。

(13) *Достян И. С.* (от. ред.) Формирование национальных независимых. С. 314.

(14) 行政単位としての県(judeţ)とコムーナ(comună)、コムーナの四〜五ほど集合した管区であるプラーサ(plasă)が設置された。コムーナは最小の自治単位で、都市コムーナと村コムーナに分けられた。コムーナを統治するのはプリマール(primar)とコミューン議会(consiliu comunal)で、議員はコムーナの規模によって九～一七人おり、この中からプリマールが選出された。プリマールはコムーナの首長であると同時に中央政府におけるコムーナ代表でもあった。プラーサの首長はプレートル(pretor)で、村コムーナ行政、県行政との連絡役であった。このコムーナは全身分代表制で、土地所有者も農民も手工業者も平等にコムーナ行政に参加しており、同じ頃ロシアで導入された農民身分制の村団・郷とは全く異なるシステムだった。この制度は当時ルーマニアに併合されていたベッサラビア南部併合地にも導入され、一八七八年にロシアに再併合された後も廃止されず、ゼムストヴォは導入されなかった。

(15) 県は県議会(consiliu judeţean)とプレフェクト(prefect)が統括し、プレフェクトは県知事と警察長官を兼任した。Costică Voicu, Ion T. Amuza, *Istoria statului şi dreptului românesc* (Bucureşti, 2001), 304-306.

(16) 有権者は二五歳以上でコムーナ税を四八レイ以上支払っている男子を対象とし、参政権の幅が拡大された。

(17) 二〇～五〇歳のすべての男子を対象とした徴兵制度が導入された。

(18) また一八六〇年にヤシ大学、一八六五年にブカレスト大学が開設された。

(19) 特にオーストリアとイギリスが反発した。*Сторожук В. П.* К вопросу о внешней политике румынских объединенных княжеств в 1859-1866 гг. // Ученые записки Кишиневского Государственного Университета, Т. 73. 1964. С. 43-57.

(20) *Роллер* (ред.) История Румынии. С. 267.

(21) *Чертан Е. Е.* Великие державы и формирование румынского независимого государства. Кишинев, 1980. С. 35-37.

(22) *Роллер* (ред.) История Румынии. С. 328-329.

(23) クリミア戦争でロシアから割譲された、イズマイルなどを含むドナウ川沿岸の地域。モルドヴァに併合された面積は三二万八七九デシャチナで住民数は一二万七〇三〇人とされる。一八七八年の露土戦争後のベルリン条約で再併合した。コムーナ制度が導入されていたが、再併合後も廃止されずに残った。*Гросул Я., Будак И.* Крестьянская реформа 60-70-х годов XIX в. в Бессарабии. Кишинев, 1956. С. 195-209; *Урусов С. Д.* Записки губернатора: Кишинев 1903-1904 г. Berlin, n.d. С. 146-147.

(24) *Чертан Е. Е.* Великие державы и буржуазные реформы в Румынии в 1863-1865 гг. // *Гросул В. Я., Левит И. Э., Чертан Е. Е.* Балканский исторический сборник III. Кишинев, 1873. С. 142, 144; Voicu et al., *Istoria statului şi dreptului românesc*, 28; Vasile Vasilos, *Istoria Românilor* (Chişinău, 2003), 223; *Роллер* (ред.) История Румынии. С. 331-333; 木戸蓊『バルカン現代史(世界現代史24)』山川出版社、一九七七年、九八―九九頁。

(25) George Negru, *Ţarismul şi mişcarea naţională a românilor din Basarabia* (Chişnău, 2000), 123-125.

(26) Leonard C. Lundin, "The Road from Tsar to Kaiser: Changing Loyalties of the Baltic Germans, 1905-1914," *Journal of Central European Affiars* 10: 3 (1950): 223-255; Michael H. Haltzel, "The Baltic Germans," in Edward C. Thaden, ed., *Russification in the Baltic provinces and Finland, 1855-1914* (Princeton: Princeton University Press, 1981), 141; *Духанов М. М.* Остзейцы: Политика остзейского дворянства в 50-70-х гг. и критика ее апологетической историографии. Рига, 1978. С. 200; *Исаков С. Г.* Остзейский вопрос в русской печати 1860-х годов. Тарту, 1961. С. 75, 99.

(27) *Духанов М. М.* Россия и Балтийский вопрос в 60-х годах XIX века, Автореф. дис. канд. ист. наук. Москва-Рига, 1962. С. 16; *Долгоруков П. В.* Петербургские очерки: Памфлеты эмигранта 1860-1867. М., 1934. С. 281; *Нарочницкая Л. И.* Россия и войны Пруссии в 60-х годах XIX в. за объединение Германии «сверху». М., 1960. С. 198.

(28) *Нарочницкая* Россия и войны Пруссии. С. 196-198, 204.

(29) *Данилевский Н. Я.* Россия и Европа (New York: Johnson Reprint, 1966); *Самарин Ю.* Окраины России. Серия первая. Русское балтийское примориe. Вып. 1. Berlin, 1869, Вып. 2. Berlin, 1869, Вып. 3. Berlin, 1871; Hans Kohn, *Pan-Slavism: its history and ideology* (New York: University of Notre Dame Press, 1953), 146-166; 山本健三「オストゼイ問題における「ロシアの辺境」の衝撃」『ロシア史研究』第七六号、二〇〇五年、九九―一一七頁、外川継男・左近毅編『鞭のゲルマン帝国と社会革命(バクーニン著作集3)』白水社、一九七三年、九三―九五頁。

(30) *Морозова Е. Н.* У истоков земской реформы. Саратов, 2000. С. 95-96.

(31) *Морозова* У истоков земской реформы. С. 101.

(32) *Захарова Л. Г.* Самодержавие и отмена крепостного права в России 1856-1861. М., 1984. С. 100; Frederick S. Starr, *Decentralization and Self-Government in Russia, 1830-1870* (Princeton, N. J.: Princeton University Press, 1972),

140-156; Bruce W. Lincoln, *The Great Reforms: Autocracy, Bureaucracy, and the Politics of Change in Imperial Russia* (Dekalb, Ill: Northern Illinois University Press, 1990), 97-98.

(33) ANRM, fond 2, inv. 1, dosar 6784, fila 1-2verso.

(34) ANRM, fond 2, inv. 1, dosar 6784, fila 15-17.

(35) Starr, *Decentralization and Self-Government*, 156.

(36) ПСЗ-2. Т. 37. № 39087; 竹中浩『近代ロシアへの転換――大改革時代の自由主義思想』東京大学出版会、一九九九年、一二八―一二九頁、同「大改革期ロシアにおける地方自治制度の再編――一八五八―一八六四年」『スラヴ研究』第三九号、一九九二年、九七―一二九頁。

(37) ПСЗ-2. Т. 37. № 39087.

(38) ПСЗ-2. Т. 35. № 35890.

(39) ПСЗ-2. Т. 36. № 36660.

(40) ДАОО, ф. 1, оп. 139, спр. 52, арк. 1-2; ANRM, fond 2, inv. 1, dosar 7589, fila 1-4verso.

(41) ДАОО, ф. 1, оп. 139, спр. 52, арк. 25-26зв.

(42) ДАОО, ф. 1, оп. 139, спр. 52, арк. 7.

(43) ДАОО, ф. 1, оп. 139, спр. 52, арк. 28-28зв.

(44) ПСЗ-2. Т. 38. № 40340; ANRM, fond 2, inv. 1, dosar 7681, fila 35verso-36; ДАОО, ф. 1, оп. 139, спр. 10, арк. 24.

(45) *Будак И. Г.* Буржуазные реформы 60-70-х годов XIX века в Бессарабии. Кишинев, 1961. С. 130-131; ПСЗ-2. Т. 38. № 40066. 一六人の配置の内訳はキシニョフ郡に四人、オルゲエフ郡に二人、ベンデル郡に一人、アッケルマン郡に三人、ソロキ郡に二人、ヤシ郡に二人、ホティン郡に二人。一人当たり一〇〇〇ルーブリの支給とされた。ANRM, fond 88, inv. 1, dosar 1671, fila 2-3; ANRM, fond 6, inv. 9, dosar 1079, fila 3. しかし一八六七年には予審判事をさらに四人増やして二四人にしてほしいと希望している。Записки Бессарабского областного статистического комитета. Кишинев, 1867. С. 292.

(46) ДАОО, ф. 1, оп. 174, спр. 32, арк. 10.

（47）*Гросул Я., Будак И.* Крестьянская реформа 60–70-х годов XIX в. в Бессарабии. Кишинев, 1956. С. 42, 63.
（48）ПСЗ-2. Т. 9. № 6739.
（49）*Лашков Н. В.* Бессарабия к столетию присоединения к России, 1812–1917 гг. Кишинев, 1912. С. 69.
（50）ANRM, fond 2, inv. 1, dosar 3166, fila 1-3verso.
（51）ПСЗ-2. Т. 21. № 19881.
（52）ペ・ア・ザイオンチコーフスキー（増田冨壽・鈴木健夫訳）『ロシヤにおける農奴制の廃止』早稲田大学出版部、一九八三年、三八三頁。
（53）ДАОО, ф. 1, оп. 174, спр. 32, арк. 73в–10; *Гросул Я. С., Будак И. Г.* Очерки истории народного хозяйства Бессарабии (1861–1905 гг.). Кишинев, 1972. С. 69.
（54）*Гросул Я. С.* Труды по истории Молдавии. Кишинев, 1982. С. 72.
（55）*Гросул Я.* Крестьяне Бессарабии (1812–1861гг.), Кишинев, 1956. С. 113. 貴族の九一四領地のうち四九八領地（一〇〇万デシャチナ以上）が北部に集中し、三〇三領地（七二万デシャチナ）が中央部に位置し、一一三領地（五三万五〇〇〇デシャチナ）が南部のアッケルマン郡とベンデル郡にあった。北部諸県が最も多いが、南部は領地数が少ないが面積が広いことがわかる。*Гросул* Труды по истории Молдавии. С. 57.
（56）ANRM, fond 2, inv. 1, dosar 6784, fila 15verso–17, 59–59verso; ANRM, fond 88, inv. 1, dosar 1588, fila 51–59.
（57）*Будак И. Г.* Развитие капитализма в сельском хозяйстве Бессарабии в пореформенный период. Кишинев, 1954. С. 36.
（58）ANRM, fond 88, inv. 1, dosar 1512, fila 1–36.
（59）ПСЗ-2. Т 36. № 36673; *Гросул, Будак* Крестьянская реформа. С. 6, 15, 19; *Гросул, Будак* Очерки истории. С. 69.
（60）ДАОО, ф. 1, оп. 174, спр. 32, арк. 73в–10.
（61）ANRM, fond 2, inv. 2, dosar 155, fila 9verso.
（62）*Гросул, Будак* Крестьянская реформа. С. 51.
（63）ПСЗ-2. Т. 63. № 46133.

(64) ザイオンチコーフスキー『ロシヤにおける農奴制の廃止』三八四—三八六頁。

(65) *Гросул, Будак* Крестьянская реформа. С. 100-103.

(66) 清領のモンゴル人とは、宗教的なつながりが維持されていた。特にイルクーツク県のブリヤートにはロシア文化や正教が根づいていたのに対し、ザバイカル州のブリヤートには清領を経由してチベット仏教が浸透していたとされる。原暉之「シベリアにおける民族的諸関係——南シベリア遊牧民地帯を中心に」『史苑』第四二号、一九八二年、一—四一頁、伊賀上菜穂「「洗礼ブリヤート」から「ロシア人」へ——ブリヤート共和国一村落に見る帝政末期正教化政策とその結果」『ロシア史研究』第七六号、二〇〇五年、一一八—一三五頁。

(67) 一八五一年にチタを拠点とするザバイカル州が設置され、一八八四年にアムール州、ザバイカル州、沿海州を統括するプリアムール総督府がハバロフスクに設置される。荒井幸康「一九三〇年代のブリヤートの言語政策——文字改革、新文章語をめぐる議論を中心に」『スラヴ研究』第五二号、二〇〇五年、一四五—一七六頁、*Чимитдоржиев Ш. Б.* Бурят-монголы: история и современность. Улан-Удэ, 2001. С. 10-17.

(68) РГИА ДВ (Российский государственный исторический архив Дальнего Востока, Владивосток), ф. 702 [Канцелярия приамурского генерал-губернатора], оп. 1, д. 37, л. 103об. この史料は松里公孝教授からご提供頂いた。プリアムール総督府設置後まもない時期に書かれたとされる『プリアムール地域の行政業務計画(Программа деятельности администрации Приамурского края)』の1節。

(69) *Гросул, Будак* Крестьянская реформа. С. 42, 63.

(70) ANRM, fond 88, inv. 1, dosar 2090, fila 24-24verso.

(71) 松里公孝「一九世紀から二〇世紀初頭にかけての右岸ウクライナにおけるポーランド・ファクター」『スラヴ研究』第四五号、一九九八年、一〇一—一三八頁、同「右岸ウクライナにおけるゼムストヴォ問題一八六四—一九〇六——ポーランド貴族、総督、帝国政府」『ロシア史研究』第六八号、二〇〇一年、七—二五頁、同「ポロニズムと闘うコミッサールから農村啓蒙者へ——帝政下右岸ウクライナにおける調停吏制度」『スラヴ研究』第四九号、二〇〇二年、八一—一一〇頁。

(72) *Агаджанов С. Г.* (от. ред.) Национальные окраины Российской империи: Становление и развитие системы управления. М., 1998. С. 171.

(73) РГАДА, ф. 1261, оп. 1, д. 2582, л. 1об-2.

(74) *Роллер* (ред.) История Румынии. С. 338; *Виноградов В. Н.* История Румынии: нового и новейшего времени. М., 1964. С. 130, 138; Matei, Nikolescu *Istoria României în date*, 193.
(75) *Федоров Г. К.* Государственно-административное устройство и местное право Бессарабии (1812–1917 гг.). Кишинев, 1974. С. 67.
(76) Negru, *Ţarismul şi mişcarea naţională*, 123-125.
(77) *Будак И. Г.* Буржуазные реформы. С. 25-27.
(78) このクーデタの詳細については、志田恭子「ルーマニア人の統合」再考――一八六六年クーデタを中心に」『スラヴ研究』第五二号、二〇〇五年、二四一―二五九頁。
(79) *Будак И. Г.* Буржуазные реформы. С. 32.
(80) クリストファー・ダガン(河野肇訳)『イタリアの歴史(ケンブリッジ版世界各国史)』創土社、二〇〇五年、一六六―一九九頁。
(81) 篠原琢「「長い十九世紀」の分水嶺」南塚信吾編『ドナウ・ヨーロッパ史(新版世界各国史19)』山川出版社、一九九九年、二一七頁、木村靖二「近代社会の形成と国家統一」木村靖二編『ドイツ史(新版世界各国史13)』山川出版社、二〇〇一年。
(82) 一八六〇年代のバルカン諸民族の民族運動については、菅原淳子「バルカンにおける空間認識――一九世紀バルカンにおける民族運動の連動性」林忠行編『バルトとバルカンの地域認識の変容』北海道大学スラブ研究センター二一世紀COEプログラム研究報告集、第一三号、二〇〇六年、一五―三二頁。
(83) ベッサラビアへのゼムストヴォ導入は一八六八年一〇月二八日に公布され、翌一八六九年に実施された。ПСЗ-2. Т. 63. № 46404.

# 第四章　ビザンツ法文化圏のなかのベッサラビア

この章では、ベッサラビアの現地法をめぐる問題を取り上げる。ベッサラビアでは、モルドヴァ公国時代からビザンツ法に由来する現地法が機能していた。そしてこの現地法はロシアへの併合後も廃止されず、帝政崩壊までベッサラビアに帝国共通の法が完全に導入されることはなかった。ここでは、ツァーリ政府が、意図的にこの現地法を温存し、ベッサラビアのロシア化をあえて行わなかった可能性について指摘することを目指す。

かつてロシア出身のロシア・バルカン史の大家ドミトリー・オボレンスキーは、中世におけるバルカンやロシアなどのビザンツ文化圏を「ビザンツ共同体(ビザンティン・コモンウェルス)」と呼んだ(1)。また一四五三年のビザンツ帝国滅亡後、その伝統や文化を受け継いだ地域や民族を表す言葉として、ヨルガの著作の題名でもある「ビザンツ後のビザンツ」があることは序章で述べた(2)。ファナリオテスなどのギリシア人有力者層に国政や教会を席巻された経験を持つドナウ二公国は、ビザンツ帝国の文化・宗教的影響を色濃く残しており、特に最も顕著なビザンツ法継受国として知られていた。さらにビザンツ法は、ルーマニア人のみならず、ギリシア人やブルガリア人などオスマン帝国領の正教徒の間でも現行法としての生命を保っていた。

そして、モルドヴァ公国からロシアに併合されたベッサラビアも、当然のことながら、この「ビザンツ法文化圏」に属していた。[3] キエフ・ルーシはビザンツ帝国から正教を受容したにもかかわらず、法律面では大きな影響を受けなかったため、ビザンツ法を現地法とするベッサラビアは、ロシア帝国では特異な地域だった。[4]

ただし、当時のロシアにおいても、ロシア併合以前からの現地法が効力を持っている地域が他にもあった。例えば、以下で見るように、グルジアやアルメニアにおいては、ベッサラビアと同様に、ビザンツ法に由来する現地法が浸透していた。また一四世紀にリトアニア大公国の統治を経験しているウクライナのドニエプル川左岸のチェルニゴフ県とポルタワ県では、リトアニア法に由来する民事法がロシア統治下でも機能していた。[5] ベッサラビアについては、財産や相続に関わる民法に限って現地法をそのまま維持することが認められ、この特別措置は帝政崩壊まで廃止されることはなかった。

ところが実際には、現地ベッサラビアにおいて、ビザンツ法がすでに時代遅れで現状にそぐわないとして、何度か廃止が検討されていた。それにもかかわらずツァーリ政府は、現地法にかえて帝国共通の法律をベッサラビアに導入しようとはしなかったのである。

ベッサラビア現地法廃止をめぐって政府内でどのような議論が行われたのかを中央の文書館史料から詳細に解明することは今後の課題とする。しかし、少なくとも一八四三年の時点では、政府が現地法廃止の提案を却下した理由は、ベッサラビアに帝国共通の法律を導入するよりも、オスマン帝国領の正教徒民族と共有するビザンツ法文化を保存することを選んだためである可能性が高い。よってこの事例は、ツァーリ政府が、ベッサラビアをロシア化するよりも外交に利用することを優先したことを示唆するものである。

以下では、ビザンツ時代に端を発するベッサラビアの現地法の歴史、そしてロシア統治下におけるその廃止をめぐる問題を検証する。そして、帝国の膨張が辺境の統合に優先される可能性について指摘する。

## 第一節　ビザンツ帝国の諸法典

この節ではまず、ベッサラビアの現地法の法源であるビザンツ法について整理する。

一八一二年にベッサラビアが併合され、ナポレオン戦争が終結した一八一五年からベッサラビア統治規程の制定のために外務担当長官ヨアニス・カポディストリアスを中心とした委員会が設置された。この委員会の基本案を参考にしてまとめ上げられた最初の統治規程が、第二章で見た一八一八年四月二九日付ベッサラビア州設置規程である。そしてこの規程では、民事裁判における現地法の優先権がベッサラビア州に「永久に」下賜されることが定められていた[6]。すでに見たように、この統治規程はモルドヴァ語(ルーマニア語)を公用語として認めるなどベッサラビアのルーマニア人住民に寛容な内容であり、イオニア出身のギリシア人であるカポディストリアスが、ベッサラビアの法、慣習、風習を尊重するようにと主張したことがアレクサンドル一世に支持されたものと考えられる。

ベッサラビアの現地法としてロシア帝国に認知されたのは、六巻本とも呼ばれる『アルメノプロ法典』、簡略法令集と呼ばれ、教本としての性格を持つ『ドニチ法典』、そして『マヴロコルダト詔勅集』の三法典だった。これらの法典について分析する前に、まずその主な法源となっているビザンツ帝国の法律について知る必要がある。

ビザンツ皇帝ユスティニアヌス一世（在位五二七―六五年）による『ローマ法大全』はよく知られている法典である。ユスティニアヌス帝は即位してすぐに、宮廷法務官トリボニアヌスを委員長とし、首都の法学校の教授たちを編纂委員とした一〇人の委員会を発足させた。彼らはまず五二九年に全一〇巻の『ユスティニアヌス法典』を公刊する。この法典の基礎となったのは、『グレゴリアヌス法典』、『ヘルモゲニアヌス法典』そして『テオドシウス法典』の三法典だった。

『グレゴリアヌス法典』と『ヘルモゲニアヌス法典』は、ディオクレティアヌス帝（在位二八四―三〇五年）の治世に編まれた。前者は二九一年頃公刊され、後者は二九五年に法学者ヘルモゲニアヌスによって編纂された。テオドシウス二世（在位四〇八―五〇年）時代に編まれた『テオドシウス法典』は、三一二年以降の法令をまとめたもので、ローマ法大全以前の最も重要な法典とされる。四三八年にまず東ローマ帝国で、その後すぐに西ローマ帝国で出版されたとされ、東西ローマ皇帝の名で発布することによってローマ帝国の一体化の理念を強調した。しかし両帝国の隔たりは徐々に増し、『テオドシウス法典』の発布後は東ローマ帝国の法令は西側に送られなくなり、西ローマ帝国の法令も東側に届かなくなる。言語の違いも広がり、東ローマ帝国では公用語のラテン語に対してギリシア語の優位が次第に強まっていったのに対し、西ローマ帝国ではギリシア語の知識は薄れていった。(7)

この三法典にそれ以後に発布された法令を加えて体系化したものが、『ユスティニアヌス法典』だった。ここで扱われている法律は二八あり、その多くはラテン語で書かれているが、男性優位とされるローマ法と比べると、結婚に関する法令が女性の地位向上を反映するなど、ビザンツ法の特徴が見られ、また現地の慣習が反映されているとされる。

トリボニアヌス率いる委員会の法律編纂作業はさらに続き、五三三年には『ローマ法学説類集』（全五〇巻）が公刊される。さらに同年、その手引書として『法学提要』が編まれる。翌五三四年には、増補改訂版『改訂ユスティニアヌス法典』が公刊され、五二九年の初版は破棄される。また五三四年以降の法律が『新勅法』という百数十に及ぶギリシア語勅法の集成として公刊された。のちにこれらの法律が、まとめて『ローマ法大全』と呼ばれるようになる。[8]

これに続いて、七二六年（もしくは七四〇年）、「聖像破壊運動」で知られるイサウリア朝のレオン三世（在位七一七―四一年）が息子のコンスタンティノスとの連名で『エクロゲー（エクロイ）』法典を編纂した。エクロゲーとは「法の抜粋」という意味で、ラテン語で書かれた『ローマ法大全』を下敷きに、より扱いやすい手引書として、ビザンツ帝国の公用語のギリシア語で編まれたものである。また最初のキリスト教法典としての性格も持つ。

この法典の特徴は、婚姻制度にあるとされる。例えば離婚の禁止を初めて明文化したとされるが、これは氏族よりも夫婦の関係を重視し、核家族制度を広めるものであった。また夫を亡くした女性の財産を保護する規定などがあり、妻や子供の権利が擁護されるという特徴を持つ。[9] また刑罰に関する規定として、手・舌・鼻を切り落とすといった刑罰が現れるが、これはローマ法には見当たらないためビザンツの慣習からきたとする説がある。[10] この『エクロゲー』はわずか一八章の小型法典であるが、シチリアやイタリア南部、そして後述のように、セルビアなどスラヴ諸国の立法にも影響を与えた。[11]

続いて、「聖像破壊」のイサウリア朝の法典に対抗する形で、マケドニア朝のバシレイオス一世（在位八六七―八六年）がローマ法の復興に着手した。これは、ローマ法がビザンツ化してキリスト教色が強まる傾向に歯止めをかけるためだったとされる。[12] 彼によって『プロケイロン（プロヒロン）』と『エパナゴーゲー（エパナゴイ）』の二つの小型法典が公刊される。

『プロケイロン』は法律便覧を意味し、八七〇年から七九年の間にバシレイオスとその二人の息子コンスタンティノス、レオンの三人の連名で公刊された。ラテン語のユスティニアヌス法典のギリシア語による手引書であり、実際には『エクロゲー』に依拠するところが多かったとされるが、帝国滅亡まで広く利用され、スラヴ語に翻訳されてブルガリア、セルビア、ロシアでも権威を持った。『エパナゴーゲー』は法律序説という意味で、八八六年頃バシレイオス、レオン、アレクサンドロスの名で発布された。『プロケイロン』公刊の直後の発布であるため共通する部分も多いが、世俗と教会の一致と並存という正教会の理念を盛り込んでいるという重要な変化を持つとされる。これも『プロケイロン』と同様にスラヴ語に訳されてスラヴ世界に紹介された。

バシレイオス一世の息子である賢帝レオン六世(在位八八六—九一二年)は、新たな法典『バシリカ』を編纂し、八八八年頃に刊行した。『バシリカ』は帝国法という意味で、全六巻(六〇冊)に及ぶビザンツ帝国法の集大成であった。編纂作業を行ったのはシンヴァティオス率いる法律家の委員会で、彼らはギリシア語資料のみを参照しギリシア語で書いた。『ユスティニアヌス法典』や『ローマ法学説類集』、『新勅法』、さらにはバシレイオス一世の『プロケイロン』と『エパナゴーゲー』を法源としており、ローマ法大全にかわって広く用いられることとなる。[13]

そして一三四五年頃、テッサロニキの裁判官コンスタンティノス・ハルメノプロス(一三二〇—八三年)[14]がビザンツ帝国最後の法律便覧を編んだ。それが、のちにベッサラビアの現地法の一つ『アルメノプロ法典』となる『ヘクサビブロス(六巻本)』である。

『ヘクサビブロス』は、これまでビザンツ帝国で公刊された『エクロゲー』、『プロケイロン』、『エパナゴーゲー』そして『バシリカ』を下敷きとしていた。[15]また一一世紀に編纂されたコンスタンティノープルの最高裁判所での判決集成『ペイラ』や、土地と建造物に関する法令の集成であるユリアヌス・デ・アスカロンの『諸法』なども参照されているとされる。[16]これはビザンツ帝国崩壊後も影響力を保ち続け、一七四四年に近代ギリシア語の翻訳がヴェネツィアで出版され、また一八〇四年にはモルドヴァ公国の君主アレクサンドル・モルズィの命令で、ギリシア語からルーマニア語に公式に翻訳され、またロシアでは一八三一年にロシア語版が発行されている。(17)

## 第二節　ドナウ二公国におけるビザンツ法継受

この節では、ドナウ二公国の法制史について考察する。

ビザンツ帝国の崩壊後、ビザンツ法の強い影響を受け、その継受に最も大きな役割を果たしたのがモルドヴァとワラキアだった。この二公国にはギリシア人が統治者や聖職者として浸透し、ビザンツ法の流れを汲む数々の法典が数世紀にわたって編纂され続けてきたためである。(18)

ドナウ二公国が一四世紀半ばに成立するはるか以前の一〇六年、ダキアの地はトラヤヌス帝のローマ帝国の属州とされる。このときローマ法が普及したが、アウレリアヌス帝の時代の二七一年にローマ軍が撤退し、ローマ法も消えていったとされる。その後七〜一三世紀にこの地域はさまざまな民族の侵攻を受け、法律の発展の形跡は見られない。

モルドヴァ公国の君主ディミトリエ・カンテミール（在位一六九三、一七一〇―一一年）は、自著『モルドヴァ誌』において、モルドヴァ公国の法律が一五世紀にビザンツ帝国から受け継いだギリシア語法典に由来すると証言している。(19)実際、一五世紀初め、モルドヴァ公国の君主アレクサンドル一世（在位一四〇一―一三二年）は、ビザンツ帝国の法典『バシリカ』をもとにルーマニア語の法典の編纂に着手した。また裁判ではハルメノプロスの『ヘクサビブロス』が導入された。さらに相続などについては地元モルドヴァの慣習も取り入れられたとされる。

一七世紀半ばは、ルーマニア法制史にとって画期的な時代とされる。まずモルドヴァ公ヴァシレ・ルプ（在位一六三四―五三年）による一六四六年法律集が挙げられる。これは、ルプの命令で書記エウストラティエがラテン語・ギリシア語の成文法と地元モルドヴァの慣習法を融合させた一巻の法典を編纂し、首都ヤシにある修道院の印刷所で印刷したものである。『ヘクサビブロス』を含むビザンツ帝国の諸法典をベースにしており、ルーマニア法制史における最初の法典として位置づけられている。特徴としては、動産・不動産の問題など民法が充実している一方で、刑法が不十分であったとされる。またワラキア公国では、一六五二年にワラキア公マテイ・バサラブ（在位一六三二―五四年）の命令で編纂された『法令集』がティルゴヴィシュテで出版された。この法典は、ヴァシレ・ルプの法典や地元の慣習、ビザンツ法から引用しているとされる。

ドナウ二公国にファナリオテス制が導入された一八世紀には、ギリシア人を通じてさらにビザンツ法の影響が強まる。ギリシア人はオスマン帝国の統治下にあってもビザンツ法を維持し続けていたが、ハルメノプロスの『ヘクサビブロス』は特にファナリオテスが居住するファナル地区において人気を博していた。前述のように、『ヘクサビブロス』はドナウ二公国ですでに継受されていたが、ファナリオテスが君主としてドナウ二公国を統治するようになると、この法典はルーマニア人の間でさらに普及・定着していった[20]。

一七八五年一二月二八日にモルドヴァ公国のファナリオテス君主であるアレクサンドル・マヴロコルダトの詔勅集[21]が公刊された。これはのちのベッサラビア現地法の一つに数えられることとなる。また、前述のように一八〇四年にモルドヴァの君主モルズィが『ヘクサビブロス』をトマ・カラトという人物にギリシア語からルーマニア語に翻訳させて出版した[22]。

さらに、ベッサラビアがロシアに併合されたのちの一八一四年、モルドヴァ貴族のアンドロナケ・ドニチがヤシで簡略法令集を出版する。これは主に『バシリカ』などのビザンツ法典のギリシア語文献を参考にしているが、モルドヴァにおける慣習も引用しているとされる。モルドヴァでは正式な法典として認められていなかったが、前述のように、のちに『ドニチ法典』としてベッサラビアの現地法三法典の一つに数えられることとなる。(23)この法典は、ワラキアやトランシルヴァニアにも広く普及したとされる。(24)

この他にドナウ二公国で編纂された法典として、一七六五年にブカレストでミハイ・フォティオが公刊した『バシリカ』の新ギリシア語訳の要約書、一七八〇年にブカレストでギリシア語とルーマニア語で発行されたアレクサンドル・イプシランティの法典、一八一八年にブカレストで公刊されたギリシア語のギョルゲ・カラジャの法典、一八一七年にモルドヴァの君主スカラト・カリマキがヤシで発行したギリシア語の法典などがある。これらはすべてビザンツ法に基づくが、カリマキ法典は一八一一年に公布されたオーストリア一般民法の影響が強いとされる。(25)

こうして、第三章で見たように、統一君主クザが、ナポレオン法典やプロイセンの法を参考とした民法と刑法の導入を行う一八六四年まで、ビザンツ法はドナウ二公国で効力を保ち続けたのだった。(26)そしてクザがクーデタで退位し、カロル一世(在位一八六六―一九一四年)が即位した一八六六年、フランスやベルギーの立憲主義憲法をモデルとした憲法が制定されることとなる。

## 第三節　ビザンツ法文化圏の広がり

さらに、ビザンツ法という遺産の相続者は、ドナウ二公国にとどまらなかった。とくに後期ビザンツが生み出した簡約法典が媒介となって、さらに他のバルカン諸民族の間にビザンツ法が伝播することとなる。

一四世紀半ば、後世に大きな足跡を残した重要な三法典が立て続けに編纂された。

まず、当時のギリシア文化・芸術の一大中心地テッサロニキで、二つのビザンツ法典が公刊された。一つは、一三三五年にアトス出身の修道士マタイオス・ブラスタリオスが編纂した『シンタグマ』である。これは、八八三年にコンスタンティノープル総主教フォティオスが編んだとされるビザンツの教俗法（教会法と世俗の法律）の大全『ノモカノン』をアルファベット順に配列した集成で、世俗法である『バシリカ』や『プロケイロン』も盛り込まれていた。[27] そしてもう一つは、一〇年後の一三四五年にハルメノプロスが編んだ、前述の『ヘクサビブロス』である。

三つ目は、さらに四年後の一三四九年、セルビアの王ステファン・ドゥシャン（在位一三三一―五五年）が世に送り出した、セルビアの慣習法と『シンタグマ』を混合した『法典（ザコニク）』である。[28] ただし、セルビアではすでに君主ネマニャ（在位一一六八―九六年）の末子で初代大主教である聖サヴァが、フォティオスの『ノモカノン』と『プロケイロン』の翻訳を合体させた法律書を一二一九年に編纂しており、ビザンツ法はすでに浸透していたとされる。[29]

『シンタグマ』がセルビアに影響を与えた一方で、すでに見たようにハルメノプロスの『ヘクサビブロス』はドナウ二公国、そしてロシア語訳の『アルメノプロ法典』としてベッサラビアへと受け継がれた。

さらに『ヘクサビブロス』は、オスマン帝国の統治下の正教徒にも広く継受されることとなった。周知のとおり、オスマン帝国はキリスト教徒を民族に関わりなく一括してコンスタンティノープル総主教の管理下においた。このため、オスマン帝国統治下で正教徒の間にビザンツ法がさらに普及するという一見矛盾する結果となったのだった。特にファナリオテスの間で普及していた『ヘクサビブロス』は、ドナウ二公国に持ち込まれただけではなく、近代ギリシア語に訳されて何度も再版され、独立ギリシアにおいても一般民法として採択された。

一八二一年に口火を切った独立戦争は、ギリシアの近代法にとっても新時代の幕開けとなった。第一回国民議会が一八二二年一月一日にフランスの人権宣言に基づく主権在民の憲法を発布したが、最終的に民主的な憲法は一八二七年に初代大統領に選出されたカポディストリアス（在任一八二八―三一年）によって廃止された。一八〇四年のフランス商法はギリシア語に翻訳されてギリシア人商人の間で普及し、一八二三年にはフランス刑法を参考としたギリシア刑法が公布された。

しかし、フランス法を参考とした民法は、ギリシアには根づかなかった。カポディストリアスはビザンツ法を尊重し、一八三〇年八月一五日の勅令で『ヘクサビブロス』を民法として採用することを公布した。ロシアでベッサラビアの現地法の維持をアレクサンドル一世に進言したカポディストリアスは、祖国ギリシアにおいても『ヘクサビブロス』の継続使用を主張したのだった。

一八三一年にカポディストリアスが暗殺され、一八三三年にバイエルン王ルートヴィヒ一世の次男オットーがギリシア初代国王オトン（オットーのギリシア名）一世として即位する。オトンが未成年であったため、バイエルンから連れてきた摂政たちによる政治が一八三五年六月まで続くこととなる。

この間、摂政の一人であるドイツ人法律家のG・L・マウラーによって、法律と裁判制度の改革が実施された。マウラーは、一八三四年に裁判所構成法、刑法、刑事訴訟法、民事訴訟法を編纂したが、これらはバイエルンとフランスの法律を参照したものだった。民法については、マウラーは現地の慣習法を尊重した。彼は慣習法を収集して法典化したいと考えたが、一八三四年にバイエルンへ召還されたため、民法を制定しないままギリシアを離れざるを得なかった。このため、一八三五年二月二三日の勅令は、すでに起草が命じられている民法が公布されるまでは『ヘクサビブロス』に含まれるビザンツ法を民法として採択し、場合によっては慣習法を優先させる、と宣言した。(30)

しかし、その後も民法が公布されることはなかった。そしてフランスやプロイセンの近代的な民法の導入を訴える人々がいたにもかかわらず、ギリシアにおいてビザンツ法の使用が続いた。一八七四年に、フランス、イタリア、ザクセンの法に由来する民法が起草されたが、結局導入されなかった。二〇世紀に入っても状況は変わらず、モスクワ大学教授カッソが一九〇七年に出版した著作の中でも、ギリシアで『ヘクサビブロス』が現行法として適用されている、と記されている。[31]

さらに、ビザンツ法は廃止されるどころか、ギリシア王国が領土を拡大するたびに、王国の法律として相次いでその地に導入されていった。一八六六年にイオニア諸島に導入、一八八一年にオスマン帝国がテッサリアとイピロスの一部をギリシアに割譲したことにより翌一八八二年に導入、一九一四年にはエーゲ海諸島、クレタ島、マケドニアにギリシア王国の法律が導入された。[32] 結局オトンが約束した民法が公布されたのは、第二次世界大戦後の一九四六年二月二三日だった。オトンの一八三五年勅令から実に一一一年後のことである。この新民法はオーストリアの法律を基礎としており、これをもってギリシアではビザンツ法が完全に失効することとなる。[33]

ブルガリアでも同様にビザンツ法が浸透した。ブルガリアは、ボリスの治世の八六五年にビザンツ帝国からキリスト教を受容した。ビザンツ帝国から大モラヴィア王国(現在のチェコ)へ伝道に派遣されたキュリロスとメトディオス兄弟は、「スラヴの使徒」としてよく知られている。しかしフランク王国の影響が強かったモラヴィアでは彼らの活動は実を結ばず、親ラテン派国王スヴァトプルクは二人の弟子たちを追放した。これを知ったボリスは、彼らをブルガリアに招聘し、ブルガリアへのギリシアの影響力を抑えようと考えた。[34]

こうして八八五〜八六年にスラヴ語典礼書を携えたクレメンスとナウム率いる一団がブルガリア入りした。彼らはスラヴ語を話す聖職者の育成、そしてスラヴ語訳の典礼書の普及に着手した。翻訳にはキュリロスとメトディオスがスラヴ人への伝道のために考案したグラゴール文字が使われていたが、のちに弟子たちが発案したキリル文字が使われるようになる。特にマケドニアのオフリドにある聖パンテレイモン修道院は、聖職者養成と翻訳事業の中心地となった。[35] ビザンツ法の翻訳も行われ、『エクロゲー』や『プロケイロン』のスラヴ語訳もブルガリアで行われたとされる。またオスマン帝国統治下のブルガリアにおいても『ヘクサビブロス』が裁判で用いられた。[36]『シンタグマ』も同様に伝播しており、一四世紀のブルガリア語訳が見つかっている。[37]

さらに前述のように、ビザンツ法はザカフカースの正教徒民族にも継受されていた。グルジアにおいては、ベッサラビアと同様に、ビザンツ法を法源とする現地法『ヴァフタング六世法典』が浸透していた。これは、カルトリ王国（東グルジア）のヴァフタング六世（在位一七一六―三七年）が編纂した法で、ビザンツ法の他に聖書やアルメニアの法律なども参照されていた。[38] また北西グルジアのサメグレロの住民にも『ノモカノン』や『シンタグマ』が受け継がれた。そしてアルメニア人は『エクロゲー』を継受した。彼らはロシア帝国に併合されたのちも、これらのビザンツ法を一九世紀半ばすぎまで維持したとされる。[39]

前述のように、『シンタグマ』の影響を受けたセルビアだったが、一八三〇年に自治公国となり、一八四四年にオーストリアとフランスの法をモデルとした民法を制定し、ビザンツ法文化圏から脱退した。[40] 前述のとおり、ドナウ二公国も統一ルーマニアとなったのちに司法改革を行い、セルビアと同様にビザンツ法の影響下から脱したのだった。

それでも、ロシア帝国内のベッサラビア、グルジア、アルメニアと同様に、ギリシア、ブルガリアにおいても依然としてビザンツ法は現行法としての地位を保っていた。したがって、少なくとも一九世紀半ばまでは、ビザンツ法文化は正教文化と並んでポスト・ビザンツ世界を結び合わせる紐帯の一つだったと考えられる。

## 第四節　ベッサラビアの現地法と一八四三年廃止論議

この節では、これらのビザンツ法とモルドヴァ公国の法典を法源としたベッサラビアの現地法について整理し、前述の一八四三年の廃止論議について検討する。

一八二六年一月二六日付で、早急にすべてのベッサラビア現地法を提出するようにとの命令が、元老院からノヴォロシア・ベッサラビア総督ヴォロンツォフへ下った。ベッサラビアの民事裁判を円滑に取り仕切るために、現地法のロシア語翻訳を政府主導で行うことが目的だった。

ヴォロンツォフからベッサラビアの現地法について詳細な説明を求められたベッサラビア州当局は、三法典『アルメノプロ法典(ヘクサビブロス)』、『ドニチ法典』そして『マヴロコルダト詔勅集』それぞれの内容について解説した。特に『アルメノプロ法典』がもともとギリシア語で書かれており、モルドヴァ語の翻訳版の正確さについては保証できない、また『ドニチ法典』はローマ法にモルドヴァの慣習を融合させているものだが、民事裁判で頻繁に適用されてきた経験から、不十分な内容であることが判明した、と述べる。さらにベッサラビアには体系化された法典も慣習も存在しない、と断言している。ヴォロンツォフは元老院にこれらの解説内容を報告し、「ベッサラビア行政に携わるロシア人役人はモルドヴァ語もギリシア語も知らないのだから、ロシア語翻訳はどうしても必要である」という自分の意見を伝えた(41)。

この年、ロシア外務省アジア局に『アルメノプロ法典』と『ドニチ法典』のロシア語翻訳が委任された。彼らは『アルメノプロ法典』のルーマニア語訳が信頼できないという回答を得たことから、ギリシア語の原本である

『ヘクサビブロス』を入手して翻訳に着手した。しかしロシア語翻訳が終わって校正する段階になって初めて、底本が古典ギリシア語のオリジナルではなく、近代ギリシア語による不正確な翻訳書だったことが判明したため、急遽古典ギリシア語版を探し出して注釈を付記することとなった[42]。このような作業を経て、一八三一年にペテルブルクの元老院付属の印刷所で『アルメノプロ法典』と『ドニチ法典』のロシア語訳が印刷され、ベッサラビアの各裁判所に配布された[43]。

『ヘクサビブロス』もしくは『アルメノプロ法典』は、全六巻から構成され、多くの章に分かれている。民法、刑法、公法や、財産、裁判についてなど多岐にわたる内容となっている。その概要を示すと、第一巻(全一八章)は、ローマ法に関する短い歴史と民法が中心で、誓約、証人、文書、契約、未成年、女性、奴隷、民事訴訟など。第二巻(全一一章)は、財産権と所有の権利について、税、逃亡者、捕虜、養子、貿易法など。第三巻(全一一章)は、義務、売買、抵当、預金、雇用など。第四巻(全一二章)は、家族法、婚姻、財産など。第五巻は遺言と後見、相続について、そして第六巻は、損害・損失、刑法(姦通、家畜泥棒、墓荒らし、人身売買、殺人、毒殺、刑罰など)についてだった。

他方、『ドニチ法典』は四二章一一五節から構成される小型法令集で、売買、賃貸、利子、担保、保証、婚約、結婚、持参金、契約など民法が中心となっている。したがって主に民事裁判において用いられたとされる[44]。

三つ目の現地法とされた『マヴロコルダト詔勅集』は、ベッサラビアの州都キシニョフにある神学校の学長イリネエムによってロシア語に翻訳され、キシニョフの教会の印刷所で印刷され、一八二七年一〇月に出版された。これはロシア語・ルーマニア語の併訳となっており、一八五四年に『アルメノプロ法典』が再版されたときに収録された。この詔勅集は全二章の構成で、第一章は土地所有農民(レゼシ)の法的身分や土地所有に関してであり、第二章は領地やロマに関する内容とされる[45]。

しかし、ベッサラビア行政が「ベッサラビアには体系化された法典も慣習も存在しない」と断言したことからわかるように、ベッサラビアが併合される以前のドナウ二公国において、これらの法律が裁判で適用されていたかどうかは別問題であった。ロシア帝国の法律学者のなかには、『アルメノプロ法典』も『ドニチ法典』も法典と呼べるようなものではなく、ロシアに併合される以前のベッサラビアに現地法など存在していなかったという見解を示す者すらいた(46)。

実際、一八世紀のドナウ二公国に関する記録によると、「モルドヴァとワラキアでは、あらゆる訴訟が君主の独断によって、君主の利益か大臣たちの陰謀に基づいて決定されている。最も多く君主の寵臣にお金を渡した人が訴訟に勝つことができる。証拠や法律など、裁判において何ら重要な意味を持っていない。判決は口頭で述べられることがほとんどで、めったに文書化されない。たまに書かれるとしても紙切れに殴り書きされるだけで役に立たないうえ、書いたものを保管するための文書館も官房も存在しない」という状態だったとされる(47)。

さらに、『アルメノプロ法典』と『ドニチ法典』はビザンツ法典を下敷きとしているため、古代ローマやビザンツ帝国の奴隷、異教徒、宦官に関する法など、一九世紀の社会状況に適合しない面が多々あった。その上、意味不明な法令や、法令同士の食い違いも見られた。

例えば、『アルメノプロ法典』のある法令では、少年が一四歳、少女は一二歳で自分の財産を管理できるとされ、別の法令では二五歳で成年となり、二四歳の人への借用証明書は無効だとされている。そして、このような法律上の矛盾が訴訟に利用され、混乱をきたすこともあった。例として、ある二五歳未満の人妻が自分の土地を隣人に売り、正当な金額を受け取った。不動産売買公正証書では夫も連名となっており、夫がこの売買を承諾していたことは明らかだった。ところが数年後、この女性は土地を売った相手に言いがかりをつけ、当時は二五歳未満の未成年だったので軽率に安く土地を売ってしまった、現地法では未成年が不利な契約で財産を売った場合には、成年に達したときに訴訟を起こす権利がある、として裁判に訴えたというケースがあったとされる。また、ある法令では借金で利子をとることは破門に値する重罪となっているにもかかわらず、別の法令では、ロシア法でさえ六％の利子であるところを一〇％や一二％の利子をとるとしている。さらには、「売買において、年齢と契約次第では、値段をだましても許される」、「夫は妻に贈り物をすることは禁じられるが、愛人に贈ることは許される」など、ほとんど犯罪的で理解不能な内容も見られた。あるロシアの法学者は、『アルメノプロ法典』はローマ・ビザンツ法の最も無秩序な寄せ集めで、もはや法とも呼べない「合法的な無法状態」とでも呼ぶべきありさまだ、と述べている(48)。

それにもかかわらず、ベッサラビアの現地法を保存するという決定は、一八一八年の『ベッサラビア州設置規程』に続いて、一八二八年の『ベッサラビア州統治規程』においても確認された。ただし、この規定の第六三項で、「民事裁判については基本的に現地法を適用し、現地法では不十分と思われた場合にはロシアの法律を適用する。しかしイズマイル郡とアッケルマン郡はモルドヴァ人がいないので、この二郡での民事裁判においてはロシア法を適用する」という留保がつけられた(49)。しかし、具体的にどのような民事裁判で現地法を用いるのか、いかなる基準をもって「現地法では不十分」だと判断するのか、南部のイズマイル郡とアッケルマン郡にはモルドヴァ人がいないからロシアの法律を適用するとあるが、それはつまりモルドヴァ人住民にしか現地法を適用しないということか、それともこの二郡以外では民族にかかわらずすべての住民に対して現地法を適用するということなのか、など解釈に問題が残された(50)。

また、現地法を補うために、部分的なロシア法の導入が行われた(51)。一八二三年には時効について、一八二九年には証書作成の規定について、一八三六年には競売による財産の売却と未成年者の財産売却について、一八四二年には土地の買戻しと所有開始の期間について、ロシア法が導入された。

またこの一八四二年には、ベッサラビアの現地法を分析した最初の注釈本がオデッサで出版された。これは、『ベッサラビアの現地法、一八四二年六月二一日のリシュリュー・リツェイでの記念集会における助教授で法学修士のウラジーミル・リノフスキーの演説』[52]という本で、法令の解釈のみならず、古代ローマやビザンツの法律の歴史、ドナウ二公国におけるビザンツ法の継受の歴史、ドナウ二公国における裁判の方法などを紹介することで、ベッサラビア現地法のルーツを解明している。ベッサラビア現地法に関する著作はその後いくつか出版されるが、このリノフスキーの本はそれらの先駆けとなるものであり、出版後すぐに話題となって行政や司法機関に配布されたほどだった。[53]

しかし、この本が出版されて一年経つか経たないかのうちに、ベッサラビア現地法を廃止して帝国共通の法律を導入しようという最初の大きな動きが起こる。

それは、一八四三年に起こった妻の持参金をめぐる訴訟が引き金となったものだった。多額の債務を抱えた夫の財産が差し押さえられたときに妻の持参金は保護されるかという問題が争点となり、長い審議を経てようやく四年後の一八四七年一二月一五日付の勅令によって、今後一年以内に妻が持参金について役所に申請した場合は、夫の財産が差し押さえにあっても保護される、しかし届出のなかった持参金については保障されない、と定められた。[54]

この裁判が複雑だったために、ベッサラビア現地法の廃止をめざす動きが現地から起こった。第二章で見たように、ロシアへの併合後、ベッサラビアにおける裁判はロシア人判事が取り仕切っていた。これまで時代遅れの現地法に悩まされてきたベッサラビア州民事裁判所は、この持参金をめぐる面倒な訴訟が持ち上がったとき、現地法を廃止する好機が訪れたと考えたのである。州民事裁判所は、元老院にベッサラビアへのロシア法の導入を上申し、ベッサラビアの現地法は「おびただしい矛盾点をもつ時代錯誤の代物で、存在そのものが支離滅裂で、人々の財産や福利を保障するものではなく、訴訟におけるトリックやごまかしのために利用され、裁判に悪い影響を及ぼし、人々の信頼を裏切るものだ」と訴えた。[55]

しかし、ベッリラビアの現地貴族は、モルドヴァ時代から受け継がれた現地法の廃止に反対の立場をとった。そこで元老院は、ベッサラビア州知事P・I・フョードロフにこの問題を検討するように命じた。

フョードロフは、現地法の廃止に反対するベッサラビア貴族の立場を擁護して、次のような見解を示した。「ベッサラビアの民事法は、長い間この地域に根づいており、モルドヴァ人にとっては代々から続く財産をめぐる利害に密接に結びついており、その廃止とロシア法の導入という問題は、現地住民ではない役人やロシア人貴族によって公正に判断することができる問題ではありません。なぜなら彼らは、現地法を廃止して裁判を簡略化することしか考えていないからです[56]」。

結局、ペテルブルクも現地法の廃止案を却下した。元老院は、一八四七年、現地法廃止の必要性は見出せないとし、「今後もアルメノプロ法典、ドニチ法典、詔勅集という現地法のロシア語訳を使い続けることとする。そして現地法では不十分な場合にはロシア法を適用することとする」と決議し、国家評議会もそれを支持した。[57]前述の一八四七年一二月一五日付で裁可された妻の持参金に関する新規定の文中においても、この決議が再確認されている。

このような決議に至るまで元老院や国家評議会でどのような議論が行われたかを、中央の文書館の史料から解明することは今後の課題とする。しかし、フョードロフがカフカース総督兼ノヴォロシア・ベッサラビア総督のヴォロンツォフへ宛てた報告書(一八四七年四月三〇日付)の中に、国家評議会において行われた議論の内容の一部を見出すことができる。

その報告書によると、国家評議会は、ベッサラビアの地域利益のためにも不備の多い現地法を整備して秩序立てる必要性があると判断したが、これに対して法務大臣が、現時点でベッサラビア現地法を改定することは適当でないとして独自の見解を展開したとされる[58]。

このとき法務大臣は、法律の廃止という問題が慎重に扱われるべきだとして、「ベッサラビアの現地法には確かに多くの問題点があるが、法の不正確な適用というものは、法の不完全さが原因というよりも、しばしば裁判官の未熟さや知識不足によるところが大きい。〔中略〕時と経験だけが、変更もしくは廃止すべき法令がどれであるかを示してくれる。〔中略〕独断的な法令の変更・廃止は、共同社会のあらゆる問題や関係性に影響を与えて、住民側の当然の不満を引き起こすことになるだろう」と主張した。さらに、法務大臣は以下のように述べたとされる。

「ベッサラビアの現地法を帝国共通の法律に接近させることは、ゆっくり行うべきである。〔中略〕何より、ベッサラビア住民の風習と習慣を少しずつ変えることによって行うべきである。〔中略〕決してベッサラビアとドナウ二公国そしてヨーロッパ・トルコとアジア・トルコの全キリスト教徒諸民族との緊密な精神的《ヌラーフストヴェンナヤ》つながり《・スヴャズィ》を忘れてはならない。ベッサラビアの法律の補完と改正は、その伝統的な基盤にのっとり、急激にではなく少しずつ行い、彼らのつながりを破壊するのではなく強めるものでなければならない[59]」

ベッサラビア現地法の廃止が争点となっている以上、ここで述べられている「ベッサラビアとドナウ二公国やオスマン帝国領のキリスト教徒との伝統的な基盤や精神的なつながり」とは正教文化ではなく、ビザンツから受け継いだ教会法・世俗法を含む法文化全般を示唆していることは間違いない。すでに見たように、ビザンツ法はドナウ二公国のみならずオスマン帝国領のギリシア人やブルガリア人にとっても共通の遺産だったからである。

また、この決定が、単なる司法上の判断ではなく、ベッサラビアとバルカンなどの正教圏との文化的紐帯を保持しようという戦略的な意図によるものであることは疑いない。

この法務大臣の発言が決定的な要因となって一八四七年の決議に至ったのかどうかについては、現時点では解明できない。しかし、本来であれば一刻も早く帝国全土に共通のロシア法を普及させるべきだと主張してしかるべき立場の法相が、ベッサラビアの現地法の廃止ではなくビザンツ法文化圏の維持を主張したという事実は注目すべきことである。この事例は、ツァーリ政府がベッサラビアを統合・ロシア化するよりも、従来ベッサラビアが持っていたバルカンとのつながりを外交に利用することを優先した可能性を示唆するものである。

## 第五節　司法改革と現地法問題

この節では、司法改革に伴って再び現地法廃止問題が浮上し、最終的にベッサラビアに司法改革が導入されたが、現地法は温存されることとなった経緯について考察する。

アレクサンドル二世の「大改革」期、司法改革の導入の問題と並行して、ベッサラビアの現地法の廃止と帝国共通のロシア法の導入について議論が再び高まった。今回はクリミア戦争前の一八四三年廃止論議のときとは異なり、ツァーリ政府はベッサラビア現地法を全面的に廃止してロシア法を導入することを望んでいた。

他方、ベッサラビアの貴族や法律家たちは、帝国共通の司法制度をベッサラビアに導入することに肯定的な立場をとりながらも、現地法を維持したいと考えていた。つまり現地法を廃止せずに司法改革を導入することを望んだのである。そのために現地法の不備や矛盾を補正し、秩序立った法典として仕上げる必要性を感じた彼らは、一八六三年、「キシニョフ法律協会」を設置し、現地法を維持するための法整備を行うこととなった。しかし、ベッサラビアへのロシア法の導入を望む中央政府がこの活動を支持しなかったため、キシニョフ法律協会は成果を挙げることができなかった。

オデッサ総督コツェブエは、司法改革の導入には賛成だが、現地法を法典化することは避けるべきだ、これまでどおり現地法をロシア法とともに維持するとしても体系化はすべきでない、という見解を示した。これは、現地法の完全撤廃とロシア法の導入を主張するのに比べると、ベッサラビアの現地貴族に対して妥協的な立場だった。

ベッサラビアの現地貴族は、現地法法典化の望みを捨てなかった。一八六六年一月二五日の貴族会議において、彼らは、「ベッサラビア現行の法律は、アレクサンドル一世によって保存が認められ、住民の意識と慣習に深く根づいたものである。しかしこれまで一つにまとまった法典としての体裁をとらずにきた。したがって、ベッサラビアに司法改革を導入するために、この現地法を整備しなければならない」と訴え、そのために州貴族団長を筆頭とする法律専門家による特別委員会を設置し、アルメノプロ、ドニチ、マヴロコルダトなどすべての法典と、ベッサラビア併合後に改正された全法律を法典化してロシア帝国の法典に追加する、という特別決定を下したのである。さらに貴族団が五〇〇〇ルーブリの資金をこの特別委員会に寄付した[60]。こうしてベッサラビア現地法法典化の作業が再開されたのだった。

この委員会のメンバーは、オデッサ控訴院の裁判長A・A・シャフマノフ、モスクワ大学法学修士のA・N・エグーノフ、そのほか民事裁判所、刑事裁判所、商業裁判所の判事、州の検事など法律の専門家集団だった。彼らはベッサラビアの現地法を整備して新しい法令集を作成する希望を県知事に表明し、現地法を現在の訴訟に適用可能な法令と不可能な法令とに大別し、今後も保存する法令のみロシア法典に追加するという計画案を提出した。一八六九年、委員会の成果としてエグーノフの著作『ベッサラビアにおける現地民法全集』がキシニョフで出版された[61]。

しかし、エグーノフの著作はベッサラビア現地法の法典化に対する「最後の公式の試み[62]」となった。またしてもペテルブルクが法律委員会の動きを牽制したのである。法務省、内務省、財務省そして国家評議会がこの問題を検討し、「ベッサラビアの地域的特殊性を少しずつ目立たなくする方向を目指しているのに、ベッサラビア現地法を法典として編纂することは、その方向からの後退を意味する。また現地の特殊性を認めて法律化してしまうことになる。そうなると、この地域の特殊性を排除してロシアへ完全融合《ポールノエ・スリヤーニエ》するまでに時間がかかることになる」として、ベッサラビア貴族団と法律委員会の請願を却下したのだった[63]。

こうして、ツァラン改革が実施された直後の一八六九年四月八日付で、ベッサラビアに司法改革の導入が決定された。ベッサラビアはオデッサ控訴院管区に編入され、キシニョフ地方裁判所が開設されることとなった[64]。

ところが、ベッサラビア現地法についてペテルブルクが最終的に下した判断は、法典化を認めないかわりに廃止も行わないという、いわば痛み分けの決着だった。政府は、現地法を法典として編纂しようという現地の動きを封じ込めるため、これまでどおり現地法の適用を認めるという譲歩を示したのだった。譲歩の理由は不明であるが、前出のモルドヴァ研究者ブダクは、ペテルブルクや現地行政当局がベッサラビア貴族との関係の悪化を避けようとした可能性を指摘している[65]。また、この一八六〇年代末にはバルカンの民族運動や汎スラヴ主義が盛り上がっていたため、一八四七年のときのように国外の正教徒民族との連帯を損ないたくないという外交的な思惑が絡んでいた可能性もあるが、それについては今後の課題とする[66]。

いずれにしても、ベッサラビアに司法改革が導入された後も現地法は温存されることとなった。そして結局、帝政崩壊までベッサラビアへの帝国法の完全導入が実施されることはなかった。アレクサンドル一世が「永久に」ベッサラビアの現地法を認めるとした一八一八年の約束は、少なくともロシア帝国が存続したその後一〇〇年間は遵守されたことになる。

　皮肉なことに、ベッサラビアの現地法を廃止したのはロシア帝国ではなくルーマニアだった。一九一八年にルーマニアはベッサラビアを併合し、その一〇年後の一九二八年に現地法を廃止している[67]。すでに見たように、ベッサラビア貴族たちが現地法の法典化を目指していた一八六〇年代に、ドナウ二公国はルーマニアとなってビザンツ法文化圏を脱した。そしてベッサラビアは、「本国」ルーマニアがヨーロッパ近代法文化圏への仲間入りを果たしたのちも、ビザンツ法に由来する現地法を二〇世紀まで保存し続けていたのである。

　以上の考察で、少なくとも一八四三年の段階においては、ロシアがベッサラビアをロシア化するよりも、そのオスマン帝国領の正教徒との紐帯としての価値を重視した可能性があることを示した。

　しかし、ツァーリ政府がベッサラビアに見出していた最大の利用価値とは、法文化を介したオスマンの正教徒との「精神的なつながり」ではなく、修道院領を介した「財政的なつながり」のほうだった。次の第五章では、ロシアがベッサラビアの統合・ロシア化よりも膨張を優先したことをより明確に示している修道院領問題について検討する。

(1)　Dimitri Obolensky, *The Byzantine Commonwealth: Eastern Europe, 500–1453* (Crestwood: St. Vladimir's Seminary Press, 1971), 13-14.
(2)　他にポスト・ビザンツとしてのルーマニアの役割を論じた研究として以下を参照。Gary Vikan, "Byzance après Byzance: Luke the Cypriot, Metropolitan of Hungro-Wallachia," in Lowell Clucas, ed., *The Byzantine Legacy in Eastern Europe*

(New York: Distributed by Columbia University Press, 1988), 165–184.

(3)　鈴木輝二『EUへの道——中東欧における近代法の形成』向学社、二〇〇四年、一七九頁。なお原文では「ビザンチン法文化圏」であるが、ここでは用語統一のため「ビザンツ法文化圏」とした。

(4)　ただし、一一～一二世紀に編纂されたキエフ・ルーシ最古の法典『ルースカヤ・プラウダ』には、ビザンツ法『エクロゲー』と『プロケイロン』の影響がある。一六四九年の『アレクセイ法典』にもビザンツ法が影響しているとされる。田中周友『世界法史概説』有信堂、一九五〇年、二五六—二六七頁、L・シュルツ(塙浩訳)「ロシア法制史概説」『西洋諸国法史(上)(西洋法史研究・塙浩著作集9)』信山社、一九九二年、六五九—六六〇頁、草加千鶴「ルースカヤ・プラウダ簡素本の起源と意義」『創価大学紀要』平成一六年度、二八七—三〇四頁。[http://www.soka.ac.jp/graduate/bunkei/kiyou/15_syakai9.pdf](以下本章URLの最終閲覧日は二〇〇八年六月三〇日)

(5)　特に第三リトアニア法典(一五八八年)は一八一一年に元老院によってロシア語版が公刊され、ウクライナなどの旧リトアニア領で広く普及したとされる。ДАОО, ф. 1, оп. 140, спр. 111, арк. 163в.; Об особенностях гражданского права полтавской и черниговской губерний // Журнал министерства юстиции. № 6. 1867 июнь. С. 435–440; *Квачевский А.* Законы черниговской и полтавской губерний и новый суд // Журнал гражданского и уголовного права. Кн. 1. 1875. С. 51–36; Свод законов Российской империи, повелением Государя императора Николая Первого составленный. Т. 10. Ч. 1. СПб., 1857.

(6)　ПСЗ-1. Т. 35. № 27357. С. 226–227.

(7)　ゲオルグ・オストロゴルスキー(和田廣訳)『ビザンツ帝国史』恒文社、二〇〇一年、七九一—八〇頁。

(8)　尚樹啓太郎『ビザンツ帝国史』東海大学出版会、一九九九年、一六七—一六八、一九五—一九九頁、井上浩一「ビザンツ——千年帝国のあゆみ」井上浩一・栗生沢猛夫『ビザンツとスラヴ(世界の歴史11)』中央公論社、一九九八年、二八—二九頁。

(9)　井上浩一「ビザンツ」八二—八三頁。

(10)　ゲオルグ・オストロゴルスキー『ビザンツ帝国史』二一五—二一六頁、尚樹啓太郎『ビザンツ帝国史』三六七頁、*A Manual of Later Roman Law The Ecloga, Ad Procherion Mutata: Founded upon the Ecloga of Leo III and Constantine V, of Isauria, and on the Procheiros Nomos of Basil I, of Macedonia, Including The Rhodian Maritime Law edited in 1166 A.D.* rendered into English by Edwin Hanson Freshfield (Cambridge: Printed at the University Press, 1927), 136–

140.

(11) E・H・フレシュフィールド(塙浩訳)「法典エクロガの解説と翻訳」『ビザンツ法史断片(西洋法史研究・塙浩著作集16)』信山社、一九九八年、一八三―三二八頁。

(12) E・H・フレシュフィールド(塙浩訳)「法典プロケイロス・ノモスの解説と翻訳」『ビザンツ法史断片』三二九―五〇六頁、J・ドゥ・マラフォス(塙浩訳)「法典エパナゴゲの解説」『ビザンツ法史断片』五三九―五五九頁。

(13) 井上浩一「ビザンツ」一〇一頁、オストロゴルスキー『ビザンツ帝国史』三一二―三一四頁、尚樹啓太郎『ビザンツ帝国史』四三六―四三八、四四〇―四四一頁、西村重雄「ビザンツ法源研究」『法制史研究』第三九号、一九八九年、一八五―二〇三頁、Shaun Tougher, *The Reign of Leo VI (886-912): Politics and People* (Leiden, New York: Brill, 1997), 32, 36, 115.

(14) この人名は、古代ギリシア語ではコンスタンティノス・ハルメノプロス、ルーマニア語ではアルメノポル、ロシア語ではアルメノプロと表記されている。ここでは人名はハルメノプロス、ベッサラビアの現地法についてはロシア語読みの『アルメノプロ法典』で統一する。

(15) *Пергамент С. Я.* Приданое по Бессарабскому праву, опыт комментария законов Арменопула и Донича. Одесса, 1901. С. 5-7; *Липшиц Е. Э.* Законодательство и юриспруденция в Византии в IX-XI вв. Ленинград, 1981. С. 55, 60-79; オストロゴルスキー『ビザンツ帝国史』六二一頁。

(16) P・コリネ(塙浩訳)「ビザンツ法史要略」『ビザンツ法史断片』二八頁。『ペイラ』については、大月康弘「バシレイオス二世新法再考――一〇世紀ビザンツ皇帝の財政問題と教会政策」『経済学研究』一橋大学研究年報、第四〇号、一九九八年、二〇七―二〇八、二二四―二二五頁。[http://hermes-ir.lib.hit-u.ac.jp/rs/bitstream/10086/9256/1/HNkeizai0004001830.pdf]

(17) ソロヴィエフ(塙浩訳)「ギリシャ正教諸地方におけるビザンツ法の影響」『神戸法学雑誌』第二九巻、第三号、一九七九年、三三七―三九四頁、Valentin Al. Georgescu, *Bizanţul şi instituţiile româneşti pînă la mijlocul secolului al XVIII-lea* (Bucureşti, 1980), 114-115.

(18) Pan. J. Zepos, "Byzantine Law in the Danubian Countries," *Balkan Studies* 7: 2 (1966): 343-356.

(19) Dimitrie Cantemir, *Descrierea Moldovei* (Bucureşti, 2001), 141.

(20) ソロヴィエフ「ギリシャ正教諸地方におけるビザンツ法の影響」三六八頁。

(21)　Horia C. Matei, Nicolae C. Nikolescu, *Istoria României în date* (Chişinău, 1991), 154.　当時のドナウ二公国における詔勅(フリソフ、ロシア語でグラモタ)は、①農業問題、賦役期間など、②階級別の社会的地位、③国土・国庫、④司法・裁判制度、の四種類に分類される。*Зинаида Лупашку* История румынского государства и права. Кишинев, 2003. С. 73; Записки Бессарабского статистического комитета. Т. 3. Кишинев, 1868. С. 13-31.

(22)　*Лупашку* История румынского государства. С. 74.

(23)　Costică Voicu, Ion T. Amuza, Bogdan Stanciu, *Istoria statului şi dreptului românesc* (Bucureşti, 2001), 193-196.

(24)　塙浩「東欧中欧法史雑記――波、羅、布、土各国法史抄および東部中欧中世ローマ法継受史抄」『西洋諸国法史(上)(西洋法史研究・塙浩著作集9)』信山社、一九九二年、四三九頁。

(25)　P・J・ゼポス(塙浩訳)「ギリシャ法提要――その法史、近代法学および近代法、特に民法典」『産大法学』第一八巻、第一号、一九八四年、一六三―二五七頁。

(26)　クザの法制改革については、Voicu, et al., *Istoria statului şi dreptului românesc*, 288-295.

(27)　ソロヴィエフ「ギリシャ正教諸地方におけるビザンツ法の影響」三四四―三四六頁、Radoman Stankovic, “The Code of Serbian Tsar Stephan Dusan,” [http://www.dusanov-zakonik.co.yu/uvode.htm]; Apostolos E.Vacalopoulos, *A History of Thessaloniki* (Thessaloniki, 1972), translated by T. F. Carney, 50; idem, *History of Macedonia, 1354-1833* (Thessalonica, 1973), translated by Peter Megann, 33-34, 80.

(28)　Obolensky, *The Byzantine Commonwealth*, 411-412; *Александар Соловјев* Историја словенских права: Законодавство Стефана Душана цара срба и грка. Београд. 1998. С. 386-387.

(29)　ソロヴィヨフ「ギリシャ正教諸地方におけるビザンツ法の影響」三五三―三五四頁。

(30)　Caroula Argyriadis-Keregan, “Byzantine law as practice and as history in the nineteenth century,” in David Ricks, Paul Magdalino, eds., *Byzantium and the Modern Greek Identity* (Aldershot: Ashgate, 1998), 35-47; Konstantinos D. Kerameus, Phaedon J. Kozyris, *Introduction to Greek Law* (Athens: Sakkoulas, 1988), 7-8; A. G Chloros, *Yugoslav Civil Law: History, Family, Property* (Oxford: Clarendon Press, 1970), 13-26.

(31)　*Берг Л. С.* Бессарабия: Страна-люди-хозяйство. Кишинев, 1993. С. 72; *Кассо Л. А.* Византийское право в Бессарабии, М., 1907. С. 69-70.

(32) しかし一八四一年のイオニア民法、一八九九年のサモス民法、一八八〇年と一九〇四年のクレタ民法など、フランス、イタリア、ザクセンの法をモデルとした従来の法律も並行して用いられたため、ギリシア王国の法律との間で係争が起こったとされる。ゼポス「ギリシャ法提要」二〇八―二〇九頁、Kerameus, Kozyris, *Introduction to Greek Law*, 8.

(33) ゼポス「ギリシャ法提要」一六三―二五七頁、塙浩「東部中央ヨーロッパ法史略説および第一次世界大戦終了後から一九八〇年までの『東ヨーロッパ』諸国における法統一と法典編纂に関する要説」『西洋諸国法史(上)(西洋法史研究・塙浩著作集9)』二八九―二九一頁、鈴木輝二『EUへの道』一七九―一八一頁、鈴木輝二「バルカン・南欧における西欧法の継受」『社会体制と法』第五号、二〇〇四年、四四―四九頁。

(34) 栗生沢猛夫「スラヴ――その多様性の源泉」井上浩一・栗生沢猛夫『ビザンツとスラヴ(世界の歴史11)』二九五―三〇〇頁。

(35) ロバート・ブラウニング(金原保夫訳)『ビザンツ帝国とブルガリア』東海大学出版会、一九九五年、二〇九―二一二頁、John Meyendorff, *The Byzantine Legacy in the Orthodox Church* (Crestwood: St. Vladimir's Seminary Press, 1982), 24-25; Dimitri Obolensky, *The Byzantine Inheritance of Eastern Europe* (London: Variorum Reprints, 1982), 148-168.

(36) ブラウニング『ビザンツ帝国とブルガリア』二四四―二四五頁、ソロヴィエフ「ギリシャ正教諸地方におけるビザンツ法の影響」三三七―三九四頁、トラジャン・ヨナシュク、ヴァレンティン・Al・ジョルジュスク(塙浩訳)「西欧におけるローマ法の継受の形態と東欧におけるビザンツ法の継受の形態との同一性と差異」『産大法学』第一七巻、第四号、一九八四年、九五―一四五頁、栗生武夫『西洋立法史』和田電子出版、二〇〇一年 [http://home.q02.itscom.net/tosyokan/data/KURYU/KURYU003.pdf]; Francis Dvornik, *Byzantine Missions among the Slavs: SS. Constantine-Cyril and Methodius* (New Brunswick, New Jersey: Rutgers University Press, 1970), 280; John Meyendorff, *Byzantium and the Rise of Russia* (Cambridge: Cambridge University Press, 1981), 18.

(37) *Турилов А. А., Флоря Б. Н.* Христианская литература у славян в середине X–середине XI в. и межславянские культурные связи // *Флоря Б. Н.* (от. ред.) Христианство в странах восточной, юго-восточной и центральной европы на пороге второго тысячелетия. М., 2002. С. 408; ソロヴィエフ「ギリシャ正教諸地方におけるビザンツ法の影響」三五二頁。

(38) この法典は一八五九年に廃止される。*Дзидзигури Ш. В.* (глав. ред.) Законы Вахтанга VI. Тбилиси, 1980. С. 13-

18, 24.

(39) ソロヴィエフ「ギリシャ正教諸地方におけるビザンツ法の影響」三三七—三九四頁、Ani Davtyan, "Patterns of Civil Procedural Legislation Development in the Countries of Former USSR (Armenia): Principles of Civil Procedure," 1-11. [http://www.jura.uni-sb.de/projekte/Bibliothek/texte/Davtyan.pdf]; Mark Merlino, "The Post-Byzantine Legal Tradition: in Theory and in Practice," Bilkent University Library, 26. [http://www.thesis.bilkent.edu.tr/0002537.pdf]; Besarion Zoidze, "From the History of the Creation of the Civil Code of Georgia," *Georgian Law Review* 1 (June, 2003): 105 [http://www.geplac.org/publicat/law/glr03n1eng/Zoidze%20Eng.pdf]. またエチオピアはアフリカ最古のキリスト教国として知られるが、エチオピアの法典『フェタ・ナガスト(諸王の法)』は世俗法の分野でビザンツ法の影響を受けているとされる。これは『諸王の法』の基礎となっているエジプトのコプト派の『サフィーの集成』(一二四〇—一二五〇年頃)が、『エクロゲー』などを法源としていたことによる。ゼポス「ギリシャ法提要」一八三頁; Stanley Z. Fisher, "Traditional Criminal Procedure in Ethiopia," *The American Journal of Comparative Law* 19 (1971), 709-746. エチオピア法に関しては、石川博樹氏(東京女学館大)からご教示を頂いた。

(40) Chloros, *Yugoslav Civil Law*, 29-40. セルビアの近代法制については、伊藤知義の一連の研究がある。「セルビアにおける封建制の展開とその廃止」『札幌学院法学』第一三巻、第一号、一九九六年、八三—一一〇頁、「「トルコ」憲法制定以前のセルビア裁判制度」『札幌学院法学』第一三巻、第二号、一九九七年、四三—六八頁、「セルビア民法(一八四四年)の成立背景」山畠正男先生・五十嵐清先生・藪重夫先生古稀記念論文集『民法学と比較法学の諸相II』信山社、一九九七年、三八七—四一五頁、「セルビア民法典(一八四四年)の比較法的位置づけ」『比較法研究』第五九号、一九九七年、一七〇—一七六頁、「セルビアにおける民法継受とその婚姻法の非「近代」的要素」『社会体制と法』第五号、二〇〇四年、二八—四三頁。またモンテネグロの法典については、高橋眞「バルカン地域における慣習法研究とモンテネグロ一般財産法典について——デューリツァ・クリスティッチ教授講義要旨」『京都大学教養部政法論集』第一〇号、一九九〇年、六七—七七頁、バルタザール・ボギシッチ(難波讓治訳)「モンテネグロ民法典について——その制定について採用された原則及び方法に関する小論」『京都大学教養部政法論集』第一〇号、一九九〇年、七九—九三頁。

(41) ДАОО, ф. 1, оп. 214, спр. 6, арк. 4-12зв. なおベッサラビアの現地法と司法制度の概要は、『ブロックガウス=エフロン百科事典』の「ベッサラビア現地法とベッサラビアにおける司法機関設置(Бессарабские местные законы и устройство

судебной части в Бессарабии)」の項目に詳しい。

(42) ANRM, fond 3, inv. 2, dosar 101, fila 3verso; *Пергамент С. Я.* Спорные вопросы Бессарабского права, опыт комментария законов Арменопула и Донича. Одесса, 1905. С. 4.

(43) О местных Бессарабских законах. Речь, произнесенная в торжественном собрании ришельевского лицея, 21-го июня 1842 года, Адьюнктом, Магистром законоведения Владимром Линовском. Одесса, 1842. С. 29–30.

(44) О местных Бессарабских законах. С. 31–37; *Шимановский М. В.* О местных законах Бессарабии. Одесса, II. 1888. С. 64–65.

(45) О местных Бессарабских законах. С. 37–38.

(46) *Пергамент С. Я.* О примении местных законов Арменопула и Донича. СПб., 1905. С. 3, 11, 24.

(47) О местных Бессарабских законах. С. 16.

(48) *Егунов А. Н.* Местные гражданские законы Арменопула и Донича. СПб., 1905. С. 148–153, 171.

(49) ПСЗ-2. Т. 3. № 1834.

(50) *Егунов А. Н.* Местные гражданские законы Бессарабии. СПб., 1881. С. 159–180; *Гроссман С. М.* Местные законы Бессарабии. СПб., 1904. С. 13.

(51) *Пергамент С. Я.* О применении местных законов. С. 11; *Шимановский М. В.* О местных законах Бессарабии. Одесса, I. 1887. С. 20–22.

(52) О местных бессарабских законах. Речь, произнесенная в торжественном собрании ришельевского лицея, 21-го июня 1842 года, Адьюнктом, Магистром законоведения Владимром Линовском. Одесса, 1842.

(53) ANRM, fond 2, inv. 1, dosar 3971, fila 3.

(54) ПСЗ-2. Т. 22. № 21794; *Егунов А. Н.* (ред.) Записки бессарабского областного статистического комитета, том третий. Кишинев, 1868. С. 9–15; *Егунов А. Н.* Сборник местных в Бессарабии узаконений по предметам гражданского права. Кишинев, 1869. С. 36–38; *Семенов Ю. И.* (ред.) Национальная политика в императорской России: Цивилизованные окраины (Финляндия, Польша, Прибалтика, Бессарабия, Украина, Закавказье, Средняя Азия). М., 1997. С. 245–246.

(55) ДАОС, ф. 1, оп. 215, спр. 11, арк. 5-15.
(56) ДАОО. ф. 1, оп. 215, спр. 11, арк. 41зв-42.
(57) *Егунов* А. 1606 ст. 2 ч. X т. и бессарабские местные законы // Журнал гражданского и торгового права. Кн. 3. сентябрь. 1871. С. 531-532; *Шимановский* О местных законах. I. С. 49-50.
(58) この文書中に法務大臣の名は言及されていないが、当時の法相はパーニン(在任一八三九―六二年)である。第三章で、農民改革においてベッサラビアの農民をルーマニアの農民よりも高い生活水準に置くようにと指示した人物。またカポディストリアス大統領時代の一八二九～三〇年にギリシアでの勤務経験を持つ。Министерство юстиции за сто лет 1802-1902: Исторический очерк. СПб., 1902. С. 66-89.
(59) ДАОО, ф. 1, оп. 215, спр. 11, арк. 78-81.
(60) ДАОО, ф. 1, оп. 140, спр. 44, арк. 13-45зв; *Будак И. Г.* Буржуазные реформы 60-70-х годов XIX века Бессарабии. Кишинев, 1961. С. 131-132.
(61) この第二版は一八八一年にペテルブルクで『ベッサラビア現地民法』という表題で出版された。*Егунов А. Н.* Местные гражданские законы Бессарабии. СПб., 1881.
(62) *Шимановский* О местных законах. II. С. 51. ただし、ベッサラビア現地法の注釈書はその後も数多く出版された。オデッサのシマノフスキーはベッサラビア現地法の不備を指摘しながらも、廃止ではなく整備すべきとの立場だった。*Шимановский М. В.* Указатель судебным решениям по вопросам местного бессарабского гражданского права. Одесса, 1887. С. 4.
(63) *Будак И. Г.* Буржуазные реформы. С. 133-134; *Шимановский М. В.* О местных законах. II. С. 50.
(64) 司法におけるルーマニア語の使用についても貴族から請願が出されたが却下され、通訳を介して裁判が行われた。ДАОО, ф. 1, оп. 140, спр. 44, арк. 13, 14зв; *Будак И. Г.* Буржуазные реформы. С. 152-153.
(65) *Будак И. Г.* Буржуазные реформы. С. 149.
(66) 例えば、一八五七年にモスクワに設置された「スラヴ慈善委員会」はI・S・アクサーコフやM・P・ポゴージンが中心となり、一八六七年に設置されたペテルブルク支部ではチュッチェフ、ダニレフスキー、ドストエフスキーなどが中心となった。その後さらに一八六九年にキエフ支部、一八七〇年にオデッサ支部が設立される。また一八六七年にはモスクワでスラヴ会議が開催された。鳥山成人『ロシアとヨーロッパ――スラヴ主義と汎スラヴ主義』白日書院、一九四九年、一四一―一四二頁、勝田吉太郎『近代ロシヤ政治思想史――西欧主義とスラヴ主義』創文社、一九六一年、六五二―六五七頁、大矢温「チュッチェフと一八六七年スラヴ会議」『ロシア思想史研究』第一号、二〇〇四年、九五―一〇六頁、Michael Boro Petrovich, *The Emergence of Russian Panslavism 1856-1870* (New York: Columbia University Press, 1956), 111-125; Jelena Milojkovic-Djuric, *Panslavism and National Identity in Russia and in the Balkans, 1830-1880: Images of the Self and Others* (New York: Distributed by Columbia University Press, 1994), 61-95; *Никитин* С. А. Славянские комитеты в России в 1858-1876 годах. М., 1960.

(67) *Будак И. Г.* Буржуазные реформы. С. 150.

# 第五章　ロシアの正教外交とベッサラビア外国修道院領

この章では、ベッサラビアにおける修道院領の国有化問題について検討する。これは、ロシアが対外戦略をベッサラビアのロシア化に優先させたことを顕著に示す事例である。

かつてモルドヴァ公国領だったベッサラビアには、モルドヴァ君主たちが正教の聖地（聖山アトス、[1]エルサレム聖墳墓教会、[2]シナイ山など）[3]に寄進した領地が数多く存在し、これらの領地は献納修道院領と呼ばれていた。[4]ロシアは、ベッサラビアを併合したのちも、この外国修道院領の運営を聖地から派遣されてきたギリシア人聖職者に全面的に委任していた。よって外国修道院領で労働していたのはベッサラビアの農民だったにもかかわらず、膨大な領地収入はすべてギリシア人聖職者の手に渡っていた。

しかし、クリミア戦争後の「大改革」期以降、ベッサラビア県ゼムストヴォが、この外国修道院領を国有化して領地収入を現地のために運用しようという動きを起こし、領地管理権のゼムストヴォへの移管を要求するようになる。また、ベッサラビアではロシア語教育が普及しておらず、修道院領からの膨大な収入で学校の建設を進めたなら、ベッサラビアのルーマニア人住民のロシア化に役立つことは明らかだった。

それにもかかわらず、ツァーリ政府は、ベッサラビアの外国修道院領の国有化を最後まで認めなかった。帝政が崩壊するまで、その領地収入は、ベッサラビアのロシア化のためにはほとんど投入されることなく、国外の正教聖地へ助成金として譲渡され続けたのである。

実は、このベッサラビアの外国修道院領は、ロシアにとって重要な外交資源だった。正教聖地名義の領地を自国領内に持つということは、聖地とギリシア人聖職者勢力に対して財政的な強みを握ることを意味していた。逆に、この領地の所有権を聖地から取り上げてベッサラビアのゼムストヴォに移管することは、聖地から反発を招くばかりか、彼らに影響力を行使する手段を手放すことになる。それは、バルカンや近東におけるロシアのプレゼンスの維持にとって致命的なダメージとなるに違いなかった。

さらに、この修道院領からの収入は、ロシアの正教外交を支える資金源だった。ロシアは外国修道院領の領地収入を国有化し、ギリシア人聖職者勢力に譲渡する額を減らして、その分をセルビアやブルガリアなどバルカンのスラヴ民族教会への支援やシリアやパレスチナなど近東のアラブ人キリスト教徒への正教布教や教育活動の資金に回し、彼らをギリシア人の総主教座から引き離してロシア正教会の傘下に引き入れる政策を展開していた。これは、聖地においてカトリックやプロテスタントの宣教団に対抗するためのみならず、ギリシア人聖職者勢力と正教の盟主の座を争う上でも極めて重要な戦略だったのである。

本章は、次のような構成をとる。

第一節ではドナウ二公国の、第二節ではベッサラビアの外国修道院領の歴史を概観し、第三節ではロシアの近東における宣教活動の歴史を追う。第四節ではベッサラビア外国修道院領からの収入の国有化の原因となった

「エルサレム問題」について、第五節では、外国修道院領を武器とした『シナイ写本』をめぐる外交、第六節と第七節ではロシアのシリアとイランにおける正教外交について見ていく。そして最後の第八節で、ベッサラビアの外国修道院領の管理権と領地収入の支出先の情報開示をめぐって展開された、ベッサラビア県ゼムストヴォとペテルブルクの攻防について考察する。

以上の作業により、ロシアにとって正教外交がベッサラビアの統合・ロシア化よりも重要な政策だったことを明らかにする。これは、統合・ロシア化問題を偏重する動向に対し、ロシアにとって膨張と統合とが二者択一の問題であり、したがって切り離すことのできない関係となりうる可能性を示唆するものである。

## 第一節　ドナウ二公国の外国修道院領問題

この節では、ドナウ二公国の献納修道院領の由来と一八六三年のクザによる完全国有化に至るまでの歴史について考察する。

周知のとおり、一四五三年にビザンツ帝国の首都コンスタンティノープルがオスマン軍によって陥落したのち、オスマン帝国領に組み入れられた正教会や正教徒は、民族の違いに関わりなく、首都イスタンブルに拠点を置くコンスタンティノープル総主教座を頂点に統合された。本来対等の関係にあったはずのアレクサンドリア、アンティオキアおよびエルサレムの三総主教座は、事実上この世界総主教座（コンスタンティノープル総主教座）の権威下に入った。

ドナウ二公国の君主や貴族は、自分の領地に修道院を建立し、それを領地とともにオスマン領の正教聖地に寄進するようになった。正教を信奉する公国の君主や貴族たちは、祖国モルドヴァとワラキアの安泰を祈願し、自分たちの修道院と領地を正教の聖地の庇護に委ねることで国家や教会の権威を高め、同時にイスラーム国家の統治下に置かれた正教聖地や聖職者たちを財政的に援助しようとしたのである。(5) オスマン領から逃れてドナウ二公国に流入したギリシア人有力者や聖職者も、この動きを促進した。(6)

こうしてドナウ二公国に多くの献納修道院が生まれることとなった。例えば、ヴァカレシュティ、ヴェルビラ、マルジネニ、ガラタ、ビストリツァ修道院はエルサレムの聖墳墓教会に、コトロチェニとカプリアナ(ロシア語名キプリャニ)はアトスに、ハング修道院はアレクサンドリアの教会に領地を寄進した。

献納修道院領からの収入は、一部が聖地のギリシア人聖職者に提供され、その残りは現地ドナウ二公国の修道院の必要経費、教会の建設・維持費、孤児や身障者のための福祉施設の建設費、慈善事業費として運用された。

例えば、アトスに献納されたコトロチェニ修道院は、「我々は修道院に必要な建物や領地を用意し、修道士や修道院に庇護を求めて訪れる俗人のための経費も負担する。このことは我々の時代だけではなく、その後の時代においても遵守されることとなる。そのために我々は、この修道院を領地とともにアトスの聖なる教会に献納する。収穫が多い年には、この修道院領からの収入から修道院の維持費用を差し引いた額をアトスに譲渡し、収穫の乏しい年には状況に応じてさらに少ない額を譲渡する」と定めているとされる。(7) このように、献納修道院の領地収入の大部分は、聖地ではなく現地ドナウ二公国の献納修道院において活用されることとなっていた。

ドナウ二公国の修道院が正教聖地に寄進されるようになった頃、ギリシア人聖職者たちが聖地からドナウ二公国の修道院に派遣され、正教の伝道者、指導者そして社会的啓蒙者としての役割を果たすようになる。こうしてドナウ二公国において、ギリシア人の影響力は次第に強まっていった。

特に一七世紀には、オスマン帝国のギリシア人がドナウ二公国の君主となり、それに伴ってギリシア人が政治においても権勢を強めてきたことが大きな国内問題となった。例えば、一六一一年にスルタンがラドゥ・ミフネア[8]をワラキア君主に任命したが、彼の治世にギリシア人貴族の勢力が強まり、現地貴族の不満が高まった。彼に続いてワラキア公となったアレクサンドル・イリアシュ[9]は、ロードス島生まれでギリシア人の間で育った。ワラキア公に任命されたときも、彼は大勢のギリシア人をワラキアに連れてきたとされる。その後モルドヴァ公に任命されたときもギリシア人を現地に同伴し、のちにモルドヴァ人貴族の反ギリシア人運動によって国外逃亡を余儀なくされる[10]。同様に、モルドヴァ公のヴァシレ・ルプは、ギリシア文化やビザンツの伝統を重んじてギリシア人を優遇したため、やはり現地貴族の反発を強めたとされる[11]。また、彼らの時代にドナウ二公国の多くの修道院が聖地に寄進されている[12]。

ギリシア人聖職者たちは、献納修道院から現地の聖職者を追い払い、修道院領からの収益を勝手に流用するようになったため、君主がギリシア人勢力の一掃を図ったこともあった[13]。しかし、一八世紀初めのファナリオテス時代に、再びドナウ二公国の献納修道院がギリシア人聖職者に席巻され、聖地への土地の寄進はさらに増えた。一四～一九世紀の約五世紀の間に、献納修道院領はドナウ二公国の面積の五分の一もしくは四分の一に達したとされる[14]。

修道院領では、ギリシア人聖職者が私腹を肥やす一方で、ルーマニア人農民が苛酷な労働を強いられており、同じギリシア人であるファナリオテス君主ですら、これらの不正に対して何らかの措置をとらざるを得ないほどだった。グリゴレ三世ギカ、アレクサンドル・イプシランティ、コンスタンティン・ハンジェルリ、アレクサンドル・モルズィなどは、献納修道院の聖職者たちに領地収入の一部を学校・慈善・福祉施設に分配する義務を負わせた。また一八世紀のコンスタンティン・マヴロコルダトの治世には、領地からの純益の五％以下しか聖地に送金されなかった。

第二章で見たように、エテリア革命の影響で一八二一年にドナウ二公国のファナリオテス制は廃止された。スルタンの一八二三年の勅令によって、ドナウ二公国の献納修道院領の管理・運営権がギリシア人聖職者から剝奪され、かわりにドナウ二公国の府主教を議長としたルーマニア人貴族による特別委員会が発足した。しかし、ドナウ二公国は献納修道院領の管理権を完全に奪回することはできず、その後もギリシア人聖職者の汚職は続いた。

また、第三章で見たように、一八二八〜二九年の露土戦争後、ドナウ二公国ではキセリョフによる臨時政権が発足した。一八三〇年に公布されたレグラメント・オルガニクの第三六三項において、「献納修道院の聖職者がしばしば行っている汚職と腐敗とを防止するために、特別委員会を設置し、修道院領からの収入の配分を規定して二公国における福祉施設に振り向ける」と規定された。現地貴族たちは修道院領の国有化を希望したが、ロシアは聖地側の利益保護のためにこれを認めなかった。[15]

さらにキセリョフによる委任で、一八三三年に聖地から四人のギリシア人聖職者の代表が任命され、彼らは修道院の建物の改修、各修道院における慈善施設の開設、毎年聖地に送られる収入の規定配当額、競売による領地の貸付についての条件を受け入れた。しかし、ギリシア人聖職者はこれらの条項を守らず、彼らの不正経理は後を絶たなかった。ドナウ二公国の君主たちはロシアにさらなる対策を要求したが、この問題は解決されないまま一八三四年に臨時政府の統治は幕を閉じる。[16]

結局、ドナウ二公国は、自らの手で問題を解決しなければならなかった。一八四四年、モルドヴァの君主ミハイル・ストゥルザは、献納修道院領を管理するための世俗機関として宗務省を設置した。[17] さらに統一ルーマニアの君主クザが、一八六三年一二月一七日付の修道院領国有化法によってすべての修道院領を完全国有化し、聖地への送金を打ち切った。こうして、数世紀にわたってドナウ二公国を悩ませてきたこの問題に終止符が打たれたのだった。[18]

列強はこの国有化を非難したが、特に正教の保護者を自任するロシアは、ブカレストのロシア総領事を介してクザに強硬に抗議した。クザはこれに対し、ルーマニア人がギリシア人聖職者に非常に不満を抱いていること、この修道院領の国有化がルーマニアにとって必要であることを説得しようとした。さらにクザは、もし国有化が認められないのであればルーマニアはカトリックを国教にすると脅し、ロシアに矛を収めさせた[19]。こうしてドナウ二公国における献納修道院問題は、統一ルーマニアの成立とほぼ同時に解決したのだった。

## 第二節　ベッサラビアの外国修道院領問題

この節では、モルドヴァ公国から受け継いだベッサラビアの修道院領問題について整理する。

ベッサラビアの外国修道院領は、一八一二年にロシアへ併合された当時には、二三万デシャチナ以上あったとされる[20]。クリミア戦争前の一八五二年のデータでは、二二万二九九七デシャチナだったとされる[21]。また、農民改革以前におけるベッサラビアの領土三二九万八七〇デシャチナのうち、修道院領は一四万一九七〇デシャチナで約七％だったとされる[22]。

一八九〇年の資料によると、ベッサラビアの一七二領地（二〇万九五六三デシャチナ）が外国の修道院などに属していた。この領地所有の内訳は、アトス山のヴァトペディ修道院[23]が四五領地、シナイの修道院が一三領地、ルーマニアのフシ主教座が一〇領地、モルドヴァのヤシ府主教座が四領地、エルサレムの聖墳墓教会が三五領地、モルドヴァのニャムツ修道院が一四領地、アンティオキア総主教座が一領地などとなっていた[24]。

ベッサラビアの献納修道院領のほとんどは、モルドヴァ公国の献納修道院領がロシアのベッサラビア併合によってロシア領に移ってきたものであり、つまりモルドヴァ公国の修道院を介して聖地に属している領地ということになる。唯一の例外として、キシニョフ郡のカプリアナ修道院が、モルドヴァの修道院を介さず直接聖地に属している。[25]また献納修道院領のほかに、主にモルドヴァの修道院に属し、モルドヴァ人聖職者が代理人として経営している、聖地とは関係のない非献納修道院領があった。ニャムツ修道院、ボグダン修道院、ヤシの聖ゲオルゲ教会、ヤシ府主教座、フシ主教座などである。そのほかに一八九〇年までに国有化されたヤシの聖スピリドン病院の所領があった。[26]

ベッサラビアがロシアの統治下に入ったとき、アレクサンドル一世とカポディストリアスの意向により、ベッサラビアの外国修道院領の所有権はロシア政府から侵害されず、聖地から全権代理人として派遣されてきたギリシア人聖職者が領地とその収入を管理することが認められた。[27]領地収入は代理人たちが好き放題に蕩尽し、ベッサラビアの地域社会に還元されることはなかった。

このロシア政府による寛大な放任状態を打ち切らせたのは、前述のクザによる一八六三年の外国修道院領の国有化だった。

広大な聖地名義の領地を有するルーマニアがその完全国有化を宣言したことは、聖地のギリシア人およびロシアにとって衝撃的な事件だった。

例えば、特にモルドヴァとベッサラビアに多くの所領を持つアトスやシナイの修道院は、モルドヴァの献納修道院に属するベッサラビアの修道院領までもクザに国有化されるのではないかと恐れ、ベッサラビアの修道院領からの収入を今後はモルドヴァの修道院を介さずに直接シナイの修道院に渡すようにロシア政府に求めてきた。[28]

ロシアもまた、ベッサラビアの外国修道院領をルーマニア政府に奪われるのではないかという危機感を募らせ、「クザ政府による身勝手で違法な弾圧」[29]への対抗策をただちに打ち出した。

ロシア外務省は、ベッサラビアにあるアトスとシナイ名義の修道院領からの収入を国家の資金支払機関に移す決定を下した[30]。こうしてロシアは、ルーマニアからの干渉を防ぐために、これまでギリシア人代理人に管理を任せきりにしていた修道院領収入を国家の統制下に置いたのである。また、ベッサラビア州行政が実施する競売によって、ベッサラビアにあるモルドヴァの非献納修道院に属する領地を賃貸に出すことを定めた法令を公布した[31]。法令によると、その賃貸料によってベッサラビアの修道院領内に教会や学校を建設するとし、その残りはモルドヴァの修道院に譲渡されるとした。この措置の目的は、①ベッサラビア行政の財政問題において混乱と誤解のないようにするため、②モルドヴァの世俗権力の迫害から正教修道院の権利を可能な限り保護するため、というものだった。

さらにロシアは、モルドヴァの代表的な修道院の一つニャムツ修道院[32]を保護下に置いた。クザが二重選出で統一君主となった一八五九年、すでに新政権による正教会への圧力が強まり、修道院領国有化の実施が濃厚となった。モルドヴァの府主教ソフローニーはロシアに救援を求め、特にニャムツ修道院の保護を訴えていたが、クザ政権によって投獄・追放される。またニャムツ修道院の修道士たちがロシアに亡命してきた。ベッサラビアにあるニャムツ修道院名義の領地の管理人として任命されたフェオファンが、そこにニャムツ修道院の代替となる修道院を新たに建てる許可をロシア政府に求めて承認され、一八六四年にベッサラビア南部の領地キツカニに「新ニャムツ修道院」が建設されたのだった[33]。

ところが、それからわずか一〇年後に、ロシア政府までもが外国修道院領収入の国有化に踏み切ったのである。まず、一八七三年三月九日付「ロシアの正教外国修道院領管理の制度について」が公布される[34]。これはベッサラビアの外国修道院領に属する森林の不法伐採を禁止する措置について国有財産省が提案したものだった。この法令により、ベッサラビアにある正教の聖地とモルドヴァの修道院に属する不動産と森林は国有財産省の地方支部であるベッサラビア財務局の管理下に移ることが定められた。これにより、領地からの収入の一部は外務省を通して正教聖地に譲渡されることとなった。

ベッサラビアには国有財産局が存在しなかったため、同年一一月二一日付「ベッサラビア県の外国修道院領の国有化制度について」によって、外国修道院領管理のために、営林署長など森林管理関係者から構成される特別臨時管理局をキシニョフに設置することが定められた[35]。ギリシア人聖職者たちは領地や森林の国有化に反対して抵抗したが、ついには一四七領地が国家の管理下に入った。この領地からの収入の総額は四九万八六八五ルーブリだったとされる。

さらに、一八七六年五月二一日付で裁可された「東方の聖地に寄進されているベッサラビアの領地からの収入の規定について」は、修道院領からの収入の配分を明確に規定した画期的な法令だった[36]。これによると、献納修道院領からの収入はすべて外務省の管理下に入ることになった。そして領地収入の五分の一は領地管理のための支出の補塡として国有財産省の管轄機関が管理し、残り五分の四は外務省が等分し、五分の二は聖地へ譲渡し、もうひとつの五分の二はベッサラビアの献納修道院領内における教会、神学校、世俗学校、福祉施設の建設・維持費にすることが定められた[37]。こうして、聖地が受け取る修道院領収入が、ロシア政府によって著しく制限されることとなったのである。

確かに、これらの措置はあくまで領地収入の統制であり、クザによる修道院の領地そのものの完全国有化とは異なる。とはいえ、国有化を断行したクザを厳しく批判したロシア政府が、なぜ同様に聖地に財政的な打撃を与えるような改革を行ったのだろうか。

一八七四年五月の大臣委員会の議事録によると、ベッサラビアを訪れた際に外国修道院領内の教会と県の学校が極めて劣悪な状態に置かれているのを目の当たりにしたという教育相D・A・トルストイの報告に一同の関心が集まり、外相、内相、宗務総監の賛同を得て、領地収入の一定額を現地ベッサラビアの修道院領内の教会や施設のために活用することが決定された[38]。

また、修道院収入を地域に還元すべきだと主張していたベッサラビア県ゼムストヴォは、この改革を自分たちが国から勝ち取ったものと考えており、「ゼムストヴォの請願によって、一八七三年に修道院領は国有化され、やはりゼムストヴォの請願で、一八七六年に配分が決められた[39]」と述べている。

しかし、国有化の実際の理由は、ベッサラビアの改善の必要性ではなかった。一八七六年の法令文には、「政治的な関係と領地収入の適切な運用の面からみて[40]」ベッサラビア外国修道院領収入の問題の一刻も早い解決が求められていた、と記されている。実は、この「政治的な関係」こそが、修道院領収入国有化の直接の原因だった。この改革の背景には、ロシアの近東における正教外交が絡んでいたのである。

以下では、ロシアの近東進出と、ギリシア人聖職者勢力を相手に展開した正教の主導権争いについて具体的に見ていく。

## 第三節　「ロシア宣教団」の活動

ロシアが近東に正教を媒介とした勢力拡大に乗り出すのは、エジプトとオスマン帝国との戦争が終結した一八四〇年頃だった。

ギリシア独立戦争を平定したエジプトのムハンマド・アリーはシリアに進攻し、オスマン帝国はロシアに支援を求めた。ロシアはイスタンブルへ艦隊を送ってエジプト軍を撤退させ、その見返りに一八三三年七月のフンキャル・イスケレスィ条約により、ボスフォラス・ダーダネルス二海峡の自由航行と黒海の通商権を獲得する。しかし、列強はロシアの南進に強い危機感を抱いた。イギリスの外相パーマストン子爵が反ロシア外交を展開し、一八四一年のロンドン会議によってフンキャル・イスケレスィ条約は事実上無効化される。こうして英仏が近東における影響力を強めていくこととなる。(41)

これと同時に、列強は近東への宗教的な勢力拡大を開始した。一八四一年、聖地エルサレムにプロテスタントのイギリス・プロイセン司教座が設置され、一八四七年にはローマ教皇がエルサレム・カトリック司教座を設置した。特にカトリック勢力は聖地に学校を建て、キリスト教徒の現地アラブ人住民に対して活発な教育活動を行った。

この動きに対抗し、ロシアの外相K・V・ネッセルローデも正教外交に着手した。外務省と宗務院、さらにヤッファ領事K・M・バズィリの協力を得て、エルサレムにロシア人巡礼者用の宿泊施設などを建設し、カトリックとプロテスタント勢力に押され気味のギリシア人聖職者を支援して、正教の地位の回復を図った。

さらに皇帝と宗務院の了承を得たネッセルローデは、一八四七年、ペテルブルク神学アカデミー出身の修道士ポルフィリー・ウスペンスキー率いる「ロシア宣教団(ルースカヤ・ドゥホーヴナヤ・ミーシヤ)」を結成し、翌年聖地に派遣した。

ポルフィリーは、それまでにパレスチナやシナイなど多くの聖地を旅しており、現地の正教会や信徒の状況を熟知している人物だった。また、一八四四年にはエルサレム総主教アタナシウスの死去と新しい総主教の選出をめぐる混乱に立ち会った経験もあり、総主教座における勢力関係にも通暁していた。さらには、ドナウ二公国やベッサラビアにある聖地名義の修道院領についても精通していたため、当時ドナウ二公国を事実上の保護下に置いていたロシアが聖地に対して強い影響力をもつ立場であることをよく理解していた。(42) 一八四三年からベイルート総領事となったバズィリからの信頼も厚く、彼らは頻繁に書簡のやり取りをして協力し合いながら現地での問題に対処していた。

ところが、カトリックやプロテスタントに対抗するために、現地のギリシア人聖職者を援助することが本来の目的だったにもかかわらず、ロシア宣教団は彼らと対立することとなった。

エルサレム総主教座は、他の三総主教座の中で最も小規模でありながら、聖地エルサレムを拠点とすることから、正教圏の各地の王国貴族からの膨大な動産・不動産の寄進を受け、また毎年聖地を訪れる膨大な数の巡礼者からの寄付金によって、財政的に最も豊かだったとされる(43)。

エルサレム総主教座の拠点である聖墳墓教会では、「聖墳墓兄弟団」という組織が権力を握っていた。一二世紀から一九世紀初めには、エルサレム総主教は聖墳墓兄弟団の首長を兼任しており、聖墳墓兄弟団は総主教に対して強い発言権を持っていた。さらに、エルサレム総主教座の主教職はこの兄弟団のメンバーが独占した。特にイオニアなどエーゲ海の諸島出身のギリシア人聖職者が権力を持ち、シリアとパレスチナの現地アラブ人聖職者ははじき出されたとされる。また彼らは総主教座の財政を牛耳り、巡礼者からの寄付金や国外にある領地からの収入など莫大な金額を管理したが、聖地や現地住民に十分に還元せずに横領していたとされる(44)。

ポルフィリーは、現地のアラブ人信徒に共感を示し、聖墳墓教会のギリシア人聖職者たちを嫌悪した。他方、聖墳墓教会の修道士たちは、ロシアから突然やってきた宣教団の活動に政治的な思惑を感じ、彼らを疑惑の目で見た。こうして、最初のパレスチナへのロシア宣教団の派遣は、ギリシア人とロシア人による正教同士の主導権争いの開幕する契機となったのだった。聖地エルサレムは、英仏露が後ろ盾となったプロテスタント、カトリック、正教がぶつかり合うだけではなく、正教のリーダーの座をめぐってロシアとギリシア人聖職者が火花を散らす舞台ともなったのである。

パレスチナにおける宗教対立は、即座に政治・外交における衝突につながった。一八五二年、当時フランスと良好な関係にあったオスマン帝国は、ギリシア人が管理していたベツレヘムの聖誕教会の鍵をカトリックの聖職者に渡した。またスルタンは、ギリシア人聖職者の権限を制限し、カトリックの優勢を定めた勅令を発布した。

これらの出来事が、ナポレオン三世のフランスとニコライ一世のロシアが衝突する引き金となった。ロシアはイスタンブルに大使を派遣してオスマン帝国に聖地管理問題の解決を迫り、一八五三年にドナウ二公国を占拠する。これに対しオスマン帝国は英仏の支持を後ろ盾に、ロシアに宣戦布告した。[45] これがクリミア戦争の開始である。このようにパレスチナの宗教問題は、列強間の戦争の発端となるほど政治的な性格を帯びていたのだった。

第一次宣教団はクリミア戦争の勃発によって約六年間の活動を停止したが、第二次宣教団がクリミア戦争後の一八五七年に派遣される。これは新しい外相ゴルチャコフ（在任一八五六―八二年）と新しい皇帝の弟コンスタンチン・ニコラエヴィチ大公（一八二七―九二年）が主導したものだった。

ゴルチャコフは、クリミア戦争に敗北したロシアが近東における地位を確立するためには宣教団の派遣が役立つと考えた。コンスタンチン大公もまた、オーストリアやフランスに対抗して近東におけるロシアの威信を高めるために、貿易と正教外交を同時に強化する機会を狙っていた。[46] クリミア戦争終結後の一八五六年八月に、ロシアの企業主や船舶業者が「ロシア汽船貿易協会」を設立すると、コンスタンチン大公はこの事業を支援し、この協会の船舶が巡礼者を乗せてロシアとパレスチナの間を航行することとなった。

このロシア汽船貿易協会が聖地巡礼に事業を拡大する際、コンスタンチン大公の部下で海軍省に勤務するB・P・マンスーロフという人物が、査察のためにパレスチナに派遣された。マンスーロフは聖地の状況を調査し、その報告書を覚書として一八五八年に出版した。彼は、パレスチナにおけるカトリックの修道院や巡礼者の宿泊施設の充実ぶりに比べて、正教の巡礼者が置かれている環境が劣悪であると指摘し、ロシアが正教のリーダーとして現地アラブ人信者や巡礼者を支援すべきだと主張した[47]。また第二次宣教団の団長キリル・ナウーモフとマンスーロフがエルサレムにロシア領事館を置くように提言したことを受けて、外務省と汽船会社が共同出資によってその案を実現した[48]。

さらに一八五九年、「パレスチナ委員会《コミテット》」が発足した。これは、コンスタンチン大公、宗務総監および外務省アジア局長を中心とした政治色の強い組織で、ロシア人から莫大な寄付金を集め、聖地パレスチナにおいて土地を購入し、ロシア人巡礼者用の宿泊施設や領事館などを次々と建設していった[49]。一八六四年にはロシア外務省の管轄下に入り、「パレスチナ委員会《コミシャ》」となる。

しかし、宣教団長のナウーモフは、聖地において巡礼者や宣教団に対する管理を強めようとするパレスチナ委員会やロシア領事と対立し、一八六四年に罷免される。後任のレオニード・カヴェリンはパレスチナのアラブ人学校を熱心に支援したが、その活動がやはりロシア領事の目障りとなり、一年で追い払われた[50]。そして、続いて団長となったアントニン・カプスティン(在任一八六五―九四年)は、およそ三〇年にわたってロシアのパレスチナにおける宣教・教育活動を率いることとなる。

カプスティンを信頼できる人物として推挙したのが、汎スラヴ主義者として知られたイスタンブルのロシア大使N・P・イグナチエフ(在任一八六四―七七年)だった。当時ロシアでは、一八六七年にモスクワで「スラヴ会議」が開催されるなど、汎スラヴ主義的な動きは強まっていたが、このイグナチエフがイスタンブルに着任したことで、ロシアの正教外交は活発化し、さらにギリシア人勢力を刺激することとなる。以下では、両者間の軋轢が一八七六年のベッサラビア修道院領収入の国有化につながるまでの経緯を追う。

## 第四節　イグナチエフ外交と修道院領収入の国有化

この節では、一八六〇年代後半のイグナチエフによる外交と、一八七六年のベッサラビア修道院領収入国有化の原因となった、ブルガリア教会独立と「エルサレム問題」について考察する。

一八六四年にイスタンブル大使となったイグナチエフは、汎スラヴ主義者で知られる人物だった。[51]彼は、自らの外交方針を、ギリシア人勢力の駆逐ではなくスラヴとギリシアの勢力均衡を目指すものと位置づけていたものの、劣勢のスラヴ人を支援することでギリシア人の反感を買う傾向があった。[52]他方、外相のゴルチャコフは、列強と足並みを揃えることを優先し、またバルカンの民族蜂起を助長しかねない政策を警戒したため、イグナチエフの動きを牽制する立場をとった。

第三章で見たように、クリミア戦争以降、ロシアはルーマニアに対する影響力を失った。そこでイグナチエフは、今度はセルビアへの影響力拡大に着手した。ロシアとセルビアとの関係は、ニコライ一世時代に冷却していた。当時のセルビアの内相イリヤ・ガラシャニン（在任一八四二―六〇年）は、亡命ポーランド人の協力で起草した憲法草案『ナチェルターニエ』に基づく親フランス・オスマン路線を推進していたが、クリミア戦争後は親ロシア路線に転換する。[53]イグナチエフは、親ロシア派のミハイロ公（在位一八三九―四二、一八六〇―六八年）と良好な関係を結び、セルビアをバルカン同盟の主軸とするために支援した。セルビアは一八六六年にギリシアと、一八六七年にブルガリアと、そして一八六八年にルーマニアと同盟する。しかし、一八六八年ミハイロ公は暗殺され、バルカン同盟の計画は挫折した。

イグナチエフ外交が比較的成功を収めたのは、アトス進出とブルガリア人に対する支援だった。例えば、イグナチエフは、アトスにおけるロシア人聖職者の勢力を強めようとした。彼はしばしばアトスを訪れ、積極的にロシア人聖職者の人数とロシアの修道院とを増やしてギリシア人聖職者に対抗する政策をとった。ロシアはアトスへの勢力を強めるために援助金を送り、財政的な支援によって発言権を強めようとした。また年間何千何万人ものロシア人巡礼者がアトス、エルサレム、コンスタンティノープルを訪れており、巡礼者の数の多さは聖地におけるロシア勢力の拡大に大きな役割を果たしていた(54)。

特に聖パンテレイモン修道院は、アトスにおけるロシア人修道士の拠点となった。クリミア戦争前にはロシア人修道士はわずかでギリシア人が支配的だったが、一八六九年には同数になり、一八七五年にはロシア人が優勢になって一九世紀末にはロシア人一一〇〇人、ギリシア人一七人という比率になった(55)。

しかしこの政策は、ギリシア人修道士団とロシア人修道士団との対立を招いた。一八七四年、イグナチエフの工作が功を奏して、これまでギリシア人が務めてきた聖パンテレイモン修道院長にロシア人のマカーリーが指名された。しかし両陣営の対立は先鋭化し、争いを避けるためにロシア人修道士の一部が一八七五年にアブハジアのスフミ近郊に移住し、聖パンテレイモン修道院の支部として「新アトス修道院」を設立するに至る(56)。

さらに、ロシアはブルガリア人の若者の教育を支援した。この政策は、イグナチエフが外交の表舞台に立つ以前から、外相ゴルチャコフがブルガリアへの影響力を強める手段として開始したものだった。ロシアは、クリミア戦争の前からオフリド、プロヴディフ、イスタンブルなどのブルガリア人学校に毎年補助金を送っていた。一八六〇年代からブルガリアより留学生を受け入れるようになる。外務省は、黒海に近いニコラエフに南スラヴ人全寮制中等学校と実業学校とを設立した(57)。

さらに一八七〇年、オデッサにスラヴ慈善協会が設置される。一八七三年にイグナチエフはこの協会の集会で演説し、スラヴ人の団結を訴えた。このとき彼がブルガリア人女子全寮制学校の開設の必要性を示唆したため、一八七四年に女子全寮制中等学校が設立され、イグナチエフの名を冠した奨学金制度が設けられたほどだった[58]。さらにイグナチエフは、ルーマニアの首都ブカレストの亡命ブルガリア人による慈善協会を影響下に置き、ロシア外交の拠点の一つとした[59]。

しかし、ロシアによるブルガリア人支援が強まる一方で、聖地におけるギリシア人聖職者との関係は悪化した。特にエルサレム総主教座に対する外交は苦戦していた。前節で述べたように、政治色の強いパレスチナ委員会およびロシア領事と宣教団の対立もその一因となっていた。この状況を打開するために、一八六五年、イグナチエフの推挙により、ロシア宣教団の新しい団長に前述のアントニン・カプスティンが着任したのである。

この人物は、キエフ神学アカデミーでギリシア語やドイツ語を教え、その後アテネでロシア教会の首長として務めた経歴を持ち、ギリシア王国の政情や汎スラヴ主義に敏感なギリシア人の動向に通暁していたとされる。カプスティンは、パレスチナにおけるロシア人とギリシア人との関係の改善に努め、またこれまで宣教団が十分に取り組んでこなかった巡礼者の環境の整備などに着手した[61]。しかし、一八七二年の「エルサレム問題」によって彼と宣教団は窮地に追いやられることとなる。

この事件は、イグナチエフが精力を傾けて取り組んだブルガリア教会独立問題との関連で起こった。よって、以下ではまず、ブルガリア教会がコンスタンティノープル総主教座の傘下から分離するまでの過程を整理する。

一九世紀前半以来、バルカンにおける民族主義の台頭が正教会に分裂をもたらしていた。クリミア戦争以前の一八三三年、先陣を切ってコンスタンティノープル総主教座から教会を独立させたのは、他ならぬギリシア王国だった。コンスタンティノープル総主教座がロシアの仲介でこのギリシア教会の分離を承認したのは一八五〇年のことである。[62] ギリシア教会は国家に従属し、教会の首長となったバイエルン出身の国王オトンはカトリック、王妃はプロテスタントの信者だった。オトンは、五二四ある修道院の三分の二を閉鎖し、その領地を国有化したとされる。[63]

さらに、セルビアとルーマニアの教会も同様の道を選んだ。一八三二年にセルビア教会の自治がコンスタンティノープル総主教に承認され、一八七九年に独立した。[64] 一八六四年には、ルーマニア教会がコンスタンティノープル総主教座から独立し、聖地にとって重要な財源であった修道院領が国有化された。これらの民族教会の成立は、オスマン帝国統治下の世界総主教を頂点とする正教会の権威を著しく低下させた。

そして、一八六〇年代には、ブルガリア教会が独立に向けて動き出した。当時は亡命ブルガリア人の民族運動が高まっており、政治的独立と教会独立をめざした運動は並行して行われたのである。一八七一年、政治的独立に先立って、ブルガリア教会の独立はコンスタンティノープル総主教座から破門される形で実現する。そして、ブルガリア教会の独立は、ロシアとギリシア人聖職者との関係がさらに悪化する要因ともなった。[65] なぜなら、この問題にロシア外交が深く関与したためだった。

ブルガリア人の教会独立問題が顕著になってくるのは一八四〇年代のこととされる。ブルガリアの教会はギリシア人聖職者にほぼ独占され、賄賂などの不正行為が蔓延していたとされるが、教会への高額の上納金に反発したブルガリア人が複数の地域で不払い運動を起こした。さらに、コンスタンティノープル総主教が多額の借金を重ねたため、イスタンブル在住のブルガリア人が、借金の原因の究明とブルガリア語典礼の導入や主教の選挙などの要求を掲げた。この結果、一八四九年にオスマン政府はイスタンブルのブルガリア人に独自の教会を持つことを認めた。

クリミア戦争の勃発により、ブルガリア教会問題はひとまず収束するが、一八五六年にスルタンが改革勅令を公布したことが発端となって再燃した。

オスマン帝国の改革の動きに勢いを得たブルガリア人はスルタンに請願書を提出し、ブルガリアの教会首長を自分たちの選挙で選ぶ権利などを要求した。オスマン帝国はコンスタンティノープル総主教座に改革を命じるが、ギリシア人聖職者側はブルガリア人の請願を却下した。他方、ブルガリア人の間でも教会問題についての意見が分かれ、穏健派がオスマン帝国とロシアの仲裁によってブルガリア人主教の設置やブルガリア語典礼の許可で譲歩することを望んだのに対し、急進派はコンスタンティノープル総主教座からの完全独立を目指した。

ブルガリア教会の独立問題が国際的な注目を集めることになった事件は、一八六〇年四月の復活祭に、イスタンブルで起こった。ファナル地区のブルガリア教会である聖ステファン教会での復活祭の礼拝において、主教イラリオン・マカリオポルスキは、コンスタンティノープル総主教の名にかえて「すべての正教の主教」を祝したのである。[66]これは事実上の教会独立宣言として受け止められ、この行動はブルガリアの各地で幅広い支持を得たが、イラリオンは追放される。

さらに英仏のブルガリア教会問題への干渉が強まった。特にフランスのイエズス会の支持もあって、ブルガリア教会をユニエイト化する計画が進められた。[67]この動きは、すでに一八五〇年代からイスタンブルの亡命ポーランド人やフランス人、およびブルガリア人の活動家ドラガン・ツァンコフによって推進されていた。ツァンコフは、イスタンブルのフランス大使やカトリック聖職者から資金援助を受けており、新聞『ブルガリア』でユニエイト化によって教会問題に早期決着をつけることを広く訴えた。カトリックとローマ教皇を支持したブルガリア人は、修道士ヨシフ・ソコリスキを筆頭とする聖職者のみならず、イスタンブルの銀行家や商人、ギルドの手工業労働者など二〇〇人はいたとされる。[68]一八六一年、ソコリスキはローマ教皇から大司教、そしてブルガリア・ユニエイト教会の府主教代理に任命された。しかし、ローマ教会がカトリック典礼を強要したため、ソコリスキはロシアのイスタンブル大使A・B・ロバノフ=ロストフスキーの助言でロシアに亡命する。こうしてブルガリア教会のユニエイト化は実現に至らなかったが、ブルガリア人がカトリックに接近したこの出来事は、ロシア側に少なからぬ衝撃を与えた。

汎スラヴ主義が強まっていたロシアでは、新聞がブルガリア教会の独立問題を取り上げ、特にI・S・アクサーコフの新聞『ヂェーニ』ではブルガリア人を擁護する意見が優勢を占めた。[69] 外相ゴルチャコフを含むロシア外交筋は、ブルガリア教会の独立を支持したが、モスクワ府主教フィラレートやギリシア出身の外交官などはコンスタンティノープル総主教座を支持し、正教会の分裂に反対した。[70]

イグナチエフは、ブルガリア人の教会独立を支持してはいたが、彼らが独立のためにギリシア人と決裂してカトリックやプロテスタントの陣営につくことを恐れた。また、この問題の解決に貢献することで、ロシアとギリシア人聖職者勢力との関係を回復する狙いもあった。[71] そこで彼は、総主教座に友好的な態度を示す一方で、追放されたイラリオンと他二人の主教のためにとりなして帰還させるなど、和解工作に奔走した。また、ブルガリア人主教の任命権やシノドの代表者の民族構成といった問題について両陣営が話し合う機会を設けた。しかし両者は妥協点に到達せず、セルビアを交えた管轄教区の取り合いの論争にまで発展することとなる。[72]

オスマン帝国はこのような教会問題の長期化を望まず、一八七〇年にブルガリアのエクザルヒア（総主教代理座）設置を承認し、ブルガリア教会の首長エクザルフ（総主教代理）がブルガリア人住民の多い地域を統括することを認めた。[73] コンスタンティノープル総主教座はこれを認めず、ブルガリア人を異端として弾劾したが、スルタンは一八七二年に正式にアフィム一世をエクザルフとして承認した。このブルガリア教会独立によって、ギリシア人聖職者勢力はブルガリア人に肩入れしたロシア外交に反感を強めることとなった。

さらに、このブルガリア教会の異端宣告をめぐって、ベッサラビアの外国修道院領収入国有化の原因となった

「エルサレム問題」が起こったのである。

一八七二年に各地の総主教たちがイスタンブルに集まってブルガリア教会に異端宣告を下すことを決議したとき、エルサレム総主教のキュリロス(在任一八四五―七二年)ただ一人が反対を表明した。彼は、親ロシア派で知られた人物で、イグナチエフの外交とつながりが強く、エルサレムでも聖墳墓兄弟団との間に軋轢があった。このため、キュリロス自身が異端視されることとなり、これを受けてエルサレムのギリシア人聖職者たちは彼を追放したのだった。(74)

イグナチエフはただちに報復措置をとった。聖墳墓教会にとって重要な財源であるベッサラビアの領地を国有化し、彼らを財政難に追い込んだのである。イグナチエフの提言によって、一八七三年と一八七六年のベッサラビアとグルジアの外国修道院領の国有化法令が発布された。当時エルサレム総主教座はベッサラビアに三五領地(七万四〇〇〇デシャチナ)とグルジアにもいくらかの領地を所有し、年間二〇万ルーブリの収入を得ていた。(75)しかしこの国有化によって、これまで受け取っていた領地収入が、キュリロスに一万ルーブリ、現地アラブ人住民のために三万ルーブリ、ベッサラビアのキシニョフ主教座に一〇万ルーブリなどと分配された。(76)

この経済制裁の影響で、パレスチナではいくつかの病院や学校が資金難による閉鎖に追い込まれたとされる。それでもエルサレムのギリシア人聖職者たちは、キュリロスの解任を覆すことはなかった。カプスティンがパレスチナにおいて慎重に活動を積み重ねてきたにもかかわらず、この事件によってロシアとギリシア人聖職者の溝はさらに深まり、イグナチエフは「ブルガリア問題とエルサレム問題には多くの悩みと苦労を負わされたが、特に後者が厄介だった」と嘆いたほどだった。(77)

このように、ベッサラビアの外国修道院領の国有化は単なる内政問題ではなく、パレスチナを舞台としたロシアの正教外交と結びついていた。ロシアからの宣教団の活動、そしてスラヴ人に肩入れするイグナチエフ外交がギリシア人聖職者との対立を生み、この「エルサレム問題」につながったのである。

## 第五節　『シナイ写本』問題

イグナチエフが外国修道院領を武器として聖地に圧力をかけたのは、実は「エルサレム問題」より以前の、一八六七年のシナイ山の聖カテリーナ修道院に対する外交が最初だった。これは、『シナイ写本』と呼ばれる貴重な文献をめぐり、アレクサンドル二世の宗教的な趣向と正教世界の盟主としての威信とが結びついて起こった対立だった。以下ではこの問題について考察する。

エジプトのシナイ半島南部に位置するシナイ山は、モーセが神から十戒を授かった地として知られ、ユダヤ教徒、キリスト教徒、そしてムスリムにとって共通の聖地となっている。

シナイ山麓に位置する聖カテリーナ修道院は、世界最古の修道院の一つである。シナイ山はキリスト教徒にとっては三世紀以来の巡礼地であり、四世紀にビザンツ皇帝コンスタンティヌスの母ヘレナが巡礼者を異教徒から保護するために要塞化された修道院を建立したのが起源とされるが、現在の建物はユスティニアヌス一世によって六世紀に建立されたとされる。名称の由来のカテリーナとは四世紀初頭のキリスト教迫害の時代に殉教したアレクサンドリア出身の聖女であり、ヨーロッパでも広く知られている。またロシア皇帝はピョートル一世時代の一六八九年から一九一七年の革命までこの修道院の後見人を自任しており、修道院に保管されている写本やイコンにはロシアに由来するものが数多くあるとされる。

シナイの正教会は、聖カテリーナ修道院の修道院長を兼ねた大主教を首長としていた。シナイの大主教は伝統的にエルサレム総主教から承認を受けて就任していたが、エルサレム総主教座の管轄下には置かれておらず、事実上の独立教会となっていた。ベイルートのロシア総領事バズィリの記録によると、シナイの修道士は当時一五〇人いたとされるが、その多くは町にある教会付属の修道士宿舎に暮らすか修道院領の管理に従事し、修道院で修道生活を送っていたのはわずか一五〜二〇人程度だったとされる。(78)

一八四四年、ライプツィヒ大学の聖書学者コンスタンティン・ティッシェンドルフ(一八一五―七四年)が、この聖カテリーナ修道院で『シナイ写本』と呼ばれる世界最古の聖書の写本を発見したのが、事の起こりである。

近東の各地で古代の写本を探し求めていたティッシェンドルフは、ザクセン王フレデリック・アウグストゥス二世の後援でこの修道院を調査に訪れ、暖炉の焚きつけ用の廃紙が入った籠の中から羊皮紙の写本の束を見つけ出したとされる。この写本は、旧約聖書の一部の一三〇フォリオ(二つ折り判)で、四世紀に初期ギリシア大文字書体で書かれたものだった。ティッシェンドルフは、このうちの四三フォリオを修道院から譲り受けてライプツィヒに持ち帰り、一八四六年に出版した。(79)

一八五三年、ティッシェンドルフは残りの写本を入手するため再びシナイを訪れたが、修道士たちに警戒されたため、何も得られずに去らなければならなかった。そこで彼は、当時の正教世界の最高権力者としてのロシア皇帝アレクサンドル二世に請願し、調査で発見したものはすべて献上するという約束と引き換えに後援を求めた。アレクサンドル二世のみならず皇后と皇太后も強い関心を示し、この請願を承諾した。こうして一八五九年初め、ツァーリの後ろ盾を得たティッシェンドルフは、三度目の聖カテリーナ修道院での調査において、旧約聖書の大部分と新約聖書の完全版、さらに貴重な新約聖書の外典とされる『バルナバの手紙』と『ヘルマスの牧者』の二点(80)を含む三四六フォリオといくつかの断片とを発見したのだった。

ティッシェンドルフは、これらの写本を筆写するために修道院から持ち出す許可を求めたが、修道士たちに拒絶される。当時、聖カテリーナ修道院管轄下の全修道院の修道院長がイスタンブルに集まって新しい聖カテリーナ修道院長の選挙を行う予定であり、現職のキュリロスもまたイスタンブルへ向かう途上だった。そこでティッシェンドルフはカイロに向かい、キュリロスと面談して写本を筆写する許可を得た。彼はシナイからカイロに写本を取り寄せ、約二カ月かけて筆写した。

当時、聖カテリーナ修道院長の任命権を持つエルサレム総主教[81]がいずれの候補者たちも気に入らないと主張したため、選挙は暗礁に乗り上げていた。ティッシェンドルフは、この機会を利用して、『シナイ写本』の所有権をロシア皇帝に移したいと考えた。そこで彼はイスタンブルを訪れ、現地のロシア大使ロバノフ＝ロストフスキーの協力を得て、写本をツァーリに献上したならその後援で希望の候補者を修道院長にすることができるだろうと修道院長たちにもちかけた。しかし、修道院長たちが賛同しなかったため、今度は出版のために写本を国外に持ち出す許可をキュリロスから得る。こうしてティッシェンドルフは、写本を無傷で返還することを明記した一八五九年九月二八日付の借用証明書を残して、写本とともにカイロを去ったのだった[82]。

一一月にペテルブルクを訪れたティッシェンドルフは、皇帝一家に歓迎された。アレクサンドル二世から出版のための助成金を受け、ティッシェンドルフはライプツィヒに戻って翻訳に着手した。こうして一八六二年、ロシア建国一千年記念の儀式に合わせ、豪華装丁の四巻本がツァーリの私費で公刊された。本は各国の主要図書館に配布され、ティッシェンドルフは世界的な賞賛を受けることとなった[83]。

しかし、出版後もロシアは『シナイ写本』を手放さなかった。聖カテリーナ修道院の修道士たちは、ティッシェンドルフが写本をシナイから持ち去ったことに強い不満を抱いていた。一部の修道士たちはロシア皇帝への献上に賛成したが、大部分はティッシェンドルフとロシアが修道院の貴重な財宝を横領したと考えた。さらには、ティッシェンドルフに写本の持ち出しを認めたキュリロスにも非難の矛先が向けられた。

エルサレム総主教は、聖カテリーナ修道院長の選挙の前にこの写本事件について知り、キュリロスが選挙に勝つために写本をロシアに献上したとして彼を糾弾した。他方キュリロスは、写本は一時的に貸しただけで献上した覚えはない、と主張した。一一月にロバノフ=ロストフスキーがキュリロスの主張を裏づける宣誓釈明書を提出し、翌月にキュリロスは聖カテリーナ修道院長に無事就任したが、修道士たちの不満は収まらなかった。

写本の公刊後の一八六三年、ルーマニアのクザによる修道院領国有化の決定に対し、ルーマニア領内に多くの土地を所有していたシナイやアレクサンドリア総主教座の修道士たちは強く反発した。キュリロスはクザの国有化を撤回させるために、ティッシェンドルフがロシアに働きかけてくれるように期待していたとされるが、結局国有化は実行された。ティッシェンドルフは一八六四年にキュリロスに書簡を送り、『シナイ写本』には「皇帝の威信、帝国の威信がかかっている」ので、正式にロシアに写本を献上するかわりに莫大な謝礼を受け取るようにと勧めたが、キュリロスからの返答はなかった。[84] 一八六七年、聖カテリーナ修道院ではキュリロスを非難する修道士たちがついに彼を解任し、カリストラトスが後任となった。

当時のイスタンブル大使イグナチエフは、新しい修道院長のカリストラトスと交渉し、『シナイ写本』をツァーリに正式に献上することを認めさせた。ロシアはイグナチエフの提言によって、ベッサラビアにある聖カテリーナ修道院名義の領地収入を接収して彼らに圧力をかけ、写本を無償か安価で手に入れようとしたが、最終的に数千ルーブリとメダルなどの記念品をシナイ側に贈った。[85] こうして『シナイ写本』は一八五九年の発見以後二度と修道院に戻ることなく、一〇年後の一八六九年に正式にアレクサンドル二世の所有となったのである。[86]

このように、イグナチエフは、一八七二年の「エルサレム問題」以前に、すでにベッサラビアの外国修道院領収入を正教外交に利用していた。クザによる修道院領完全国有化に対抗するため、修道院領収入を国の管理下に置いたロシアは、これまで聖地に無条件に譲渡してきた資金を聖地に圧力をかけるために利用する機会を獲得したのである。そして次節で見るように、一八七六年の国有化法令の公布以降、聖地への配分を減らして国庫に吸い上げた資金は、主にバルカンや中近東での正教外交の資金源として活用されることとなる。

## 第六節　シリアにおける正教外交と「パレスチナ協会」

ブルガリア教会の独立に関与したロシア外交は、その約三〇年後の一八九九年に、今度はシリアの教会がコンスタンティノープル総主教座から独立する運動に関わった。この背景には、一八八二年に発足した「パレスチナ協会」の活動の後押しがあった。

この節では、パレスチナ・シリアを舞台としたパレスチナ協会の宣教・教育活動と、シリアのアンティオキア総主教座からギリシア人勢力を放逐したロシアの正教外交について考察する。

正式名称「正教パレスチナ協会」は、一八八二年五月に発足した。創設者は、V・N・ヒトゥロヴォ(一八三四—一九〇三年)とアレクサンドル三世の弟セルゲイ・アレクサンドロヴィチ大公だった。

ヒトゥロヴォは、海軍省と財務省に勤務していた間にパレスチナ協会設立の計画をコンスタンチン・ニコラエヴィチ大公にもちかけており、また自ら聖地に巡礼し、一向に改善されない現地の状況に衝撃を受けていた。彼は、ギリシア人聖職者の堕落のために聖地の正教徒は経済的にも社会的にも苦しい状況に置かれているとして、ロシアが彼らのかわりにリーダーシップをとってカトリックやプロテスタントに対抗しなければならない、またロシアはアラブ人キリスト教徒を保護し、さらに巡礼者の受け入れ環境を整える必要がある、と報告している(87)。

ヒトゥロヴォの計画を支持したのは、聖地の歴史などに関心を持っていたセルゲイ・アレクサンドロヴィチ大公だった。一八八二年二月に大公とヒトゥロヴォは会談し、協会を結成することで同意に至った。ヒトゥロヴォが起草した組織規程によると、協会の目的は聖地についての知識や情報の収集、聖地の巡礼者の保護、学校や病院などの施設の建設と現地民や聖職者への物質的な支援と定められた(88)。この年の五月二一日に皇帝の批准を受け、セルゲイ大公を会長として協会の活動が開始された。

協会のメンバーはこの創設者二人以外に四一人おり、主に貴族、文官・軍人、学者が参加した。貴族には皇帝の身内も含まれ、学者にはペテルブルク大学の教授でアカデミー会員のビザンツ学者V・G・ワシリエフスキーや、キエフ神学アカデミーの教授で考古学者のA・A・オレスニスキーなどがいた。創立時には四三人だった会員が一年後には四〇五人となり、一八八九年には一〇〇〇人、一九〇〇年には五〇〇〇人を超えることとなる。

このパレスチナ協会は会員からの寄付金で運営され、外務省や宗務院とのつながりはなかった。しかし、聖地ではギリシア人聖職者やカトリック勢力などから不審の目で見られ、国内においては従来から活動してきたロシア宣教団やパレスチナ委員会から反発を受けた。さらに以下で見るように、シリアでの活動においては、現地アラブ人への教育を通して彼らとロシアとの結束を強める役割を担い、ロシア正教外交の道具としての性格を帯びることとなる。

パレスチナ協会は各種の活動に着手し、目に見える成果を残していった。主な活動は発掘など現地での学術調査と研究成果の出版であり、『正教パレスチナ論集』(一八八一年―)、『正教パレスチナ協会報告』(一八八六年―)などが発行された(89)。また「聖地巡礼チケット」を安く販売してツアーを組み、オデッサ、セヴァストーポリ、タガンロクなど黒海沿岸の港から農民を含むさまざまな階層が巡礼に出発した。一八八三〜八九年の間に、このチケットで一万四一一人が主にエルサレムを目指して出航した。

また、現地におけるアラブ人住民に対する支援も同様に活発化した。ベッサラビアの献納修道院領の国有化以来、ロシアは修道院領収入から年間三万ルーブリを地元アラブ人聖職者の支援のために送金していた。パレスチナ協会は学校を建設し、アラブ人住民の子供たちに神学、アラビア語、ロシア語、フランス語、ギリシア語、地理や歴史を教育した。一八八九年には、七三〇人の男女児童がロシア学校で学んだとされる。

宗務総監K・P・ポベドノスツェフ(在任一八八〇―一九〇五年)は、宗務院やロシア正教会とつながりをもたないパレスチナ協会を必ずしも支持しなかったが、協会の活動が近東におけるロシアの勢力拡大に役立つことは認めていた。皇帝に対するセルゲイ大公の影響力も強く、協会の地位は高まっていった。一八八九年、アレクサンドル三世は、パレスチナ委員会を閉鎖し、パレスチナ協会をロシアにおけるパレスチナ問題の拠点となる機関として認定する。この年からパレスチナ協会は「帝立正教パレスチナ協会」と改称された[90]。

しかし、パレスチナ協会の活動が盛んになるにしたがって、ギリシア人勢力や英仏は危機感を募らせた。ギリシア王国の新聞は、パレスチナ協会の活動を、ロシアが近東の正教圏でのヘゲモニーを強めるための「新しい汎スラヴ主義の示威運動」と呼んで警戒した。

一八八三年、エルサレム総主教にニコデモス(在任一八八三―一九一年)が就任したが、彼はモスクワに滞在したことがある親ロシア派で、総主教に選出された背景にはロシア外交の工作があったとされる。ニコデモスがパレスチナ協会の名誉会員でもあったため、彼の就任は協会が聖地で活動する上で追い風となった。ところが、聖墳墓兄弟団はニコデモスを罷免し、かわりに反ロシア派で知られるアンティオキア総主教のゲラシモス(在任一八八五―一九一年)をエルサレム総主教に選出してロシアに対抗した。こうして、エルサレム総主教座に対するロシアの正教外交は、またしても阻まれる形となった。

しかし同時に、このゲラシモスがダマスカスを去ったことにより、パレスチナ協会がシリアに進出する道が開かれることとなった。

アンティオキア総主教座は、十字軍の時代以来、拠点をダマスカスに移していた。莫大な寄付金で潤うエルサレム総主教座とは異なり、オスマン領の四総主教座の中では、最も経済的に苦しい立場にあったとされる。(91)

かつてシリアでは、パレスチナと同様に、主教職はギリシア語を母語とする人々が占め、典礼もギリシア語で行われていた。その後イスラームの統治下で次第にアラビア語が浸透し、一六〜一七世紀のアンティオキア総主教座では、ギリシア人よりもアラブ人のほうが優勢となった。しかし、一八世紀にユニエイト化したアラブ人聖職者が自分たちの総主教を擁立したためダマスカスから追放され、それ以来アンティオキア総主教座は再びギリシア人が占めるようになった。(92)

アンティオキア総主教ヒエロテウス(在任一八五〇―八五年)は、「エルサレム問題」で罷免されたエルサレム総主教キュリロスと同時代だったが、彼と同様にロシアとのつながりが強く、ロシアから多額の資金提供を受けていた。(93) 一八八五年に彼が没すると、現地アラブ人聖職者たちは次の総主教にアラブ人を選出しようと行動を起こした。これに対し、コンスタンティノープル総主教、エルサレム総主教、アテネ政府の一部の人々は、このようなアラブ人の民族意識の高揚はロシア外交の策謀によるものだとしてロシアを非難し、前述のゲラシモスをアンティオキア総主教に任命してアラブ人の運動を抑え込んだのだった。

よって、このゲラシモスがエルサレムに移ったことにより、ロシアは再びアンティオキア総主教座に影響を及ぼす機会に恵まれたのである。(94)

ゲラシモスの後任としてアンティオキア総主教に就任したスピリドン(在任一八九一―九八年)は、就任初期にアラブ人学校を閉鎖するなどして現地住民の反発を受けたため、彼らをなだめるためにパレスチナ協会をシリアに招いてアラブ人の教育活動を支援する方針を打ち出した。これを契機に、パレスチナ協会は活動の舞台をパレスチナからシリアに移し、一八九五年から公式にシリアでの活動を開始した。ロシア外交はこの機を逃さず、一八九三年にダマスカスにロシア領事館を設置し、初代領事としてパレスチナ協会会員であるA・P・べリャエフを送り込んだ(95)。

パレスチナ協会は、シリアの学校などの活動支援としてアンティオキア総主教座に資金を提供し、シリアで勢力のあるカトリックやプロテスタントに対抗した。ロシア政府はシリアにおける正教外交やパレスチナ協会の活動を重視しており、例えば一九一〇年九月二八日の閣議において、「シリアにおける協会の活動はロシアのみならず近東全土におけるロシアの権威の強化に極めて有益」であるという理由で、経営難のシリアの学校への補助金としてベッサラビアの外国修道院領収入から五万ルーブリをパレスチナ協会に供与する決定を下している(96)。

シリアでパレスチナ協会が建設した学校は増え、一八九九年の報告によると、シリアの学校は四二校、六六一六人の子供を教え、一九一四年までにシリアとパレスチナにおけるパレスチナ協会運営の学校は一〇一校、児童は一万一三四七人だったとされる(97)。ロシア政府は教師たちのシリア・パレスチナの学校への赴任を助成金などで奨励し、ロシアが運営する学校の校長はほとんどロシア人だった。このようなパレスチナ協会の布教・教育活動によってシリアにおけるロシアの存在感が増し、さらにアラブ人聖職者の反ギリシア人運動を強める役割を果たしたと考えられる(98)。

しかし、地元アラブ人聖職者と信徒とスピリドンとの関係は極めて険悪だった。そしてアラブ人を支援することでギリシア人に対抗しようとするロシアにとっても、スピリドンは目障りな存在だった。一八九五年三月二五日付のポベドノスツェフ宛の秘密書簡において、べリャエフは、「ここには、ダマスカスをスピリドンが統治している間は総主教座教会を訪れないと誓いを立てている正教徒の家族が少なからずいる。我々の中には、総主教スピリドンが聖堂にいると知ると、プロテスタント教会の礼拝に参加しようと去っていく人たちもいる」という現地アラブ人信徒の言葉を紹介し、「シリア人正教徒は教会自治ができるほどまでには成熟していないが、それでも樹木が良い果実をもたらすにはその面倒を見なくてはならない。その点、ギリシア人には期待できない[99]」と述べ、ロシアの支援によるアラブ人総主教の擁立を目指していた[100]。

一八九八年、ついにアラブ人聖職者や信者が大規模な集団蜂起を起こし、スピリドンを追放した。アラブ人はロシア外交やパレスチナ協会の後ろ盾を得て、アラブ人総主教を擁立する運動を開始した。ダマスカスだけでなくイスタンブルでも力を持つベリャエフは、イスタンブルのロシア大使とともにスルタンに直接圧力をかけ、アラブ人のアンティオキア総主教選出を実現するための工作を行った。

コンスタンティノープル、アレクサンドリアおよびエルサレムの三総主教座は、この動きに真っ向から対立した。彼らはイギリスとフランスに支援を求めたが、列強はこの問題に関与しなかった。結局オスマン政府に決定権が委ねられることになり、スルタンはアラブ人支持の立場を表明する。一八九九年三月にアンティオキア総主教座のシノドでアラブ人候補メレティウスが選出され、スルタンはただちに彼を承認した。その後ギリシア人の強い抗議によって一一月に再び選挙が行われたが、メレティウスが再選され、ルーマニア、ロシア、セルビアの教会がこの選出を承認した。しかし前記三総主教座とアテネはこれを受け入れず、アンティオキア総主教座と関係を断った[101]。こうして、ロシアは、ブルガリア教会に続いて、アンティオキア総主教座の独立にも一役買ったこととなった。

ただし、エルサレムの聖墳墓教会のギリシア人との関係はさらに悪化し、ロシアは正教圏の盟主を自任するどころか、ルーマニア正教会に出し抜かれることとなる。二〇世紀初頭、ロシア宣教団に次ぐ「新しい外国の要素[102]」として、「政敵」ルーマニアが宣教団をエルサレムに派遣してきたとき、ロシアには聖墳墓教会内で自由にスラヴ語典礼の礼拝を行うことを断固として許さなかったギリシア人勢力は、かつてクザによる外国修道院領国有化であれほど聖地を苦しめたルーマニア人には聖墳墓教会内で礼拝する権利を認めたのである[103]。アンティオキア総主教の交代劇を演出したロシア正教外交も、エルサレム総主教座には最後まで食い込むことができなかったのだった。

## 第七節　シリア・カルデア派への宣教とイラン外交

この節では、ガージャール朝イランのアッシリア教会（東シリア教会）に対するロシア正教外交について考察する。

これは、二〇世紀初頭のロシアのイラン進出と直接関わる、政治的な意味合いの強い問題だった。イギリスとともにイランへの影響力を強めていたロシアは、イラン北部のアゼルバイジャン地方に位置するウルミエ湖周辺のアッシリア人（東シリア人）キリスト教徒への布教を通じ、イラン進出の地歩を固めた。そして、ここで重要なのは、この外交にもベッサラビアの外国修道院領収入が投入されたという点である。

ロシアがダマスカスを拠点に正教外交を展開していた一八九七年三月末、イランのネストリウス派が居住するタブリーズ近郊の都市ウルミエに、ペテルブルクからロシア正教の聖職者が到着した。イラン唯一のネストリウス派司教であるマトラン・マル・ヨナンが、イラン政府からの圧迫やクルド人の襲撃に脅かされている現状についてツァーリに訴え、ロシア正教会の保護を受けるために教会合同を申し入れた。ロシアはこの請願を受け入れ、宣教団を現地に派遣したのだった。こうしてロシアは、アンティオキア総主教座とは異なるシリア教会の一派との接触を開始したのである。

ウルミエを訪れたロシアの宣教団は教会合同を記念するセレモニーでニコライ二世からの祝電を読み上げ、ネストリウス派の住民から大歓迎を受けた。住民は、「シリア・カルデア派にしてネストリウス派の後継者である我々は、再びギリシア・ロシア正教との合同を決意しました。我々の祖先は一四世紀前に全教会から離れましたが、今後はネストリウス派と正教との間に分裂は起こりません」と宣誓し、ネストリウス派のみならずプロテスタント、アルメニア人を含む約一万五〇〇〇人が正教に改宗したとされる。[104]

彼らのロシア教会への合同の申し入れは、実はこれが最初ではなかった。かつて彼らは、東グルジアのカルトリ・カヘティ王国のイラクリ二世(在位一七四四—九八年)[105]にムスリムからの保護を求め、領事館の設置と宣教団の派遣とを要請したが、グルジアの政情混乱のためにその願いはかなわなかった。グルジアがロシアに併合されると、今度はロシアとの接触を図った。まず一八五九年、ウルミエのネストリウス派の聖職者ミハイルが、エルサレムのロシア宣教団団長キリル・ナウーモフの仲介で、さらに一八八三年にはやはりウルミエの主教ガヴリールがグルジア・エクザルフの仲介で教会合同を求めてきた。[106] しかしいずれの場合も、「ネストリウス派の居住地域全体をロシア領に併合しようという企みだ、とイラン政府が思いかねない」[107]という外交上の理由から、ロシア側は合同に踏み切らずにいたのだった。

このようにして、両教会がウルミエで接触を果たした翌年一八九八年の三月末、ペテルブルクのアレクサンドル・ネフスキー修道院で教会合同記念の祈禱式が執り行われ、司教マル・ヨナン率いるウルミエからの代表団が出席した。そしてこの年の一一月一八日、ロシアの国家評議会は、ウルミエ宣教団への助成金として年間一万ルーブリの供与を承認し、さらにその補助金としてベッサラビア外国修道院領収入から年間二万五三〇〇ルーブリを提供する決定を下した。[108] ロシアは正式に「ウルミエ宣教団」を結成して現地に派遣し、さらにウルミエにロシア領事館を設置した。一九〇一年には正教の聖堂が建設された。

ネストリウス派が登場したのは、彼らが宣誓で述べたとおり、一四世紀前の五世紀のことだった。当時、神学的拠点だったアレクサンドリアとアンティオキアを舞台に、キリストに関する教理論争が繰り広げられていた。アンティオキアの一部の神学者は、イエスが単一の人格の中に人性と神性の異なる本性を持っていたと主張した。アンティオキア出身の神学者でコンスタンティノープル主教ネストリウスは、このいわゆる「キリスト両性論」の指導的な立場にあった。さらにネストリウスは、聖母マリアが人性のキリストの母であるとし、テオトコス（神の母、生神女）という尊称で呼ぶことを否定した。

しかし、聖母マリアをテオトコスの尊称で呼ぶことはすでに定着していたため、ネストリウスの解釈は大きな反発を引き起こした。アレクサンドリア主教のキュリロスは、イエスの人性は神性の中に含まれるもので、イエスは真に神であるという説（いわゆるキリスト単性論）とテオトコスの尊称とを支持し、ネストリウスを異端として弾劾した。四三一年のエフェソス第三回公会議において、キュリロス派はネストリウスを破門・追放する。

このとき以来、ネストリウスを支持する人々は「ネストリウス派」と呼ばれるようになった。彼らはサーサーン朝ペルシア統治下の東シリアに移動し、独立したアッシリア教会と呼ばれる宗派を形成することとなった。アッシリア教会の名称は、東シリアのシリア人がアッシリア人と呼ばれたことに由来する。ゾロアスター教を国教とするペルシアはキリスト教徒を受け入れ、ネストリウス派は四八四年にペルシアの首都セレウキア・クテシフォンに総主教座を設置した。彼らはそこを拠点にイスラーム商人の交通路を利用して中央アジアやインド、モンゴル、中国への布教を行った。特に中国では景教として知られている[109]。

一三世紀にモンゴル人がペルシア王朝を打倒し、さらにティムール朝時代になると、ネストリウス派はムスリムに迫害される立場となり、イランとオスマン帝国の国境にまたがる山岳地帯に逃れ、ムスリムのクルド人に混じって暮らすようになった。一六世紀にカトリックのフランシスコ派の宣教で、アッシリア教会からユニエイトが派生した。前記のウルミエのシリア・カルデア派もまた、ネストリウス派のユニエイトである[110]。

また、一九世紀前半には、ネストリウス派に対するプロテスタントの布教活動が活発化し、特にアメリカ人宣教団が積極的に彼らと接触した。プロテスタント勢力に対抗し、カトリックの宣教団もネストリウス派に対して布教活動を行い、ウルミエに教会、学校、病院などを建設した。このため、ネストリウス派はアメリカ人とフランス人の対立に悩まされ、一八六〇年代にイギリスに保護を求めた。このため、一八七七年からイギリス人宣教団もまたウルミエでの布教活動を開始した。(111)

周知のとおり、ロシアはピョートル一世時代からバルカンと同様にカフカースへも進出していた。一九世紀に入ると、アレクサンドル一世時代の第一次ロシア・イラン戦争(一八〇四―一三年)のゴレスターン条約、ニコライ一世時代の第二次ロシア・イラン戦争(一八二六―二八年)のトルコマンチャーイ条約により、バクー、ギャンジャ、エレヴァン、ナヒチェヴァンを含む領域がロシア領となり、アラス川が国境となった。このロシアの南下はインドを植民地とするイギリスの利害と衝突し、イラン、アフガニスタン、中央アジア、チベットに至る地域を舞台とした両国の覇権争いが展開されることとなる。そして、ロシア、イラン、オスマン帝国が接する国境地帯に暮らすネストリウス派もこの情勢に巻き込まれていく。

特にネストリウス派はクルド人による略奪や襲撃にさらされていた。(112) オスマン帝国とイランはそれぞれ、クルド人居住地域を防波堤と位置づけ、戦闘能力に優れたクルド人を兵力として利用してきた。また、一八八〇〜八一年にイランのクルド人の指導者ウバイドゥッラーが国家樹立を目指して蜂起したが、イランとオスマンの軍によって鎮圧されている。クルド人と隣接して暮らすネストリウス派は、常にこのような騒乱に脅かされた。一八九四年にオスマン帝国が「アルメニア人大虐殺」にクルド人を利用し、一八九六年にクルド人がネストリウス派の司祭とその従者たちを殺害したが、これらの事件が一八九七年にウルミエのネストリウス派がロシアに保護を求めた要因になったと推測される。(113)

ロシアのウルミエ宣教団は、シリアやパレスチナにおける宣教活動と同様に、特に学校教育に力を注いだ。一九世紀末から二〇世紀初頭のデータによると、ウルミエ湖東岸地域のアッシリア人の人口は三万五〇〇〇人に及ぶとされ、ウルミエには約六〇〇〇人（約一〇〇〇世帯）いたとされる。一九〇〇年頃にはこの地域のキリスト教徒（アルメニア人とアッシリア人）は約四〇％を占めており、アッシリア人の村は一二〇あり、カトリック、プロテスタントそしてロシアのミッションスクールが二〇〇以上あった(114)。一九一二年のデータによると、ロシアの学校の生徒は男女合わせて二〇二五人、教会は三六、聖職者は二六人（このうち八人がロシア人）だったとされる(115)。

しかし、程なくウルミエは、ロシア軍の駐留地点の一つとして、ロシアのイラン進出に重要な役割を担うこととなる。

ウルミエが位置するイランのアゼルバイジャン地方は、タブリーズを中心都市とし、ロシアにもオスマン帝国にも接する国境地帯、および黒海沿岸地域として外界に開かれており、当時は著しい経済的成長を見せていた。また多くの出稼ぎ労働者を送り出しており、例えば一九〇四年にイラン・ロシア国境から合法的にロシア入りしたイラン人七万八七七九人のうち、通行証をタブリーズ領事館で取得したのは五万九一二　人、ウルミエ領事館で取得したのは三一四六人とされる。彼らの多くは、地理的にも言語的にも近いカフカースのチフリスやバクーで低賃金労働に従事した。このようなつながりを通じて、カフカースにおける労働者の運動や革命活動がイランへ流入し、のちにタブリーズがイラン立憲運動の拠点となる政治的土壌が作り出されたとされる(116)。

ロシアにおける一九〇五年の「血の日曜日事件」の後、イランの首都テヘランにおいて、経済危機への不満による大規模な住民による抗議デモが起こった。デモの拡大を受け、モザッファロッディーン・シャー（在位一八九六―一九〇七年）は一九〇六年に立憲制樹立の勅令を発布した。ただちに第一議会が成立し、翌一九〇七年に民主主義的な憲法が制定された。しかし、この年に即位したモハンマド・アリー・シャー（在位一九〇七―〇九年）は議会に反対し、さらに保守的なウラマーなどからも立憲運動への反発が強まってくる。彼らは大規模な反立憲デモを起こし、一九〇八年にシャーは軍隊によって議会を解散に追い込んだ。

立憲派の拠点となったタブリーズでは、義勇部隊が編成され、シャーが差し向けた包囲軍に対して防衛戦を展開した。カフカースからはイラン人出稼ぎ労働者たちが武器を持って馳せ参じ、タブリーズ市民軍を援護した。この動きは他の都市に伝播し、ラシュトに拠点を置く立憲派が中心となって一九〇九年にテヘランを陥落させ、シャーはロシア大使館に避難した。第二議会が新たに開催され、立憲派は司法や教育の改革に着手した。

「血の日曜日事件」を経験したロシアは、イランの立憲運動を警戒した。さらにロシアが問題視したのは、イランの財政改革だった。一九一一年、議会の承認でイランに招聘されたアメリカ人財政顧問モルガン・シャスターが財政再建に着手したのである。一八二八年のトルコマンチャーイ条約以来、ロシアは自国に有利な関税制度をイランに強制しており、また各種の利権を取得し「ペルシア貸付銀行」を設立するなど、イランの財政や経済に大きな影響力を持っていた。よってシャスターの近代化改革は、ロシアのこのような権益を著しく侵害するものだった。

一九一〇年までに、ロシアの歩兵大隊とコサック師団が、イラン北部のタブリーズ、ウルミエ、ホイ、ディルマンなどに配置された。一九一一年、ロシアは最後通牒としてシャスターの罷免を要求した。これが拒否されたため、ロシア軍はテヘランに侵攻して第二議会を解散に追い込み、さらに一般市民を含む数多くの犠牲者を出しながら、タブリーズやマシュハドを含む北イランを制圧した。イギリスは、一九〇七年にロシアとの間でイラン分割の取り決め(英露協商)に調印していたため、このロシアの軍事介入を黙認した。(117)

このように、ウルミエはロシアの宣教団を招聘したことにより、ロシア軍の拠点の一つとなった。そしてこのような状況が現地の勢力関係に影響を及ぼしていった。

例えば、ウルミエのロシア領事は、事実上の現地統治者として、イラン政府を通さずに行政を取り仕切った。これに伴ってウルミエのロシア教会も勢力を増し、ロシア宣教団の団長は強力な権力を行使するようになった。彼らがコサック部隊の力を借りてムスリム有力者を逮捕するなどしたため、キリスト教徒とムスリムの関係悪化が加速した。一九一四年にウルミエの副領事となったパーヴェル・ヴヴェヂェンスキーは、「正教宣教団が行政の最大の障害になっており、勝手に現地の信者を裁くなどの行動をとって混乱を引き起こしている」[118]と指摘し、彼らが行政や司法に口出しせずに宣教に専念するように仕向けていたほどだった。

しかしペテルブルクは、ウルミエ宣教団がイラン進出の拠点形成のために果たしている役割を高く評価した。一九一四年四月の第四回国会《ドゥーマ》で、宗務総監はウルミエ宣教団へのさらなる財政援助を求め、これに対して予算委員会は、ウルミエ宣教団の活動が「単なる宗教的活動ではなく、政治的な性格を持つ」ことを考慮し、助成金を三万ルーブリに増やすことを認めている[119]。

この年、第一次世界大戦が勃発すると、ウルミエはオスマン軍とロシア軍によって交互に占領された。一九一五年には、ロシア軍がクルディスタンにおいてクルド人を制圧したため、アッシリア人住民の生活は一時安定し、オスマン帝国領のアッシリア人住民までがイラン領に逃れてきた[120]。しかしロシア革命後、イランのロシア軍に撤退命令が出された。ウルミエのキリスト教徒住民の多くがロシア軍とともにロシア領に移住したが、残った人々はトルコ・クルド・イラン軍の襲撃にさらされて大きな被害が出たとされる[121]。ロシアのイラン進出の先鋒となったウルミエ宣教団もまた、帝政ロシアそのものの崩壊によって姿を消したのだった。

以上のように、シリア・パレスチナにおける正教外交と同様に、ウルミエの宣教活動にもベッサラビア外国修道院領収入から資金が回されていた。次節で見るように、このような修道院領収入の外交資金としての利用は、ベッサラビア県ゼムストヴォによる糾弾を招くこととなる。

## 第八節　ベッサラビア県ゼムストヴォとペテルブルクの攻防

すでに見たように、一八七六年の外国修道院領収入国有化法令では、献納修道院領からの全収入が外務省の管理下に入り、領地収入の五分の一は領地管理のための補助金として国有財産省の管轄機関が管理し、五分の二は聖地へ、五分の二はベッサラビアの献納修道院領内における教会、学校、福祉施設の建設・維持費に充てることが定められた。しかし、わずか一〇年後に再び領地収入は聖地に譲渡されることとなり、ベッサラビア県ゼムストヴォは、本来国の査察を受けない領地収入の情報開示と領地管理権を要求した。ここでは、ゼムストヴォとペテルブルクの間で展開された攻防について分析する。

一八七六年の国有化以降、領地収入からの取り分が大幅に削減されたため、ギリシア人聖職者たちはロシア政府に抗議し財政支援を訴えた。一八八〇年、「パレスチナ委員会」の設立者コンスタンチン・ニコラエヴィチ大公は、「国有化によってエルサレム総主教座が財政難に陥ったばかりか、現地の正教信者の一部がカトリックやプロテスタントに改宗し、ロシア巡礼者を取り巻く環境も悪化した」と指摘した。[122] こうして、一八八〇年代には再び聖地が受け取る修道院領収入を増やす法令が制定されるようになり、後述のように一八九〇年代には領地収入の聖地への配当は五分の四(全純益とされる)と定められ、一八七六年法令は事実上無効とされたのだった。さらに一八九五年には、聖地の財政支援を目指す委員会が活動を開始する。[123]

しかし、ベッサラビア側はこの措置について知らされていなかった。一八九五年、ベッサラビア県知事は内相に請願書を送り、「ギリシア人聖職者たちは一八七六年法令の廃止を求めていますが、そうなれば、ベッサラビアには大きな痛手となるでしょう。毎年ベッサラビアから五七万五六二三ルーブリという膨大な金額が国外に持ち出されており、これがベッサラビアの壊滅的な経済状況に影響しています。ベッサラビアのゼムストヴォと貴族たちは、地域のために一八七六年法令が守られなければならないと確信しています」と訴えている。また、聖地ではなくモルドヴァの修道院名義である非献納修道院領からの収入についても「この資金がゼムストヴォによって地域のために用いられるなら、疑いなく学校などの施設の不足を補うことができるのです[124]」と譲渡を求めた。

さらに翌一八九六年、ベッサラビア県ゼムストヴォはこの修道院領収入問題について第二七回定例会議で討議し、ペテルブルクに議事の報告と請願とを行った。

その中で特に彼らが強調したのは、モルドヴァ公国時代でさえ聖地が受け取った修道院領収入は全額ではなく一部に過ぎなかった、という点だった。彼らは、モルドヴァの君主カンテミールが自著の中で、「君主や貴族たちはそれぞれドナウ二公国に修道院を建立し、自分や子供の領地を修道院に寄進した。これはもし今後領地の管理が困難な政情になったとき、東方正教会のどこかに領地を寄進して庇護を受け、その見返りに現地修道院の必要経費の余りを東方正教会に提供する[125]」と記していることを引き合いに出し、領地収入のすべてを要求する聖地のギリシア人聖職者を非難した。また彼らは、かつての聖地からの代理人による領地の乱脈経営を批判し、ベッサラビアで学校が不足していることを訴えた。

「領地収入の五分の二を地元ベッサラビアの教育・福祉施設のために使うことは、領地の寄進者の子孫であるベッサラビア住民のために使うことであり、極めて有益で公正なことです。収益のすべてを要求するギリシア人聖職者は正当ではありません。〔中略〕ギリシア人聖職者による領地経営によって、果たしてどのような結果になったでしょうか。経済的なプランもなく乱脈の限りを尽くし、肥沃な土地や森林が荒れ放題となりました。一八七六年まで、修道院領内でさえ教会、学校、病院の一つとして、修道院領収入によって建てられたことはありませんでした。これらの行為は、寄進者の遺志に完全に背くものです。それに比べ、これまでゼムストヴォは修道院領収入で多くの教育・福祉施設を建設してきました。男子神学校二校、女子主教管区学校一校、一二の修道院付属小学校、二九の教区学校、農業学校三校、一学年農業学校一四校、修道院領内の精神病患者用の施設です。しかし、学校や病院などの施設はまだ十分とはいえないのに、資金が不足しているのです[126]」

さらに広大な修道院領の農業発展のための利用価値について強調している。

「二〇万デシャチナ以上の領地を持つモルドヴァの修道院は、ベッサラビアにおいて最大の土地所有者ということになります。我々は、この領地をベッサラビアの農業発展のために利用することができるし、そうしなければならないのです。ロシア帝国では、大土地所有者が自分の領地をロシアの農業に役立て、経済発展に貢献しているのにもかかわらず、ベッサラビアの最大の土地所有である修道院領が、全く現地の発展のために貢献せず、その収入の半分がギリシア人聖職者の私腹を肥やすために国外に持ち出されているとは甚大な損害です。確かに一八七三年以来、現地の収入は増え、施設や学校も建ちましたが、とても満足できる水準に達したとはいえません。林業については多くの改善がありましたが、畑作については不十分で、農業の管理においては農学者すらおらず、優れた組織もないのです[127]」

そしてベッサラビア県ゼムストヴォは県会の請願として次の四点を挙げている。

①　五分の二の地元住民のための配当の他に、献納修道院でないモルドヴァの修道院に属する領地からの収入もすべて地元のために使わせてほしい。

②　現在三農業小学校と三〇〇床の精神病院を建設しているが、資金不足で建設が終わっていない。修道院領の収入で補いたい。

③　農業学校が不足しており、牧畜、ブドウ栽培、養蜂、養蚕などを教育する施設が特に求められている。気象台も必要。そのため、(1)地元住民の福利のための五分の二を外務省ではなく農業省と国有財産省の管理下に移してほしい、(2)領地管理のための五分の一もすべて修道院領の農業経営のために充ててほしい。

④　地元福利のための五分の二をゼムストヴォに管理させてほしい、ゼムストヴォに年間領地収入額を知らせてほしい。

ベッサラビア貴族団代表もゼムストヴォを支持し、同様の請願を行った。彼らは、ギリシア人聖職者がどれほど強請しようとも一八七六年法令を守ってほしい、ベッサラビア住民の福利のための五分の二の金額を毎年ゼムストヴォに知らせてほしい、そのデータに基づいてゼムストヴォは学校や病院の建設費について政府に請願を行うことができる、と訴えた(128)。

しかし、政府は領地収入の情報を彼らに開示しなかった。そのかわり一九〇〇年二月二五日の大臣委員会の決定によって、彼らの願いどおり、聖地に属する献納修道院領を対象とした一八七六年の国有化令がモルドヴァの修道院に属する非献納修道院領にも適用されることとなった(129)。

しかし一九〇五年の革命によって、ベッサラビアの修道院領問題は急展開を見せる。この時期には、ベッサラビアにおいても民族運動が高まり、民族主義の急進派が修道院領をベッサラビア県ゼムストヴォの管理下に置くべきだと主張した。この新しい時流に乗り、一九〇六年一月二七日、県会は、献納修道院領をゼムストヴォに移管するように知事に請願書を提出することを決定した。同年一二月一九日の定例会議の決定を受けて、代理人の弁護士M・V・プリシュケヴィチが、県知事に請願書を提出し、さらに一九〇七年から一九〇八年にかけて内務省と宗務院に数回にわたって請願書を送ったが、これらはすべて却下された。[130]

しかし、ついに国家評議会が事実究明に乗り出すこととなった。そして、一九〇八年一一月八日の大臣評議会の決定により、国の査察を受けない特別経費として宗務院の管理下に入っていた献納修道院の領地収入の使途について情報開示が命じられたのである。こうして、一九一〇年六月一一日の大臣評議会において、領地収入の五分の二をベッサラビアの修道院領に学校や病院などを建てるために使い、やはり五分の二を聖地に譲渡するように定めた一八七六年法令が事実上なし崩しに効力を失い、実際には五分の四が聖地に譲渡されていたことが初めて公にされたのだった。[131]

一九一〇年八月一一日、この問題について審議会が開かれた。[132] ニコライ二世を議長とし、外務省、内務省、財務省、教育省、法務省、宗教機関、国家検査院、そしてベッサラビアの貴族団と県ゼムストヴォの代表が招集された。プリシュケヴィチを含むベッサラビアの代表は、モルドヴァ時代にギリシア人聖職者が献納修道院領の所有者だったことはなく、領地収入の一部を受け取っていたに過ぎない、よって聖地や外国の修道院がベッサラビアに領地を所有する正当な権利はない、という主張を改めて繰り返した。そしてこれらの領地の経営をゼムストヴォに移管するように求めた。[133]

すでに一九〇八年から内務省や宗務院が領地収入の情報を部分的に開示していたが、この審議会ののち、これまで頑強に情報開示を拒んできた外務省からも一部のデータが提出された。これによって、それらの資金が聖地のギリシア人聖職者のみならず、バルカンの正教会やパレスチナ協会にも助成金としてばらまかれていたことが明らかとなった。

公開された情報によると、まず教育相がベッサラビア住民の学校経費として使うとした領地収入は、一一年間に二五万六〇〇〇ルーブリがベッサラビアとは関係のない人々のために使われていた。例えば一八九一年にヴィリニュスのユダヤ人教育大学の学長へ一万ルーブリ、一八九三年にコンスタンティノープル総主教座に一七万四〇〇〇ルーブリ、翌年イスタンブルで起こった地震の被災者へ一万ルーブリ、一八九五年、アレクサンドリア総主教座へ七万ルーブリ、一九〇五～〇七年にはパレスチナ協会に七万五〇〇〇ルーブリが提供されていた。さらに、モスクワのルミャンツェフ博物館[134]の修理費に一万五五六八ルーブリ四八カペイカ、モスクワの実業学校に五万一五〇〇ルーブリが提供されるなど、教会とは関係のない支出もあった。

内務省については、一八九四年にオスマン帝国の貧民救済として一万ルーブリ、ベッサラビアの行政と警察へ一九〇四～〇八年に一万ルーブリ、一九〇五～〇八年に一万ルーブリ、一九〇九～一二年に一万ルーブリ提供されている。一九〇四年にアストラハンの水道と運河設備のために七五万ルーブリ、ヤルタの電化工事のために一〇年間で四〇万ルーブリ、さらにクタイシに病院を建設する費用として二五年間に五万ルーブリが提供されていた。

宗務院については、一〇年間（一八九九―一九〇八年）で三五万三五二四ルーブリが外国の支援のために使われていた。ウルミエにおける宣教活動に援助金一七万二四三一ルーブリ、ロシアの神学校に六万四三〇七ルーブリ、一九〇八年にエルサレムにおける宣教活動のために一万一〇〇〇ルーブリ、シリアの神学校に二二八六ルーブリ、一九〇四～〇八年にサン・ステファノにあるギリシア人正教徒の教区学校へ三五〇〇ルーブリ、パレスチナ協会に四年間で一〇万ルーブリが寄付されていた。

外務省については、一八八五〜一九一〇年にアトスのイベリア修道院の修道士たちに支援金として七万八〇三一ルーブリ、コンスタンティノープル総主教座に一一万八二〇二ルーブリ、アンティオキア総主教座に一二万ルーブリ、元エルサレム総主教ニコデモスに一〇万ルーブリ、ツェティニェの大聖堂の建設に一万四九一五ルーブリ、ソフィアの教会の建設に六万五〇〇〇ルーブリ、さらには外務省の職員たちによる三万一五〇〇ルーブリの受領が暴露された。またテッサロニキのロシア人病院に援助金の提供、ドイツのヴィースバーデンのロシア教会[135]への貸付、ツェティニェの女子学校建設費用の支給もあった。非献納修道院領からの収入からは、イスタンブルの商業学校に七万六三〇〇ルーブリ、パレスチナ協会に二万六七七五ルーブリ、さらにはエルサレム総主教座に二四万ルーブリが提供された。またパレスチナ協会に五〇万ルーブリが貸し付けられていた[136]。

以上の資金援助先を見ると、コンスタンティノープル総主教座を除くと、主にギリシア人以外の正教徒や修道院が多いことがわかる。スラヴ人に対してはブルガリア、セルビア、モンテネグロへの支援が見られる。すでに見たようにモンテネグロはロシアがピョートル大帝の時代から独立国として支援してきたスラヴ国家であり、特に当時の統治者ニコラ公はアレクサンドル三世と親しい関係にあり、息子ダニーロとともにパレスチナ協会の名誉会員でもあった[137]。

また初代ボスニアの府主教サヴァ・コサノヴィチ(在任一八八一―八五年)への助成金もあった。ボスニア・ヘルツェゴヴィナの教会は、セルビア教会の拠点であるペーチ総主教座が廃止されて以来、コンスタンティノープル総主教座の管轄下に入り、ギリシア人に席巻された。露土戦争後の一八七八年のベルリン条約でボスニア・ヘルツェゴヴィナはオーストリア=ハンガリーの統治下に入り、一八八〇年以降、ウィーンとコンスタンティノープル総主教との協定で一定の自治を認められた。こうしてサラエヴォにボスニア教会の府主教座が成立したのである。最初のボスニア府主教となったコサノヴィチは、精力的にセルビア教会の再建や学校教育に取り組んだが、財務相のベニャーミン・カーライ(在任一八八二―一九〇三年)と衝突し、わずか数年でボスニアを去る[138]。このようにロシアは、ベッサラビアの修道院領収入で、オスマン領のみならずオーストリア＝ハンガリー領の正教会への支援も行っていたのである。

また一九〇六年には、新疆ウルムチにおける教会建設のために一二五〇ルーブリの支給を行っている[139]。ウルムチには伊寧(イーニン)や塔城(チョチェク)と同様にロシア領事館が設置され、一九〇五年には北京から任命された聖職者ニコライが礼拝を行っていたとされる[140]。わずかな金額とはいえ、ベッサラビアの外国修道院領収入が中国領での宣教活動支援にも使われたのだった。

しかし特に目立つのは、中近東の教会への支援である。アンティオキア総主教座、パレスチナ協会、そしてウルミエでの宣教活動に巨額の資金援助を行っていることがわかる。元エルサレム総主教のニコデモスは、第六節で見たように、親ロシア派だったために聖墳墓教会団によって罷免させられた人物だった。このように、ベッサラビアの外国修道院領収入は、一八七六年法令の制定後もベッサラビア住民の利益のためにはほとんど運用されず、バルカンと近東における正教外交の資金に回されていたのである。

一九一〇年八月一一日の審議会で、ベッサラビアの貴族団とゼムストヴォの代表が、外国修道院領の所有権を聖地からゼムストヴォに移すことを求めたことはすでに触れたが、この問題はこの審議会では合意に至らなかった。そして、一九一一年六月五日の大臣評議会において、またしてもベッサラビア側の要請が却下されたのである。

この評議会において、大臣たちは、ベッサラビアの修道院領の所有権を聖地から取り上げる措置が自分たちにとって極めて望ましくない結果をもたらしかねない、という見解で一致した。彼らは、ゼムストヴォへの修道院領の移管を認めたなら、「その結果、聖地や外国修道院の経済状態が極度に悪化する恐れがあり、同時に近東におけるロシア国家権力の精神的威信が著しく動揺することになりかねない」と危惧したのである。さらに、近東を含むオスマン領内においてフランス政府を後ろ盾としたカトリックのプロパガンダが高まっている状況に対抗するために、聖地の正教勢力を強化する必要がある、とした。このような政治的理由から、大臣評議会はベッサラビア側の主張を取り下げたのだった。[141]

こうして一九一二年七月一日付で「ベッサラビアの献納修道院領の管理と領地収入の配分について」の法令が発布される。[142]モルドヴァのニャムツ修道院、ヤシ府主教座、フシ主教座などに属する非献納修道院領は国有化され、献納修道院領（聖地、イスタンブルとイピロスの学校、ヤシの聖ゲオルゲ教会の属領）からの収入は、一部はベッサラビアの神学校や土地改良の資金に使われ、ゼムストヴォにも支給されることが定められた一方で、パレスチナ協会や状況に応じて近東の正教会にも援助金として分配されることが明文化された。領地収入の管理権はこれまでどおり政府が握り、修道院領を自らの手で管理することを望んだベッサラビア側にとっては、満足のいく内容には程遠いものとなった。

ベッサラビア県ゼムストヴォは帝政崩壊まで請願を続けるが、彼らの手に修道院領が移管されることはついになかった。一九一八年にルーマニアはベッサラビアを併合し、一九一九年の農業改革で献納修道院領を国有化した。ビザンツ法と同様に、外国修道院領もまた、「本国」ルーマニアによって最終的に廃止されたのである。[143]

以上の考察から、ベッサラビアにおける外国修道院領収入国有化は、単なる内政問題ではなく、中近東・バルカン政策につながる外交問題だったことが明らかにされた。ロシアはベッサラビアがモルドヴァ公国から受け継いだ外国修道院領を維持し、聖地とオスマン帝国の正教徒の利益を保護する方針をとり続けた。これは、正教世界の盟主として、カトリックやプロテスタント勢力と対峙し、さらには正教聖地のギリシア人のみならず、彼らの勢力下にいるアラブ人やバルカンの正教徒を援助することで、彼らに対する「ロシア国家権力の精神的威信」を揺るぎないものとする戦略だった。

そしてペテルブルクは、ベッサラビアの統合を後回しにしてでも、中近東やバルカンの正教徒を支援することを望んだ。ゼムストヴォが学校の不足を訴えているにもかかわらず、ベッサラビアにロシア語学校を建てるのではなく、シリアやウルミエにミッションスクールを建てていた。正教圏のリーダーとしての帝国理念を掲げ、オスマン領の正教徒の保護者としての役割を自任していたロシアにとって、正教外交はベッサラビアのロシア化よりはるかに重要な政策だったのである。したがってこの事例は、ロシアが辺境の統合・ロシア化よりも膨張を優先したことを明示するものである。

(1)　アトスは現在ギリシア領で、古くから正教修道士による自治国家として認められてきた。建国は聖アタナシオスによってメギスティス・ラウラ修道院が建てられた九六三年とされる。ビザンツ帝国の創始者ユスティニアヌス帝(在位三〇六―三七年)がアトスに最初の修道院を開き、背教帝ユリアヌス(在位三三一―六三年)がそれを破壊したという伝説がある。最初のロシア人修道士の一人はキエフのペチェルスカヤ修道院の創設者アントニー・ペチェルスキー(九八三―一〇七三年)で、一一世紀初めにはアトス最初のロシア系修道院の建設が開始された。セルビア系のヒランダル修道院やルーマニア系の修道院もある。高橋栄一・辻成史『聖山アトス(世界の聖域13)』講談社、一九八一年、五一、五四―五五、八〇―八一頁、Nikolaos Oikonomides, "Patronage in Palaiologan Mt Athos," in Antony Bryer, Mary Cunningham, eds., *Mount Athos and Byzantine Monasticism* (Aldershot: Variorum, 1996), 101; *Варсонофий, епископ Саранский и Мордовский* Афон в жизни русской православной церкви в XIX-начале XX вв. Сочнения. Т. 3. Саранск, 1995. С. 11.

(2)　イエスが磔刑に処され、埋葬され、復活したとされる場所を祀る聖堂群。三三五年にローマ皇帝のコンスタンティヌスによって建立された。

（3） シナイ半島にあり、特に正教修道院では六世紀にビザンツ帝国の皇帝ユスティニアヌスが建設した聖カテリーナ修道院が有名。

（4） ロシア語で Преклоненные монастыри、ルーマニア語で Mănăstirile închinate と表記される。このほかに聖地ではなくモルドヴァ公国の修道院に属する非献納修道院領などがあり、これらを含めて外国修道院（заграничные монастыри）領と総称する。

（5） *Берг Л. С.* Бессарабия: Страна-люди-хозяйство. Кишинев, 1993. С. 130.

（6） *Ганицкий М.* Монастыри в Бессарабии // КЕВ № 19. 1883. С. 655-666.

（7） ANRM, fond 88, inv. 1, dosar 2193, fila 23-23verso.

（8） ワラキア公としての在位は一六〇一－〇二、一六一一－一六、一六二〇－二三年、モルドヴァ公としての在位は一六一六－一九、一六二三－二六年。

（9） ワラキア公としての在位は一六一六－一八、一六二七－二九年、モルドヴァ公としての在位は一六二〇－二一、一六三一－三三年。

（10） Horia C. Matei, Nicolae C. Nikolescu et. al., eds., *Istoria României în date* (Chişinău, 1992), 128; アンドレイ・オツェテァ編（鈴木四郎・鈴木学訳）『ルーマニア史1』恒文社、二〇〇一年、二四四－二四五頁。

（11） Petru D. Popescu, *Dicţionar de personalităţi istorice* (Bucureşti, 2001), 161-164, 166-167, 269.

（12） Nikolae Iorga, *Istoria bisericii româneşti* şi vieţi religioase a românilor, 262-267; idem, *Byzantium after Byzantuim*, 158-160.

（13） Matei, Nikolescu, *Istoria României în date*, 129.

（14） ヴァルタは五分の一だったとし、ツルカヌは四分の一だったとする。T. Varta, “Ţarismul şi chestiunea domeniilor mănăstirilor din Basarabia (1812-1917),” *Destin Românesc* 1(1997): 14; Elena Ţurcanu, “Contextul extern al problemei mănăstirilor româneşti închinate Locurilor Sfinte (1856-1863)” (autoreferat al tezei de doctor în ştiinţe istorice, Universitatea Pedagogocă de Stat “Ion Creangă”, Chişinău, 2003), 19.

（15） *Щеглов Д.* О монастырских имениях в Бессарабии, принадлежащих заграничным восточным монастырям // КЕВ № 6, 1890, С. 265-266; L. E. Olson, “P. D. Kiselev and the Rumanian Peasantry: The Influence of the Russian

Occupation on Agrarian Relations in the Danubian Principalities, 1828-1834." PhD diss., University of Illinois, 1975. 124.

（16）　*Берг Л. С.* Бессарабия. С. 132.

（17）　例外的に、六修道院（ヤシ、フシ、スラティナ、プンガラツィ、ボグダン、ニャムツ）が宗務省の管理下から免れたが、クザの国有化ではこの六修道院も対象とされた。*Крушеван П. А.* (ред.) Бессарабия: Географический, исторический, статистический, экономический, этнографический, литературный и справочный сборник. М., 1903. С. 271, 273.

（18）　*Батюшков П. Н.* Бессарабия: Историческое описание. СПб., 1892. С. 165, 167.

（19）　*Нарочницкая Л. И.* Россия и войны Пруссии в 60-х годах XIX в. за объединение Германии «сверху». М., 1960. С. 28-29; *Чертан Е. Е.* Великие державы и буржуазные реформы в Румынии в 1863-1865 гг. // *Гросул В. Я., Левцт И. Э., Чертан Е. Е.* Балканский исторический сборник III. Кишинев, 1873. С. 126-131; Ţurcanu, "Contextul extern al problemei," 19.

（20）　*Берг Л. С.* Бессарабия. С. 132.

（21）　ANRM, fond 2, inv. 1, dosar 5832, fila 30.

（22）　*Защук А.* Материалы для географии и статистики России, собранные офицерами генерального штаба, бессарабская область. СПб., 1862. С. 216-217.

（23）　ヴァトペディ修道院はアトスの中でも最大で最も重要な修道院の一つとされる。九七二～八五年の間に建てられたとされ、ドナウ二公国の君主や聖職者は有力な後援者だった。Stavros B. Mamaloukos, "The Buildings of Vatopedi and Their Patrons," in Antony Bryer, Mary Cunningham, eds., *Mount Athos and Byzantine Monasticism* (Aldershot, Brookfield: Variorum, 1996), 113-125.

（24）　そのほかにアトスのクセロポタモス修道院が二領地、ヤシの聖ゲオルゲ教会が一領地、アトス聖山の修道院の共同体が三領地、ルーマニアのボグダン修道院が二領地、イスタンブルの小学校が一領地、イピロス（ギリシア北西）のギリシア人学校であるエリノ＝スカムネラ学校が三領地、イスタンブルの世俗学校が二領地、ルーマニアのテオドレニの聖パウロ修道院が七領地、ルーマニアのプンガラツィの修道院が一領地、アトス山のイベリア修道院が一領地、ルーマニアのスラティナの修道院が一領地、カプリアナ修道院が二四領地となっていた。Nicolae Popovschi, *Istoria Bisericii din Basarabia în veacul al XIX-lea sub ruşi: Din negura trecutului: crîmpeie de amintiri* (Chişinău, 2000), 155-156.

(25) Zamfir C. Arbure, *Basarabia în secolul XIX* (Chişinău, 2001), 283; *Берг Л. С.* Бессарабія. С. 132. カプリアナ修道院はモルドヴァ公国時代の一四二〇年に建立され、カンテミールによってアトスのゾグラフ修道院に寄進された。*Крушеван П. А.* (ред.) Бессарабія. С. 271; Puiu V. (Arhimandritul) *Mănăstirile din Basarabia* (Chişinău, 1919), 18-21.
(26) Varta, "Ţarismul şi chestiunea," 14-15.
(27) ANRM, fond 2, inv. 1, dosar 6371, fila 3-6.
(28) ANRM, fond 6, inv. 9, dosar 1031, fila 2-14verso, 108.
(29) ANRM, fond 6, inv. 9, dosar 1031, fila 35.
(30) ANRM, fond 6, inv. 9, dosar 1031, fila 177.
(31) ПСЗ-2. Т. 39. № 40873.
(32) モルドヴァの北部に一四世紀に建立された。一五二七年、モルドヴァ公国の君主ペトル・ラレシュ（在位一五二七―三八、一五四一―四六年）がドニエストル川に面したベンデルに近いキツカニ村をニャムツ修道院に寄進した。しかしその後、オスマン帝国によってベンデル周辺地域は占領される。露土戦争後の一八一二年にロシアがベッサラビアを占領し、キツカニを含むベンデル周辺地域はロシア領となった。クリミア戦争期のあるベッサラビアからの報告書は、ニャムツ修道院がベッサラビアに土地や村を所有し、ニャムツ修道院から派遣された代理人たちがその領地を経営し、かなりの収入を得ているらしいと記している。ANRM, fond 2, inv. 1, dosar 6371, fila 6; ANRM, fond 2, inv. 1, dosar 7009, fila 15-16verso, 148-148verso; Ion Nistor, *Istoria Basarabiei* (Bucureşti, 1991), 245-247; *Батюшков П. Н.* Бессарабія. С. 167; Popovschi, *Istoria Bisericii din Basarabia*, 155-156.
(33) *Андроник* Игумен Феофан, настоятель и основатель Ново-нямецкого монастыря // КЕВ № 23, 1883, С. 840-841; *Пуришкевич М. В.* Материалы, собранные гласным Бессарабского губернского земства о землях, находящихся в бессарабской губернии, именующихся преклоненными святым местам на Дальнем Востоке. Ч. 1. Кишинев, 1908. С. 32; Dinu Poştarencu, *Mănăstirea Noul Neamţ* (Chişinău, 1994), 4-7; Arbure, *Basarabia în secolul XIX*, 305-310.
(34) ПСЗ-2. Т. 68. № 51986. この法令にはグルジアの外国修道院領の国有化についての言及もある。
(35) ПСЗ-2. Т. 68. № 52803. これは一九〇三年三月二四日の法令で「ベッサラビア外国修道院領管理局」として改組され、一九一二年七月一日付で職員数や給与規定などが公布される。ПСЗ-3. Т. 23. № 22714; ПСЗ-3. Т. 32. № 37648; ANRM,

fond 2, inv. 1, dosar 8943, fila 20-21.

(36) ПСЗ-2. Т. 51. № 55967.

(37) この最後の地元ベッサラビアの教育・福祉費については、ベッサラビアのゼムストヴォに管理を任せるという外務省の案があったが、大臣委員会の反対により、外務省、内務省、教育省、宗務院の総監が管理することとなった。

(38) ANRM, fond 125, inv. 1, dosar 166, fila 154-158.

(39) ANRM, fond 88, inv. 1, dosar 2193, fila 33.

(40) ПСЗ-2. Т. 51. № 55967. С. 515.

(41) Vernon John Puryear, *England, Russia, and The Straits Question 1844-1856* (Berkeley: University of California Press, 1931), 1-74.

(42) ПФА РАН, ф. 118, оп. 1, д. 11, л. 116об-124; *Дмитриевский А. А.* Епископ Порфирий Успенский, как инициатор и организатор первой Русской Духовной Миссии в Иерусалиме и его заслуги на пользу православия и в деле изучения христианского востока (по поводу столетия со дня его рождения). СПб., 1906. С. 50.

(43) Steven Runciman, *The Great Church in Captivity: A Study of the Patriarchate of Constantinople from the Eve of the Turkish Conquest to the Greek War of Independence* (Cambridge: Cambridge University Press, 1968), 176-177.

(44) *Ямилинец Б. Ф.* Россия и Палестина: очерки политических и культурно-религиозных отношений (XIX-начало XX века). М., 2003. С. 42-44; *Соколов И. И.* Святогробское Братство в Иерусалиме: Исторический очерк // Сообщения ИППО. 1906. Т. 17. Вып. 1. С. 1-23; Правовая организация Святогробского братства в Иерусалиме // Сообщения ИППО. 1912. Т. 23. Вып. 2. С. 145-175; *Соловьев М.* Святая Земля и Православное императорское палестинское общество. СПб., 1891. С. 77, 80.

(45) M. S. Anderson, *The Eastern Question 1774-1923: A Study in International Relations* (New York: St Martin's Press, 1966), 117-131; Puryear, Vernon John. *England, Russia, and The Straits Question 1844-1856*. Berkeley: University of California Press, 1931, 197-198.; Charles A. Frazee, *Catholics and Sultans: The Church and the Ottoman Empire 1453-1923* (Cambridge: Cambridge University Press, 1983), 306; David M. Goldfrank, *The Origins of the Crimean War* (London: Longman, 1994), 75-90.

（46） 特にクリミア戦争後、パレスチナではヤッファ、ハイファなどの港から小麦、大麦、ゴマ、オリーヴ油、石鹸、オレンジなどの果物、野菜などをイギリス、フランス、アナトリア、エジプト、シリアなどに輸出していた。Alexander Schölch, "The Economic Development of Palestine, 1856-1882," *Journal of Palestine Studies* 10: 3 (1981): 35-58; Marwan R. Buheiry, "The Agricultural Exports of Southern Palestine, 1885-1914," *Journal of Palestine Studies* 10: 4 (1981): 61-81.

（47） *Мансуров Б. П.* Православные поклонники в Палестине. СПб., 1858. С. 87-105.

（48） *Воробьева И. А.* Русские миссии в Святой земле в 1847-1917 годах. М., 2001. С. 70-72; *Ямилинец Б. Ф.* Россия и Палестина. С. 88-92.

（49） *Махамид Омар* Россия и Палестина: Диалог на рубеже XIX-XX веков. СПб., 2002. С. 21. 一般からの寄付金が五三万六一二九ルーブリ、国庫からの助成金が五〇万ルーブリ集まり、一八五八〜六四年の間に一〇五万五七三四ルーブリ集まったとされる。*Хитрово В. Н.* Православие в святой земле // Православный палестинский сборник. Т. 1. Вып. 1. 1881. С. 87-89.

（50） Отчет ИППО за 1907/8 // Сообщения ИППО. 1909. Т. 20. Вып. 2. С. 201-234.

（51） Leonid I. Strakhovsky, "General Count N. P. Ignatiev and the Pan-Slav Movement," *Journal of Central European Affairs* 17: 3 (October, 1957): 223-235. イグナチエフは一八六一年にイスタンブルを特別大使として訪れ、その後外務省アジア局長を務めた。一八七八年に外交の舞台を退いた後も一八八八年から世を去る一九〇八年まで、ペテルブルクのスラヴ委員会の会長を務めた。ただしロシアの利益や主導権を重視したため、スラヴ主義と汎スラヴ主義の両面性が指摘されている。David MacKenzie, *Count N. P. Ignat'ev: The Father of Lies?* (New York: Columbia University Press, 2002), 667-680.

（52） Записки гр. Н. П. Игнатьева. 1864-1874 // Русская Старина № 2. 1915. С. 297-310.

（53） *Чуркина И. В.* Илия Гарашанин и его отношение к России (1842-1860 гг.) // *Достян И. С.* (от. ред.) Россия и Балкан: Из истроии общественно-политических и культурных связей (XVIII в.-1878 г.). М., 1995. С. 81-99; 早坂真理『イスタンブル東方機関――ポーランドの亡国愛国者』筑摩書房、一九八七年、一〇六―一一三頁。

（54） Stavrou, "Russian Policy in Constantinople," 242. 第一次世界大戦以前のデータでは、アトスの人口はギリシア人が六六%、ロシア人が二四%、ルーマニア人が五%、ブルガリア人が三%、セルビア人が一%、グルジア人が〇・二%だったとされ、非ギリシア人勢力が強まった。

(55)　渡辺圭「ロシア正教会における二〇世紀初頭の異端論争「讃名派」問題――その思想的特徴と「アトス山の動乱」の背景」『ロシア史研究』第七六号、二〇〇五年、九〇頁。

(56)　一九一二～一三年のバルカン戦争で、ロシアはギリシア軍がアトスを制圧したことに強く抗議し、一九一三年のロンドン和平会議でアトスをギリシア領ではなくドイツ、オーストリア＝ハンガリー、イギリス、イタリア、ロシアの共同管理下に置くことに成功する。*Хитров А. М., Соломина О. Л.* Забытые страницы русского имяславия: Сборник документов и публикаций по афонским событиям 1910-1913 гг. и движению имяславия в 1910-1918 гг. М., 2001. С. 5; Ernst Christian Helmreich, *The Diplomacy of the Balkan Wars 1912-1913* (New York: Russell & Russell, 1938), 339-340.

(57)　キエフはポーランド人の影響が強く、オデッサは革命的なスラヴ人がいるという理由でニコラエフが選ばれたとされる。ニコラエフの全寮制中等学校は一八六七年に開校。一八七〇年には約七〇人ほどの生徒が学んでいたが、ブルガリア人が多いものの、セルビア人、ロシア人、チェコ人のほか、スラヴ人ではないギリシア人の生徒もいたとされる。*Попов Н. А.* Славянский гансион в Николаеве. М., 1870. С. 21.

(58)　ベッサラビアはロシアとバルカンの革命家たちの連絡や禁書の密輸などの中継地点であり、一八七七～七八年の露土戦争ではキシニョフがブルガリア人義勇軍結成の拠点となった。一八四一年にはベッサラビア南部のレニを拠点にオスマン領のブルガリア人の民族運動を支援するブルガリア人住民の組織が結成された。ブルガリア人民族運動家で詩人でもあるフリスト・ボテフ(一八四七～七六年)は、オデッサで学んだのち、一八六六年にベッサラビアのブルガリア人の村で教師となり、また一八六九年から一八七一年までルーマニア統治時代のイズマイルのブルガリア人学校で教師をしながら民族運動を展開するなど、ベッサラビア南部のブルガリア人社会とつながりが強かった。*Грек И. Ф.* Общественное движение и классовая борьба болгар и гагаузов юга россии (конец 20-х-середина 50-х гг. XIX в.). Кишинев, 1988. С. 43-50; *Державин Н. С.* Христо Ботев: Поэт-революционер (1847-1876). М., 1948. С. 21-27; *Будак И. Г.* Общественно-политическое движение в Бессарабии. Кишинев, 1959. С. 49-67; *Степанова Л. И.* Вклад России в подготовку Болгарской интеллигенции в 50-70-е гг. XIX. Кишинев, 1981. С. 88, 92, 104; *Червенков Н. Н.* Политические организации болгарского национально-освободительного движения во второй половине 50-х-60-е гг. XIX в. Кишинев, 1982. С. 31; 今井淳子「一八七八年ブルガリア公国の成立に関する一考察」『国際関係学研究』第一一号、一九八四年、四三頁、同「地域の内外ネットワーク――十九世紀バルカンにおける民族運動の展開」濱下武志・辛島昇編『地域史とは何か(地域の世界史

1)』山川出版社、一九九七年、二九一―三二九頁。
(59) MacKenzie, *Count N.P. Ignat'ev*, 234.
(60) Записки ГР. Н. П. Игнатьева. С. 297-310. 独立後、世俗主義が進むギリシアにおいて、かつてのビザンツ帝国の領土を回復することを目指す大ギリシア主義(パン・ヘレニズム)が台頭し、一八四四年に首相ヨアニス・コレッティスは、「メガリ・イデア(大理念)」という領土拡張政策を主唱した。一八六三年に新しい国王となったデンマーク出身のゲオルギオス一世も領土拡張の外交路線を踏襲した。Vasilios N. Makrides, "Secularization and the Greek Orthodox Church in the Reign of King George I," in Philip Carabott, ed., *Greek Society in the Making, 1863-1913: Realities, Symbols and Visions* (Aldershot: Variorum, 1997), 179-196.
(61) *Дмитриевский А. А.* Начальник Русской духовной миссии в Иерусалиме Архимандрит Антонин (Капустин) как деятель на пользу православия на Востоке и в частности в Палестине (по поводу десятилетия со дня его кончины). СПб., 1904. С. 23-28.
(62) Paschalis M. Kitromilides, "On the Intellectual Content of Greek Nationalism: Paparrigopoulos, Byzantium and the Great Idea," in David Ricks, Paul Magdalino, eds., *Byzantium and the Modern Greek Identity* (Aldershot, Brookfield: Ashgate, 1998), 25-33; Richard Clogg, "The Byzantine Legacy in the Modern Greek World: The Megali Idea," in idem, *Anatolica: Studies in the Greek East in the* $18^{th}$ *and* $19^{th}$ *Centuries* (Aldershot: Variorum, 1996), 253-281; 村田奈々子「近代のギリシア」桜井万里子編『ギリシア史(新版世界各国史17)』第六章、山川出版社、二〇〇五年、三〇〇―三二八頁。
(63) John S. Koliopoulos, Thanos M. Veremis, *Greece: The Modern Sequel from 1831 to the Present* (London: Hurst, 2002), 145; Barbara Jelavich, *Russia and the Greek Revolution of 1843* (München: Verlag R. Oldenbourg, 1966), 14-15.
(64) Athanasios Angelopoulos, "The Relations between the Ecumenical Patriarchate and the Church of Serbia during the Period 1885-1912," *Balkan Studies* 13: 1 (1972): 119; *Попов Н.* Россия и Сербия: Исторический очерк русского покровительства Сербии с 1806 по 1856 год. Ч. 1. М., 1869. С. 274, 277.
(65) ブルガリア教会独立に関しては、Собрание мнений и отзывов Филарета, митрополита московского и коломенского, по делам православной церкви на востоке. СПб., 1886. С. 180-376; *Виноградов В. Н.* (от. ред.) Международные отношения на Балканах 1856-1878 гг. М., 1986. С. 138-143; *Никитин С. А.* Дипроматические отношения России

с южным славянами в 60-х годах XIX в. // Славянский сборник. М., 1947. С. 262-290; *Билунов Б. Н.* (от. ред.) Болгаро-российские общественно-политические связи 50-70-е гг. XIX в. Кишинев, 1986. С. 72-81; *Иречек К. И.* История Болгар. Одесса, 1878. С. 698; Frazee, *Catholics and Sultans*, 242-247; Tetsuya Sahara, *An Eastern Orthodox Community During the Tanzimat: Documents from a Register of the Bulgarian Society in Ruse (1860-1872)* (Tokyo: Institute for the Study of Languages and Cultures of Asia and Africa, 1997), 22-36; R・J・クランプトン（高田有現・久原寛子訳）『ブルガリアの歴史（ケンブリッジ版世界各国史）』創土社、二〇〇四年、九一－一〇四頁。

（66）Собрание мнений и отзывов Филарета. С. 199.

（67）ローマ教皇を首長とし、典礼は正教様式を維持する教会。

（68）*Голубинский Е.* Краткий очерк истории православных церквей болгарской, сербской и румынской или молдовалашской. М., 1871. С. 197.

（69）*Никитин С. А.* Очерки по истории южных славян и русско-балканских связей в 50-70-е годы XIX в. М., 1970. С. 193, 196-199.

（70）*Виноградов В. Н.* Балканская Эпопея князя А. М. Горчакова. М., 2005. С. 132-133.　ただしフィラレートは、ブルガリア人側にも理解を示していた。例えば、一八六二年一〇月二四日付の記録で次のように述べている。「〔世界〕総主教は、教会には民族の違いはないと述べているが、もしこの原理に違反しているとしてブルガリア人が責められるのであれば、ギリシア人も劣らず罪がある。ブルガリア人は民族の平等を要求しているのに対し、ギリシア人はギリシア人の民族的優位を維持しようとしている」。Собрание мнений и отзывов Филарета. С. 340.

（71）MacKenzie, *Count N. P. Ignat'ev*, 282.

（72）MacKenzie, *Count N. P. Ignat'ev*, 277-322; *Дмитриевский А. А.* Граф Игнатьев как церковно-политический деятель на православном востоке. СПб., 1909. С. 7; *Хевролина В. М.* Российский дипломат граф Николай Павлович Игнатьев. М., 2004. С. 162-182.

（73）一般に「エクザルフ」の称号は、コンスタンティノープル、アンティオキア、アレクサンドリアの総主教（Патриарх）と異なり、ブルガリアやグルジアなど完全独立ではない民族教会の首長に用いられる。

（74）*Дмитриевский А. А.* Граф Игнатьев. С. 9-11.

(75) グルジアでは、主にチフリス県とクタイシ県に外国修道院領が集中し、キプロス島の聖地キッコス修道院の所領というべッサラビアには存在しない修道院領があった。グルジアの外国修道院領については以下に詳しい。*Натроев А.* Иверский монастырь на Афоне в Турции, на одном из выступов Халкидонского полуострова (историко-археологическая спрабка по вопросу о споре грузин с греками на право владения имениями означенного монастыря). Тифлис, 1909. С. 272-276, 434-440. エルサレム総主教座は、べッサラビアやグルジアのみならず、モスクワやアゾフ海沿岸のタガンロクにも修道士宿舎付属教会を所有し、わずかながらの収入を得ていた。*Хитрово* Православие в святой земле. С. 60-61; *Базили К.* Сирия и Палестина под турецким правительством в историческом и политическом отношениях. Издание второе. Ч. 1. СПб., 1875. С. 210; *Попов Н.* Очерки религиозной и национальной благотворительности на Востоке и среди славян. Вып. 1. СПб., 1871. С. 100.

(76) *Хитрово* Православие в святой земле. С. 93.

(77) *Дмитриевский А. А.* Граф Игнатьев. С. 13.

(78) *Базили* Сирия и Палестина под турецким правительством. С. 247.

(79) ブルース・M・メッガー(橋本滋男訳)『新約聖書の本文研究』聖文舎、一九七三年、四三一四七頁、田川建三『書物としての新約聖書』勁草書房、一九九七年、四二四一四二六頁。

(80) 九〇～一五〇年代の間に成立した「使徒教父文書」と呼ばれる一〇文書のうちの二つ。残りの八文書は『十二使徒の教訓(ディダケー)』、『クレメンスの手紙——コリントのキリスト者へI・II』、『イグナティオスの手紙』、『ポリュカルポスの手紙』、『ポリュカルポスの殉教』、『パピアスの断片』、『ディオグネートスへの手紙』。一般に新約聖書の外典とされるが、実際には異端とされた外典とは異なり、正典と同等もしくはそれに次ぐ位置を占めていたとされる。荒井献編『使徒教父文書』講談社文芸文庫、一九九八年、九一一一頁。

(81) 前述の、一八七二年に「エルサレム問題」で解任されることになるキュリロス。

(82) Ihor Ševčenko, "New Documents on Constantine Tischendorf and the Codex Sinaiticus," in idem, ed., *Byzantium and the Slavs in Letters and Culture* (Cambridge, Mass.: Harvard Ukrainian Research Institute, 1991), 187-223.

(83) James Bentley, *Secrets of Mount Sinai: The Story of Finding the World's Oldest Bible-Codex Sinaiticus* (New York: Doubleday, 1986), 93-112.

(84) *Ševčenko*, "New Documents on Constantine Tischendorf," 202-204.
(85) ANRM, fond 214, inv. 3, dosar 7, fila 5-6verso, 11-11verso; *Дмитриевский А. А.* Граф Игнатьев. С. 20-29.
(86) ペテルブルクの帝立博物館に展示されていたが、帝政崩壊後、一九三三年にソヴェト政府がイギリスに一〇万ポンドで売却し、現在大英博物館に所蔵されている。
(87) Stavrou, "The Russian Imperial Orthodox," 73-87.
(88) Сообщения ИППО. Т. 4. Приложения. СПб., 1893. С. 1.
(89) *Махамид* Россия и Палестина. С. 121, 125.
(90) Stavrou, "The Russian Imperial Orthodox," 91-160; *Воробьева И. А.* Русские миссии в Святой земле. С. 166. 一八九二〜九三年の収支では、収入が総額三七万九六八二ルーブリ八〇カペイカ、支出が総額四一万四二六八ルーブリ六四カペイカとされる。Сообщения ИППО. Т. 4. Приложения. СПб., 1893. С. 97.
(91) Runciman, *The Great Church in Captivity*, 177.
(92) Benedict Englezakis, *Studies on the History of the Church of Cyprus, $4^{th}$-$20^{th}$ Centuries*, Translated by Norman Russel (Aldershot: Variorum, 1995), 325, 330, 332; 森安達也『東方キリスト教（世界宗教史叢書3・キリスト教史III）』山川出版社、一九七八年、二〇四—二〇六頁。
(93) John M. Neale, *A History of the Holy Eastern Church, Vol. 5, The Patriarchate of Antioch* (London: AMS Press, 1976), 190; Derek Hopwood, *The Russian Presence in Syria and Palestine, 1843-1914: Church and Politics in the Near East* (Oxford: Clarendon Press, 1969), 160, 180-181; *Попов Н.* Очерки религиозной и национальной. С. 94.
(94) *Лебедев А. П.* История греко-восточной церкви под властью турок от падения Константинополя (в 1453 году) до нашего времени. Издание второе. СПб., 1904. С. 780-781.
(95) Stavrou, "The Russian Imperial Orthodox," 227.
(96) *Гальперина Б. Д.* (от. сост.) Особые журналы Совета министров Российской империи. 1909-1917 гг.: 1910 год. М., 2001. С. 323-325.
(97) *Воробьева И. А.* Русские миссии в Святой земле. С. 101, 146; Stavrou, "The Russian Imperial Orthodox," 178, 229. またパレスチナ協会と並行して、ロシア宣教団も活動を続けていた。カプスティンが二〇年に及ぶパレスチナでの活動

ののち一八九四年に死去、一八九九～一九〇三年の団長はアレクサンドル、一九〇三～一四はレオニード・センツォフが宣教団を率いた。*Ямилинец Б. Ф.* Россия и Палестина. С. 180.

(98) 他方では、ロシアの宣教活動を干渉とみなして快く思わなかった現地住民もいたとされる。特に、正教徒アラブ人の裕福な階層は、アラブ人の民族意識を刺激するロシアからの影響に不満を持ったとされる。*Истомин Д. В.* Отношение Сирийцев к Императорскому Православному Палестинскому Обществу, а высшей греческой церковной иерархии к туземной пастве; Условия деятельноси Императорского Православного Палестинского Общества в 1895/6 году. Вып. 3. СПб., 1897. С. 2-3.

(99) ОР РНБ, ф. 253, оп. 1, д. 71, л. 3-4

(100) *Н. М. А.* Алексей Петрович Беляев // Сообщения ИППО. 1906. Т. 17. Вып. 4. С. 626-630.

(101) メレティウス(在任一八九九―一九〇六年)によってシリアに多くの小学校が建てられ、五〇年前に閉鎖された修道院の神学校が再開された。またアラブ人による総主教選出の方法などを法で定めた。一九〇六年にメレティウスが没すると、再びコンスタンティノープルやアレクサンドリアの総主教が介入しようとしたが、アラブ人グレゴリウス・ハッダードがグレゴリウス四世(在任一九〇六―二八年)として選出される。グレゴリウスが一九一三年にペテルブルクを訪れたとき、ロシアはアンティオキア総主教座に五万ルーブリの助成金の提供を認めた。一九〇九年、最終的にギリシア人聖職者はアンティオキア総主教座を承認する。Stavrou, “The Russian Imperial Orthodox,” 271-273; *Соколов И. И.* Антиохийская церковь: Очерки современного ее состояния // Сообщения ИППО. 1913. Т. 24. Вып. 2. С. 145-184; Приложения к стенографическим отчетам государственной думы. Четвертый созыв. Сессия вторая. 1913-1914 гг. Т. 6. СПб., 1914. № 607.

(102) ОР РНБ, ф. 253, оп. 1, д. 56, л. 1об.

(103) АВ СПбФ ИВ РАН, раздел III, оп. 1, д. 34, л. 18; *Соловьев М. П.* Святая Земля и Россия. СПб., 1894. С. 22; Вести с Православного Востока // Сообщения ИППО. 1914. Т. 25. Вып. 2. С. 271-283; *Хренков А. В.* Россия и Эфиопия: Развитие двустронних связей (от первых контактов до 1917 года). М., 1992. С. 133-134, 172-174.

(104) Samuel G. Wilson, “Conversion of the Nestorians of Persia to the Russian Church,” *The Missionary Review of the World* 12: 10 (October, 1899): 746-747; John Joseph, *The Modern Assyrians of the Middle East: Encounters with Western Christian missions, archaeologist, and colonial powers* (Leiden: Brill, 2000): 87-149.

(105)　一七四四年からカヘティ王国を統治し、一七六二年からカルトリ・カヘティ王国の王となる。*Натроев* А. Ираклий II, царь грузинский (по случаю 100-летней годовщины его погребения 1798-1898). Тифлис, 1898.

(106)　ОР РНБ, ф. 88, оп. 1, д. 35, л. 306.

(107)　*Е. К. (Кирион)* Краткий очерк истории грузинской церкви и экзархата за XIX столетие. Тифлис, 1901. С. 132–140.　ロシアに併合される以前のグルジアでは、東西の教会のいずれもが教会首長（カトリコス Католикос）を戴く独立教会（Автокефальная церковь）の地位にあった。一八一四年にロシアはグルジアのカトリコスを廃止、東西グルジアを統括する「グルジア・イメレチア・エクザルフ」（Экзарх Грузинский и Имеретинский）とシノド局（Синодальная контора）とを設置し、宗務院に従属させた。ロシア帝国下のグルジア・エクザルフはほぼロシア人聖職者が務めた。

(108)　Приложения к стенографическим отчетам государственной думы. Четвертый созыв. Сессия вторая. 1913–1914 гг. Вып. IV. СПб., 1914. № 397.

(109)　村岡崇光「シリア教会」前嶋信次ほか編『渦巻く諸宗教（オリエント史講座３）』学生社、一九八二年、一七七―一九九頁、森安孝夫「景教」『渦巻く諸宗教』二六四―二七五頁、中東教会協議会編（村山盛忠・小田原緑訳）『中東キリスト教の歴史』日本基督教団出版局、一九九三年、二二―二四、三二―三八頁、森安達也『東方キリスト教』一六―二九頁。

(110)　オスマン帝国ではカルデア派のミッレトが一八四五年に認められた。W. A. Wigram, *The Assyrians and Their Neighbours* (New Jersey: Gorgias Press, 2002), 162.

(111)　Joseph P. Thompson, *Memoir of Rev. David Tappan Stoddard, Missionary to the Nestorians* (New York: Sheldon, Blakeman, 1858), 98-107; W. S. Tyler, *Memoir of Rev. Henry Lobdell, M.D., Later Mittionary of the American Board at Mosul: including the Early History of the Assyrian Mission* (Boston: American Tract Society, 1859), 278-285.

(112)　特にウルミエ湖とヴァン湖の間にあるティヤリ地区で一八四三年に起こったクルド人によるネストリウス派の村の大襲撃はよく知られている。しかし多くの場合、ネストリウス派とクルド人は争わずに共存していたとされる。Thomas Laurie, *Dr. Grant and the Mountain Nestorians* (Boston: Gould and Lincoln, 1853), 344-365; Wigram, *The Assyrians*, 205.

(113)　Wilson, "Conversion of the Nestorians of Persia," 746;　川上洋一『クルド人――もうひとつの中東問題』集英社新書、二〇〇二年、六六―七三頁、David McDowall, *A Modern History of The Kurds* (London, New York: I. B. Tauris, 2004), 75; Joseph, *The Modern Assyrians*, 117-121.

(114) Arianne Ishaya, "From Contributions to Diaspora: Assyrians in the History of Urmia, Iran," 1-4. [http://www.nineveh.com/Assyrians%20in%20the%20History%20of%20Urmia,%20Iran.html]（以下本章ＵＲＬ最終閲覧日二〇〇八年七月二日）

(115) *Смолич И. К.* История русской церкви 1700-1917. Ч. 2, М., 1997. С. 281-283.

(116) 八尾師誠『イラン近代の原像──英雄サッタール・ハーンの革命（中東イスラム世界９）』東京大学出版会、一九九八年、一五八―一六五、二二九―二三〇頁。またイランからの出稼ぎ労働者がバクーなどカフカースにおけるストライキに参加した。Andrey L. Altstadt, *The Azerbaijani Turks: Power and Identity under Russian Rule* (Stanford, California: Stanford University, 1992), 48-49.

(117) 加賀谷寛『イラン現代史』近藤出版社、一九七五年、六一―六三頁、永田雄三・加賀谷寛・勝藤猛『トルコ・イラン・アフガニスタン（世界現代史11・中東近代史Ｉ）』山川出版社、一九八二年、二六四―二六八頁、八尾師誠「近代イランの社会」永田雄三編『イラン・トルコ（新版世界各国史９・西アジアⅡ）』山川出版社、二〇〇二年、三五八―三七〇頁、Amin Banani, *The Modernization of Iran, 1921-1941* (Stanford: Stanford University Press, 1961), 33, 37-38. 結局シャスターは一九一二年に帰国する。彼をめぐる問題については、Hossein Nazem, "Russia and Great Britain in Iran (1900-1914)," (PhD diss., Columbia University, 1954), 125-210; *Фируз Казем-Заде* Борьба за влияние в Персии: дипломатическое противостояние России и Англии. М., 2004. С. 491-516.

(118) *Генис В. Л.* Вице-консул Введенский: служба в Персии и Бухарском ханстве (1906-1920 гг.), российская дипломатия в судьбах. М., 2003. С. 14.

(119) Приложения к стенографическим отчетам государственной думы. № 397.

(120) 他方では、多くのアッシリア人がロシア領内に避難した。北カフカースの都市アルマヴィルに関する一九一五年の記録によると、当時のアルマヴィルには、ザカフカースから多くのシリア・カルデア派が避難してきたとされ、一八九八年にウルミエで正教を受容した人々の共同体もあったとされる。Государственный архив Ставропольского края, ф. 439 [Ставропольский епархиальный миссионерский совет], оп. 1, д. 158, л. 1, 19-19об. 一九一七年、ロシア軍はネストリウス派の総主教マル・シムン一九世を指揮官とするアッシリア人兵二〇〇〇人を訓練したとされる。Esha Emmanuel Tamras, "Dr. Freydun (ATTURAYA) Bit Abram, 1891-1926," [http://www.edessa.com/profiles/freydun.htm].

(121) Sarah Sergis Jackson, Victoria Yonan Nevils, "The Assyrians: Settlers from the Near East," [http://www.edessa.com/history/turlock.htm]. クルド人指導者シムコはタブリーズの統治者から命令を受け、マル・シムン一九世を殺害する。オスマン帝国領のネストリウス派はイギリス軍とともにトルコと戦ったが、第一次世界大戦後のイギリスによるイラク委任統治が終わるとイギリスの保護は停止し、一九三三年にイラク人やトルコ人部隊の攻撃を受けた。数千人のネストリウス派がアゼルバイジャン・ソヴェト共和国やアメリカに移住し、現在アッシリア教会の総主教座はアメリカにある。川上洋一『クルド人――もうひとつの中東問題』九四頁、Joseph, *The Modern Assyrians*, 87-149; Wigram, *The Assyrians and Their Neighbours*, 215-218.

(122) АВПРИ ф. 337/2, оп. 873/1, д. 1, док. 4, л. 10об.

(123) АВПРИ, ф. 159, оп. 462, д. 150, л. 36об.

(124) ANRM, fond 2, inv. 1, dosar 8873, fila 5-7verso.

(125) Cantemir *Descrierea Moldovei*, 208, 210.

(126) ANRM, fond 88, inv. 1, dosar 2193, fila 28verso-30.

(127) ANRM, fond 88, inv. 1, dosar 2193, fila 31verso-33.

(128) ANRM, fond 88, inv. 1, dosar 2193, fila 33verso-37verso.

(129) *Гальперина Б. Д.* (от. сост.) Особые журналы Совета министров: 1911 год. С. 264; Varta, "Ţarismul şi chestiunea," 23.

(130) 一九〇九年の報告によると、当時のベッサラビアにある外国修道院領の面積は一五万九四五六デシャチナでこのうち三万六四九四デシャチナが森林。残りは一二万二九六二デシャチナ。一〇万二五三四デシャチナ(耕地面積の約九七%)が賃貸に出されている。また九〇〇〇デシャチナ以上がブドウ園や果樹園として農民に貸し出されているとしている。外国修道院領からの収入は、一九〇九年は一五九万五一〇九(ルーブリ)、一九〇八年は一四一万四八九六、一九〇七年は一六七万七四四一、一九〇六年は一二九万一八二九、一九〇五年は一一五万二〇二五、一九〇四年は一一三万五一〇、一八九四年は六八万九四四八、一八八四年は七五万四八二、一八七四年は五六万六四五一だったとされる。ANRM, fond 2, inv. 1, dosar 8943, fila 20-21verso.

(131) 聖墳墓教会の領地収入については一八八一年七月三日から、シナイの修道院の領地収入は一八九一年五月八日から、アンティオキア総主教座の領地収入は一八八六年一二月五日から聖地の取り分が五分の四とされることとなった。また一九一一年当時のベッサラビアの外国修道院領は一二九領地一六万三九一・一六デシャチナで、四タイプに分類された。①聖地（聖墳墓教会、アンティオキア、シナイ）の属領で四万七七八二・二三デシャチナ。この領地収入の五分の四を譲渡。②アトスの修道院領で七万三〇七四・八七デシャチナ。五分の二を譲渡。③イスタンブルとイピロスの学校と聖ゲオルゲ教会の領地で二二三一・二三デシャチナ。領地収入すべて譲渡。④モルドヴァの修道院領に直接属する非献納修道院領で三万七三〇二・八三デシャチナ。五分の二の領地収入を渡す相手がなく貯蓄している状態。さらにこの四タイプのほかに、ヤシのスピリドン病院の領地が八領地で一万五二六二デシャチナ。この領地は国有化の対象になっておらず、領地収入は病院や他のルーマニア内での福祉施設の維持費として使われ、ベッサラビアの利益には一切なっていなかった。АВПРИ, ф. 159, оп. 462, д. 150, л. 36, 42; *Гальперина Б. Д.* (от. сост.) Особые журналы Совета министров: 1911 год. С. 174; *Крушеван* Бессарабия. С. 283.

(132) 当時の首相ストルィピンはベッサラビアの貴族団団長A・N・クルペンスキーとペテルブルクで会談し、修道院領問題についてベッサラビア側の要求が正当であるとして理解を示した。Varta, "Ţarismul şi chestiunea," 27.

(133) *Гальперина Б. Д.* (от. сост.) Особые журналы Совета министров: 1911 год. С. 265; 1912 год. С. 176.

(134) アレクサンドル一世時代の高官N・P・ルミャンツェフ伯（一七五四―一八二六年）のギリシア、ローマ、中近東の貴重な古文書や貨幣のコレクションをおさめた博物館。彼の死後一八三一年からペテルブルクでコレクションが一般公開されたが、一八六一年にモスクワに移され、翌一八六二年にルミャンツェフ博物館が開館した。

(135) この都市の有名なロシア正教の聖エリザベス教会を指すと思われる。アレクサンドル一世の姪エリザヴェータ・ミハイロヴナが一八四四年にヘッセン・ダルムシュタットのアドルフ公に嫁いだが、翌年第一子の出産で母子ともに死亡し、その供養のために一八四七～一八五五年に建設された。温泉療養地として有名なこの都市は南ドイツのロシア人の拠点であり、一八～一九世紀に多くの著名な作家、思想家、資産家が集った。

(136) Varta, "Ţarismul şi chestiunea," 24-27. また一九一〇年にセルビアのデチャニ近郊にあるヴィソキデチャニ修道院に約一〇万ルーブリ、パレスチナ協会に一九一〇～一二年の期間に年間二万六七七五ルーブリが補助金として支給されることが決まったが、これもまたベッサラビア修道院領収入から支払われた。

(137) *Хитрова Н. И.* Черногория в национально-освободительном движении на Балканах и русско-черногорские

отношения в 50-70-х годах XIX века. М., 1979. С. 12-16; Melvin C. Wren, "Pobedonostsev and Russian influence in the Balkans, 1881-1888," *The Journal of Modern History* 17 (1947): 130-141; Neale, *A History of the Holy Eastern Church*, 51.

(138)　Dusan T. Batakovic, "The Balkan Piedmont: Serbia and the Yugoslav Question," [http //www.bglink.com/bgpersonal/batakovic/piedmont.html#THE%20FAILURE]; "The diocese of Dabar-bosnia," [http://www.spc.org.yu/Genocid/Dabrobosanska/dabroe.html]; Radomir Popovic, "Serbian Church in History," [http://www.orthodoxresearchinstitute.org/articles/church_history/popovic_serbian_church.htm]. オーストリア統治下のボスニアは二重帝国の財務省の管轄となり、一八八二〜一九〇三年に財務相カーライがボスニア主義を根づかせようとしたが、セルビア・クロアチアの民族主義やムスリムとの対立を防ぐことはできなかった。ロバート・J・ドーニャ、ジョン・V・A・ファイン（佐原徹哉ほか訳）『多民族国家の試練　ボスニア・ヘルツェゴヴィナ史』恒文社、一九九五年、一〇〇－一〇六頁。またコサノヴィチは、ボスニアの府主教になる前、露土戦争以前の一八七二年に、ボスニアの正教活動のための支援を求めにロシアを訪れたことがあった。*Попов Н. А.* Православие в Боснии и его борьба с католического пропагандой и протестантскими миссионерами. М., 1873. С. 30.

(139)　АВПРИ, ф. 159, оп. 462, д. 150, л. 11об-12.

(140)　*Поздняев Д.* История Православной Церкви в Синьцзяне // *Тихвинский С. Л., Мясников В. С.* (ред.) История российской духовной миссии в Китае: Сборник статей. М., 1997. С. 362-375.

(141)　*Гальперина Б. Д.* (от. сост.) Особые журналы Совета министров: 1911 год. С 178, 181.

(142)　ПСЗ-3. Т. 32. № 37660.　一九一一年五月五日の大臣評議会で、外務省が財務省の賛同を得て、聖スピリドン病院の領地についてルーマニア政府と交渉することに決まったが、この法令では言及されていない。*Гальперина Б. Д.* (от. сост.) Особые журналы Совета министров: 1911 год. С. 182-183, 186.

(143)　ルーマニア農務省の機関「カーサ・ノアストラ（我らの家）」がベッサラビアの外国修道院領国有化を担当した。例えば、ANRM, fond 110 [Casa Noastră/Каса Ноастрэ], inv. 1, dosar 209, fila 1.

# 結論

本書では、以下の問題について論じた。

第一章では、ベッサラビアの成立に至るまでのロシアの南下政策について考察した。ロシアにとってこのピョートル以来一〇〇年に及ぶ南下政策は、バルカンの正教徒民族との関係を強め、彼らの保護者としての役割を勢力拡大に利用するというその後の外交方針の基礎となるものだった。またこれは、バルカンのみならず近東における正教外交の方針にもつながるものである。

ベッサラビアは、このロシアの地中海、アドリア海、バルカンへの進出の過程で成立した新しい地域だった。ロシアは、モルドヴァ公国の領土の一部を併合したことにより、ビザンツの伝統、宗教、法律、文化が根づいたポスト・ビザンツ空間を獲得した。のちにベッサラビアのこの属性は、ロシアの南下政策や正教外交の道具となる。

同時にロシアは、モルドヴァ公国領の一部しか獲得できなかったことによって、隣国と同一民族であるルーマニア人を共有する「ルーマニア人地域」の一部を抱え込む結果となった。このため隣国ルーマニアの情勢を意識しながらベッサラビアの改革を行う必要に迫られることとなる。このように、ベッサラビアの成立の時点において、その後のベッサラビア統治にルーマニア情勢、ロシアの南下政策、そして正教外交が影響を及ぼす前提条件が出揃うこととなった。

第二章では、ベッサラビアの行政統合とバルカン情勢の関係について考察した。エカチェリーナ二世とポチョムキンによるノヴォロシアの正教化政策、アレクサンドル一世によるベッサラビア南部への「ザドナウ移民」の受け入れ政策によって、この地域はオスマン帝国領の正教徒民族との戦略的な紐帯としての性格を帯びた。この特色は、この地域がギリシア人革命家の活動拠点となる前提条件となったが、ナポレオン戦争後のウィーン体制の影響でエテリア革命は制圧され、ベッサラビアとノヴォロシアとの行政統合を招く結果となった。さらにその後ロシアのギリシア独立戦争への参戦とオスマン帝国との開戦が原因で、ベッサラビアの統制は強化され、ノヴォロシア・ベッサラビア総督府が正式に発足したと考えられる。よってこれは、地域の開発・経営の機能がこれまで重視されてきたノヴォロシア・ベッサラビア総督府の性格の、戦略的な側面を示す事例である。

第三章では、ベッサラビアの「大改革」とルーマニア情勢との関係について考察した。モルドヴァ公国の領土の一片だったベッサラビアは、ロシア帝国内の「ルーマニア人地域」だった。クザによるルーマニア統一の動きや近代化改革はベッサラビアにいる同胞の耳目を集め、これを察知したベッサラビア行政当局は分離主義の危険を中央に訴えて改革の導入を催促した。またルーマニアとオーストリアにおける政情不安がベッサラビアのロシアへの関心を取り戻す好機だとしてゼムストヴォ設置を訴えた。中央もベッサラビアの農民をルーマニアの農民よりも高い生活水準に置くことを意識して改革を実施した。よってこれは、ベッサラビアの「大改革」は単なる国内問題ではなく、ルーマニアとの関係およびバルカン情勢の中に位置づけて考えなければならない問題であることを示す事例である。

第四章では、ベッサラビアの現地法問題について考察した。ベッサラビアの現地法は、ドナウ二公国が継受したビザンツ法を法源としており、併合当時にアレクサンドル一世が「永久に」保存することを認めたものだった。その後、ベッサラビアにおいて現地法廃止論議が起こったが、結局帝政崩壊まで現地法は廃止されなかった。ペテルブルクでの議論の詳細については今後の課題であるが、一八四〇年代当時の法相の発言は、南下政策にとって有利であるオスマン領の正教徒民族との文化的紐帯の維持が、ロシア化よりも優先された可能性を示唆している。

最後の第五章では、外国修道院領問題と正教外交について考察した。ビザンツの崩壊後、ドナウ二公国はオスマン領となった正教聖地に自国領を寄進して財政支援を行った。ロシアは、ベッサラビアにある聖地名義の所領の管理をギリシア人聖職者に全権委任していたが、カトリック、プロテスタントおよびギリシア人に対抗するために、この修道院領を自らの正教外交の武器に転換し、莫大な収入を主に国外の正教徒をロシアに引きつけるための活動資金として流用した。ベッサラビア側は領地管理権の譲渡を政府に要求したが、正教外交の重要性を理由に却下される。これは、ベッサラビアがモルドヴァ公国から受け継いだ遺産をロシアが外交資源として活用したこと、およびロシアがバルカンや近東に勢力を伸張するためにベッサラビアのロシア化を犠牲にしたことを示す事例である。

以上の考察から、序章で挙げた三論点(①民族地域から歴史的空間への移行、②内政と外交の包括的分析、③膨張と統合との関係の重視)について、次のことが明らかとなった。

第一に、ベッサラビアのギリシア・ファクターの重要性が明らかにされた。

ベッサラビアは、ビザンツ法が現行法として浸透し、正教聖地に属しギリシア人聖職者が管理する広大な修道院領を擁し、修道士の食生活にまでギリシアの風習が浸透しているポスト・ビザンツ空間だった。これはドナウ二公国がビザンツの伝統、宗教、法文化を継承した「ビザンツ後のビザンツ」であり、またギリシア人聖職者やファナリオテス君主が権勢を振るった、いわば第二のビザンツ帝国としての性格を持っていたからだった。

ロシアはベッサラビアを併合したことにより、オスマン帝国領の正教徒が共有するビザンツ法文化や正教聖地の所領を獲得し、それを正教外交や南下政策に利用した。正教の盟主、ビザンツ帝国の後継者としての威信にこだわるロシアにとって、ポスト・ビザンツ世界の一部としてのベッサラビアの属性は、単なる「ルーマニア人地域」の一部としての属性よりも、はるかに利用価値の高いものだった。このことは、ロシアのベッサラビア統治を対ルーマニア人政策と同義にとらえルーマニア・ファクターのみに注目する従来のアプローチへの反証となるものである。

第二に、ベッサラビア統治を考えるうえで、「中央―地方」の関係のみならず、帝国の内政と外交とを包括的に分析することが必要であることが明らかとなった。

ベッサラビアの自治廃止と総督府への編入、農民解放、ゼムストヴォ導入、外国修道院領収入の国有化などが、国内外の事情を考慮して行われただけではなく、南下政策および聖地における正教外交を有利に進めるためでもあった。これは、帝国が内政と外交とを戦略的な意図を持って結びつけていたことを示すものであり、単にある政策の施行に内的要因と外的要因の両方が影響していたという受身的なレベルの問題にとどまるものではない。

最後に、帝国における辺境の統合と膨張の関係に目を向ける必要性が明らかとなった。ロシアは、ベッサラビアの「ポスト・ビザンツ空間」としての特性を温存して、外交資源として利用した。これは、辺境が単なる統合・ロシア化の対象ではなく、膨張の道具ともなりうることを示している。

そして外国修道院領問題は、ロシアがベッサラビアの統合・ロシア化を犠牲にしてでも正教外交を優先したことを明らかにした。これは、帝国においては、膨張と統合が、切り離しては論じることのできない二者択一の問題になりうることを示唆している。これは、単に両者が結びついていたということとは異なり、帝国が直面したジレンマの状況、および一方を取り他方を捨てるという選択に介在した帝国の目的や論理が重要な意味を持っているということである。

したがって、辺境がいかにして統合されたか(もしくはされなかったか)という問題設定だけでは、問題の本質を見誤る恐れがある。ロシア帝国を運営する上での理念や論理を究明するためには、民族問題、内政および統合・ロシア化の問題を偏重することなく、空間、外交および膨張の問題とのバランスを常に意識することが必要なのである。

志田恭子（しだ　きょうこ）

1971年生まれ
2006年　北海道大学大学院文学研究科博士後期課程修了
2006年-2009年3月　北海道大学スラブ研究センター学術研究員，北海道大学スラブ研究センターCOE共同研究員
主な業績に，「ベッサラビアからみるロシア帝国研究と跨境論」『ユーラシア―帝国の大陸（講座スラブ・ユーラシア学3）』（講談社，2008年），「帝政ロシアにおける国内問題と外交との関係性――クリミア・グルジアのアトス問題を事例に」（『ロシア史研究』第81号，2007年）他

ロシア帝国の膨張と統合
――ポスト・ビザンツ空間としてのベッサラビア

2009年6月25日　第1刷発行

著　者　志　田　恭　子
発行者　吉　田　克　己

発行所　北海道大学出版会
札幌市北区北9条西8丁目 北海道大学構内（〒060-0809）
tel. 011(747)2308・fax. 011(736)8605・http://www.hup.gr.jp

㈱アイワード


ISBN978-4-8329-6705-2

# 索　引

## あ 行



## か 行



## さ 行

## た　行



## な　行



## は　行



## ま　行



## や　行



## ら　行

# 参考文献

## 文書館史料


オデッサ州国立文書館(ウクライナ，オデッサ)

Державний архів Одеської області (ДАОО)

ф. 1 [Канцелярія Новоросійського і Бессарабського генерал-губернатора]

モルドヴァ共和国国立文書館(モルドヴァ共和国，キシナウ)

Arhiva Naţională a Republicii Moldova (ANRM)

fond 2 [Канцелярия Бессарабского губернатора]

fond 3 [Бессарабский верховный совет, Бессарабский областной совет]

fond 6 [Бессарабское губернское правление]

fond 88 [Бессарабское дворянское депутатское собрание]

fond 110 [Casa Noastră/Каса Ноастрэ]

fond 125 [Управление имениями заграничных духовных установлений в Бессарабии]

fond 205 [Кишиневская духовная дикастерия]

fond 208 [Кишиневская духовная консистория]

fond 214 [Поверенные по заведыванию имениями заграничных духовных установлений]

ロシア帝国外交文書館(ロシア，モスクワ)

Архив внешней политики Российской империи (АВПРИ)

фонд 159 [Бессарабские имения]

фонд 337/2 [Российское Императорское Православное Палестинское Общество]

ロシア国立古文書館(ロシア，モスクワ)

Российский государственный архив древних актов (РГАДА)

фонд 1261 [Воронцовы гр. кн.]

ロシア科学アカデミー文書館サンクトペテルブルク支部(ロシア，サンクトペテルブルク)

Санкт-Петербургский Филиал Архива Российской Академии Наук (ПФА РАН)

фонд 118

ロシア科学アカデミー東洋学研究所サンクトペテルブルク支部東洋学文書館(ロシア，サンクトペテルブルク)

Архив востковедов, Санкт-Петербургский Филиал Института Востоковедения

Российской Академии Наук (АВ СПбФ ИВ РАН)
раздел III, оп. 1, д. 34. [Материалы Н. Н. Шедевра]
ロシア民族図書館手稿部(ロシア，サンクトペテルブルク)
Отдел рукописей Российской национальной библиотеки (ОР РНБ)
ф. 88 [Болотов В. В.]
ф. 253 [Дмитриевский А. А.]

## 定期公刊物・資料・法令集・辞典

*Алексеева В. Ю.* Государственный архив одесской области, фонды государственного архива одесского области. Указатель. Ч. 1. Досоветский период. Одесса, 2000.
Архивное управление при совете министров УССР, государственный архив одесской области. Путеводитель. Одесса, 1961.
Бессарабский календарь. Кишинев.
*Брокгауз Ф. А., Ефрон И. А.* Энциклопедический словарь. СПб., 1898.
Вестник Бессарабского земства, Кишинев.
Государственная дума, третий созыв. Стенографическая отчеты 1912 г. сессия пятая. Ч. 4. СПб., 1912.
Записки Бессарабского областного статистического комитета. Кишинев, 1867
Записки Бессарабского статистического комитета. Т. 3. Кишинев, 1868.
Обзор Бессарабской губернии. Кишинев.
Свод законов Российской империи, повелением Государя императора Николая Первого составленный. Т. 10. Ч. 1. СПб., 1857.
Сообщения Императорского Православного Палестинского Общества (Сообщения ИППО).
Статистика Российской империи XV, волости и гмины 1890 года, III. Бессарабская губерния, СПб., 1890.
Труды местных комитетов о нуждах сельскохозяйственной промышленности III. Бессарабская губерния, СПб., 1903.
Первая всеобщая перепись населения Российской империи 1897 г. III. Бессарабская губерния.; XIII. Екатеринославская губерния; XLVII. Херсонская губерния; XLI. Таврическая губерния.
Полное собрание законов Российской империи (ПСЗ). I, II. СПб.
Приложения к стенографическим отчетам государственной думы. Третий созыв. Сессия четвертая. 1910–1911 гг. Т. 3. СПб. 1911.
Приложения к стенографическим отчетам государственной думы. Четвертый

созыв. Сессия вторая. 1913–1914 гг. Т. 6. СПб., 1914.
Путеводитель по центральному государственному архиву Молдавской ССР. Ч. 1. Кишинев, 1959.
Центральный государственный архив Молдавской ССР и его филиал в г. Тирасполе. Краткий справочник. Кишинев, 1988.
*Лоза Ю.* Україна історичний атлас. 9 клас. Київ, 1999.
Matei, Horia C., Nikolescu, Nicolae C. *Istoria României în date*. Chişinău, 1991.
Pascu, Vasile. *Atlas istoric didactic*. Bucureşti, 2002.
Popescu, Petru D. *Dicţionar de personalităţi istorice*. Bucureşti, 2001.
伊東孝之他監修『東欧を知る事典』平凡社，2003 年。

## 先行研究

### ロシア語

*Агаджанов С. Г.* (от. ред.) Национальные окраины Российской империи: Становление и развитие системы управления. М., 1998.
*Андреева Е. А.* Народоведение и этнография Бессарабии: сборник материалов. Измаил, 1996.
*Андроник* Игумен Феофан, настоятель и основатель Ново-нямецкого монастыря // КЕВ № 23, 1883, С. 840–844.
*Анцупов И. А.* Государственная деревня Бессарабии в XIX веке (1812–1870). Кишинев, 1966.
—— Аграрные отоношения на юге Бессарабии (1812–1870 гг.). Кишинев, 1978.
*Аншаков Ю. П.* Становление Черногорского государства и Россия (1798–1856 гг.) М., 1998.
*Арш Г. Л.* Из ранней истории греческого революционного общества «Филики Этерия» (Н. Галатис в Молдавии и Валахии в 1817–1818 гг.) // *Гросул В. Я., Левит И. Э., Чертан Е. Е.* (ред.) Балканский исторический сборник II. Кишинев, 1970. С. 8–10.
—— Греческое коммерческое училище Одессы в 1817–1830 (Из истории новогреческого Просвещения) // *Арш Г. Л.* (от. ред.) Общественные и культурные связи народов СССР и Балкан XVII–XX вв., Балканские исследования. Вып. 10. М., 1987. С. 31–62.
—— (от. ред.) Политические, общественные и культурные связи народов СССР и Греции (XIX–XX вв.), Балканские исследования. Вып. 11. М., 1989.

——— Александр Ипсиланти и его взаимоотношения с правительством России (новые архивные данные) // *Достян И. С.* (от. ред.) Россия и Балкан: Из истроии общественно-политических и культурных связей (XVIII в.-1878 г.). М., 1995. С. 208-240.

*Атлас Д.* Старая Одесса: ее друдья и недруги. Одесса, 1992.

*Бажова А. П.* Карагеоргий в России // *Чубриловић В.* (ред.) Југословенске земље и Русија за време првог српског устанка 1804-1813. Београд, 1983. С. 295-302.

*Базанов В.* Декабристы в Кишиневе (М. Ф. Орлов и В. Ф. Раевский). Кишинев, 1951.

*Базили К.* Сирия и Палестина под турецким правительством в историческом и политическом отношениях. Издание второе. Ч. 1. СПб., 1875.

*Батюшков П. Н.* Бессарабия: Историческое описание, СПб., 1892.

*Белов М. В.* Первое сербское восстание 1804-1813 гг. и Россия: События, документы, историография. Нижний Новгород, 1999.

*Берг Л. С.* Бессарабия: страна-люди-хозяйство. Кишинев, 1993.

*Березняков Н. В.* Революционное и национально-освободительное движение в Дунайских княжествах в 1848-1849 гг. Кишинев, 1955.

*Билунов Б. Н.* (от. ред.) Болгаро-российские общественно-политические связи 50-70-е гг. XIX в. Кишинев, 1986.

*Будак И. Г.* Развитие капитализма в сельском хозяйстве Бессарабии в пореформенный период. Кишинев, 1954.

——— Общественно-политическое движение в Бессарабии в пореформенный период. Кишинев, 1959.

——— Буржуазные реформы 60-70-х годов XIX века в Бессарабии. Кишинев, 1961.

*Варсонофий, епископ Саранский и Мордовский* Афон в жизни русской православной церкви в XIX-начале XX вв. Сочшения. Т. 3. Саранск, 1995.

*Варта И. С.* Проблема объединения дунайских княжеств в 1855-1859 гг. во внешней политике франции: Автореф. дис. канд. ист. наук. М., 1989.

Вести с Православного Востока // Сообщения ИППО. 1914. Т. 25. Вып. 2. С. 271-283.

*Виноградов В. Н.* Россия и объединение Румынских княжеств. М., 1961.

——— История Румынии: нового и новейшего времени. М., 1964.

——— (от. ред.) Международные отношения на Балканах 1856-1878 гг. М., 1986.

——— Балканская Эпопея князя А. М. Горчакова. М., 2005.

*Воробьева И. А.* Русские миссии в Святой земле в 1847-1917 годах. М., 2001.

*Гальперина Б. Д.* (от. сост.) Особые журналы Совета министров Российской империи. 1909-1917 гг.: 1909 год. М., 2000; 1910 год. 2001; 1911 год. 2002.

*Гавриил, архиепископ,* Переселение греков из Крыма в азовскую губернию и основание Готфийской и Кафийской епархии // ЗООИД. Т. 1, 1844.

*Ганицкий М.* Монастыри в Бессарабии // КЕВ № 19, 1883. С. 653-663, № 2, 1884. С. 37-52.

*Генис В. Л.* Вице-консул Введенский: служба в Персии и Бухарском ханстве (1906-1920 гг.), российская дипломатия в судьбах. М., 2003.

*Герцен А. Г., Могаричев Ю. М.* О возникновении готской епархии в Таврике // Материалы по археологии, истории и этнографии Таврии, Вып. 2. Симферополь, 1991.

*Голубинский Е.* Краткий очерк истории православных церквей болгарской, сербской и румынской или молдо-валашской. М., 1871.

*Грачев В. П.* Начальный этап русской политики в отношении первого сербского восстания 1804-1813 гг. (1804-1807 гг.) //*Чубриловић В.* (ред.) Југоцловенске земље и Русија за време првог српског устанка 1804-1813. Београд, 1983. С. 177-202.

——— Православная церковь и первое сербское восстание 1804-1813 гг. // *Чуркина И. В.* (от. ред.) Церковь в истории славяских народов. Балканские исследования, Вып. 17. М., 1997, С. 161-175.

——— Планы создания славяно-сербского государства на Балканах в начале XIX в. и отношение к ним правительства России // *Достян И. С.* (от. ред.) Россия и Балкан: Из истроии общественно-политических и культурных связей (XVIII в.-1878 г.). М., 1995. С. 4-40.

*Грек И. Ф.* Общественное движение и классовая борьба болгар и гагаузов юга россии (конец 20-х-середина 50-х гг. XIX в.). Кишинев, 1988.

——— Органы управления "Задунайскими переселенцами" в первой половине XIX в., Страницы истории и этографии Болгар Молдовы и Украины. Кишинев, 1995.

*Гроссман С. М.* Местные законы Бессарабии. СПб., 1904.

*Гросул В. Я.* Крестьяне Бессарабии (1812-1861 гг.). Кишинев, 1956.

——— Реформы в дунайских княжествах и Россия (20-30 годы XIX века). М., 1966.

——— Революционная Россия и Балканы (1874–1883). М., 1980
——— Российская революционная эмиграция на Балканах в 1883–1895 гг. М., 1988.
*Гросул Я. С.* Труды по истории Молдавии. Кишинев, 1982.
*Гросул Я., Будак И.* Крестьянская реформа 60–70-х годов XIX в. в Бессарабии. Кишинев, 1956.
——— Очерки истории народного хозяйства Бессарабии (1861–1905 гг.). Кишинев, 1972.
*Гросул В. Я., Левит И. Э., Чертан Е. Е.* (ред.) Балканский исторический сборник II. Кишинев, 1970.
——— Балканский исторический сборник III. Кишинев, 1973.
*Гросул В. Я., Чертан Е. Е.* Россия и формирование румынского независимого государства. М., 1969.
*Губогло М. Н.* (от. ред) Украинко-молдавские зтнокультурные взаимосвязи в период социализма. Киев, 1987.
*Данилевский Н. Я.* Россия и Европа. New York: Johnson Reprint, 1966.
*Державин Н. С.* Христо Ботев: Поэт-революционер (1847–1876). М., Ленинград, 1948.
*Дзидзигури Ш. В.* (глав. ред.) Законы Вахтанга VI. Тбилиси, 1980.
*Дмитриевский А. А.* Начальник Русской духовной миссии в Иерусалиме Архимандрит Антонин (Капустин) как деятель на пользу православия на Востоке и в частности в Палестине (по поводу десятилетия со дня его кончины). СПб., 1904. С. 23–28.
——— Епископ Порфирий Успенский, как инициатор и организатор первой Русской Духовной Миссии в Иерусалиме и его заслуги на пользу православия и в деле изучения христианского востока (по поводу столетия со дня его рождения). СПб., 1906.
——— Граф Игнатьев как церковно-политический деятель на православном востоке. СПб., 1909.
*Долгоруков П. В.* Петербургские очерки: Памфлеты эмигранта 1860–1867. М., 1934.
*Достян И. С.* Россия и балканский вопрос: из истории русско-балканских политических связей в первой трети XIX в. М., 1972.
——— (от. ред.) Формирование национальных независимых государств на Балканах конец XVIII–70-е годы XIX в. М., 1986.
*Драгнев Д., Драгнев Е., Мискевка В., Варта И., Шишкану И.* История Румын: с древнейших времен до наших дней. Кишинэу, 2002.

*Дружинина Е. И.* Кючук-Кайнарджийский мир 1774 года (его подготовка и заключение). М., 1955

—— Северное Причерноморье в 1775-1800 гг. М., 1959.

—— Южная Украина в 1800-1825 гг. М., 1970.

—— Южная Украина в период кризиса феодализма 1825-1860 гг. М., 1981.

*Духанов М. М.* Россия и Балтийский вопрос в 60-х годах XIX века, Автореф. дис. канд. ист. наук. Москва-Рига, 1962.

—— Остзейцы: Политика остзейского дворянства в 50-70-х гг. и критика ее апологетической историографии. Рига, 1978.

*Егунов А. Н.* Местные гражданские законы Бессарабии. СПб., 1881.

—— (ред.) Записки Бессарабского областного статистического комитета, том третий. Кишинев, 1868.

—— Сборник местных в Бессарабии узаконений по предметам гражданского права. Кишинев, 1869.

—— 1606 ст. 2 ч. X т. и бессарабские местные законы // Журнал гражданского и торгового права. Кн. 3. сентябрь. 1871. С. 526-538.

*Елевферий Михалевич* Былое Бессарабии // КЕВ № 20. 1903. С. 527-545.

*Заблоцкий-десятовский А. П.* Граф П. Д. Киселев и его время. Т. 1. СПб., 1882.

Записки гр. Н. П. Игнатьева. 1864-1874 // Русская Старина. 2. 1915. С. 297-310.

*Захарова Л. Г.* Самодержавие и отмена крепостного права в России 1856-1861. М., 1984.

*Защук А.* Сельско-хозяйственная промышленность Бессарабской области // Записки императорского общества сельского хозяйства Южной России. Одесса, 1861. январь. С. 583-594.

—— Материалы для географии и статистики России, собранные офицерами генерального штаба, бессарабская область. СПб., 1862.

—— Этнография Бессарабской области // ЗООИД Т. 5. 1863. С. 491-586.

*Зеленчук В. С.* Население Бессарабии и поднестровья в XIX в. (этнические и социально-демографические процессы). Кишинев, 1979.

*Иовва И. Ф.* Южные декабристы и греческое национально-освободительное движение. Кишинев, 1963.

—— Декабристы в Молдавии. Кишинев, 1975.

—— Передовая Россия и общественно-политическое движение в Молдавии (первая половина XIX в.). Кишинев, 1986.

*Иречек К. И.* История Болгар. Одесса, 1878.

*Исаков С. Г.* Остзейский вопрос в русской печати 1860-х годов. Тарту, 1961.

*Истомин Д. В.* Отношение Сирийцев к Императорскому Православному Палестинскому Обществу, а высшей греческой церковной иерархии к туземной пастве; Условия деятельноси Императорского Православного Палестинского Общества в 1895/6 году. Вып. 3. СПб., 1897.

*Исхаков Ф.* Национальная политика царизма в Туркестане, 1867–1917. Ташкент, 1997.

*Кабузан В. М.* Народнонаселение Бессарабской области и левобережных районов придонестровья (конец XVIII–первая половина XIX в.) Кишинев, 1974.

——— Заселение Новороссии (Екатеринославской и Херсонской губерний) в XVIII–первой половине XIX века (1719–1858 гг.). М., 1976.

*Казем-Заде, Фируз* Борьба за влияние в Персии: дипломатическое противостояние России и Англии. М., 2004. С. 491–516.

*Каппелер А.* Мазепинцы, Малороссы, Хохолы: Украинцы в этнической иерархии российской империи // *Миллер А. И., Репринцев В. Ф., Флоря Б. Н.* (от. ред.) Россия-Украина: история взаимоотношений. М., 1997. С. 125–144.

——— Россия–многонациональная империя: Возникновение история распад. М., 2000.

*Катунин Ю. А.* Из истории христианства в Крыму: Таврическая епархия (вторая половина XIX–начало XX века). Симферополь, 1995.

*Кассо Л. А.* Византийское право в Бессарабии. М., 1907.

——— Россия на дунае и образование бессарабской области. М., 1913.

*Квачевский А.* Законы черниговской и полтавской губерний и новый суд // Журнал гражданского и уголовного права. Кн. 1. 1875. С. 51–86.

*Квилинкова Е. Н.* Гагаузские календарные обычаи и обряды как форма регуляции хозяйственной, социальной и семейной жизни в конце XIX начале XX вв. // Anuarul Institutului de Cercetări Interetnice Vol. 2. Chişinău, 2001: 92–95.

*Констатинос Папулидис* Просветительская и культурная деятельность греков Одессы в XIX и XX вв. // *Арш Г. Л.* (от. ред.) Политические, общественные и культурные связи народов СССР и Греции (XIX-XX вв.). Балканские исследования. Вып. 11. С. 190–199.

*Киняпина Н. С.* Внешняя политика России второй половины XIX в. М., 1974.

——— (от. ред.) Восточный вопрос во внешней политике России: конец XVIII–начало XX в. М., 1978.

*Е. К. (Кирион)* Краткий очерк истории грузинской церкви и экзархата за XIX столетие. Тифлис, 1901.

*Крупенский А. Н.* Краткий очерк о бессарабском дворянстве (1812-1912): к 100-летнему юбилею Бессарабии. СПб., 1912.

*Крушеван П. А.* (ред.) Бессарабия: Географический, исторический, статистический, экономический, этнографический, литературный и справочный сборник. М., 1903.

*Кулинич И. М.* Миграционные процессы немецкого населения в причерноморье и приазовье (херсонская,екатеринославская, таврическая губернии Украины) в XIX-XX вв. // Миграционные процессы среди российских немецев: исторический аспект: Материалы международной научной конференции. Анапа, 26-30 сентября 1997 г. М., 1998. С. 52-62.

*Лашков Н. В.* Бессарабия к столетию присоединения к России 1812-1917 гг. Кишинев, 1912.

*Лашков Ф.* Князь Г. А. Потемкин-Таврический, как деятель Крыма: Краткий очерк по архивным данным. Симферополь, 1890.

*Лебедев А. П.* История греко-восточной церкви под властью турок от падения Константинополя (в 1453 году) до нашего времени. Издание второе. СПб., 1904.

*Ливен Доминик* Империя на периферии Европы: Сравнение России и Запада // *Миллер А. И.* (ред.) Российская империя в сравнительной перспективе. М., 2004. С. 71-93.

*Липранди И. П.* Болгария. М., 1877.

*Липшиц Е. Э.* Законодательство и юриспруденция в Византии в IX-XI вв. Ленинград, 1981.

*Личинина Н. А.* Дубровницкая Республика и Россия в последней трети XVIII-начале XIX вв. Автореф. канд. ист. наук. М., 1990.

*Лукатос, Спирос.* «Памятник» русским филэллинам // *Арш. Г. Л.* (от. ред.) Политические, общественные и культурные связи народов СССР и Греции (XIX-XX вв.), Балканские исследования. Вып. 11. М., 1989.

*Лупашку Зинаида* История румынского государства и права. Кишинев, 2003.

*Лучинина Н. А.* Вопрос о православной церкви в русско-дубровницких отношениях последней трети XVIII- начала XIX в. // *Чуркина И. В.* (от. ред.) Церковь в истории славяских народов. Валканские исследования. Вып. 17. М., 1997. С. 141-148.

*Любавский М. К.* Обзор истории русской колонизации с древнейших времен и до XX века. М., 1996.

*Мансуров Б. П.* Православные поклонники в Палестине. СПб., 1858.

*Маркевич А. И.* Южная Русь при Экатерине II. Одесса, 1893.

——— Императрица Екатерина II и Крым (к столетию со дня кончны Екатерины Великой). Симферополь, 1897.

*Махамид Омар* Россия и Палестина: Диалог на рубеже XIX–XX веков. СПб., 2002.

*Мацузато Кимитака* Генерал-губернаторства в Российской империи: от этнического к пространственному подходу // *Герасимов И.* (от. ред.) Новая имперская история постсоветского пространства. Казань, 2004. С. 427–458.

*Мешков А. Ю.* (от. ред.) Очерки истории министерства иностранных дел России. Т. 3. Биографии министров иностранных дел 1802–2002 гг. М., 2002.

*Мещерюк И. И.* Антикрепостническая борьба гагаузов и болгар Бессарабии в 1812–1820 гг. Кишинев, 1957.

*Миллер А.* Руссификации: классифицировать и понять // *Ab Imperio* № 2, 2002, С. 133–148.

Министерство юстиции за сто лет 1802–1902: Исторический очерк. СПб., 1902.

*Михалевич Елевферий* Былое Бессарабии // КЕВ. № 20. 1903. С. 527–545.

*Морозова Е. Н.* У истоков земской реформы. Саратов, 2000.

*Мохов Н. А.* Очерки истории молдавско-русско-украинских связей (с древнейших времен до начала XIX века), Кишинев, 1961.

*Мякотин В. А.* А. С. Пушкин и декабристы. Берлин, 1923.

*Накко Алексей* Очерк гражданского управления в Бессарабии, Молдавии и Валахии во время русско-турецкой войны 1806–1812 года // ЗООИД. Т. 11. Одесса, 1879. С. 269–310.

*Нарочницкая Л. И.* Россия и войны Пруссии в 60-х годах XIX в. за объединение Германии «сверху». М., 1960.

——— Россия и отмена нейтрализации черного моря 1856–1871 гг.: к истории восточного вопроса. М., 1989.

*Натроев А.* Ираклий II, царь грузинский (по случаю 100-летней годовщины его погребения 1798–1898). Тифлис, 1898.

——— Иверский монастырь на Афоне в Турции, на одном из выступов Халкидонского полуострова (историко-археологическая спрабка по вопросу о споре грузин с греками на право владения имениями означенного монастыря). Тифлис, 1909.

*Нежинский Л. Н., Игнатьев А. В.* (от. ред.) Россия и черноморские проливы (XVIII-XX столетия). М., 1999.

*Нестровский П. А.* Бессарабские русын: историко-этнографический очерк. Варшава, 1905.

*Никитин С. А.* Дипроматические отношения России с южным славянами в 60-х годах XIX в. // Славянский сборник. М., 1947. С. 262-290.

——— Славянские комитеты в России в 1858-1876 годах. М., 1960.

——— Очерки по истории южных славян и русско-балканских связей в 50-70-е годы XIX в. М., 1970.

——— Первое сербское восстание 1804-1813 гг. и Россия. Книга первая 1804-1807. М., 1980.

*Н. М. А.* Алексей Петрович Беляев // Сообщения ИППО. 1906. Т. 17. Вып. 4. С. 626-630.

*Новаков С. З.* Контакты и взаимозаимствования в сфере крестьянского мательального производства среди колонистов болгарского и немецкого водворения на юге Бессарабии в XIX-начале XXв. // Ежегодник института межэтнических исследований. Т. I. Академия наук Республики Молдова. Кишинэу, 2000. С. 41-46.

О местных Бессарабских законах. Речь, произнесенная в торжественном собрании ришельевского лицея, 21-го июня 1842 года, Адьюнктом, Магистром зконоведения Владимром Линовском. Одесса, 1842.

Об особенностях гражданского права полтавской и черниговской губерний // Журнал министерства юстиции. № 6. 1867 июнь.

*Оганян Л. Н.* Общественное движение в Бессарабии в первой четверти XIX века. Кишинев, 1974. 1963. Ч. 2

*Ожог И. А., Шаров И. М.* История Румын. Кишинев, 1997.

*Орлик О. В.* Декабристы и внешняя политика России. М., 1984.

——— (от. ред.) История внешней политики России: первая половина XIX века (от войн России против Наполеона до Парижского мира 1856 г.). М., 1995.

Отчет ИППО за 1907/8 // Сообщения ИППО. 1909. Т. 20. Вып. 2. С. 201-234.

*Пергамент С. Я.* Приданое по Бессарабскому праву, опыт комментария законов Арменопула и Донича, Одесса. 1901.

——— О примении местных законов Арменопула и Донича. СПб., 1905.

——— Спорные вопросы Бессарабского права, опыт комментария законов Арменопула и Донича. Одесса, 1905.

——— Права состояния разных классов народонаселения Бессарабской области // ЖМВД Ч. 3. 1843. С. 54–63.

*Поздняев Д.* История Православной Церкви в Синьцзяне // *Тихвинский С. Л., Мясников В. С.* (ред.) История российской духовной миссии в Китае: Сборник статей. М., 1997. С. 362–375.

*Попов Н. А.* Россия и Сербия: Исторический очерк русского покровительства сербии с 1806 по 1856 год. Ч. 1. М., 1869.

——— Славянский пансион в Николаеве. М., 1870.

——— Очерки религиозной и национальной благотворительности на Востоке и Среди славян. Вып. 1. СПб., 1871.

——— Православие в Боснии и его борьба с католического пропагандой и протестантскими миссионерами. М., 1873.

Правовая организация Святогробского братства в Иерусалиме // Сообщения ИППО. 1912. Т. 23. Вып. 2. С. 145–175.

Права состояния разных классов народонаселения Бессарабской области // ЖМВД Ч. 3. 1843. С. 54–63.

*Пуришкевич М. В.* Материалы, собранные гласным Бессарабского губернского земства о землях, находящихся в бессарабской губернии, именующихся преклоненными святым местам на Дальнем Востоке. Ч. 1. Кишинев, 1908.

*Пынин А.* Из истории панславизма // Вестник Евпоры № 8. 1893. С. 267–313.

*Рибер Альфред* Сравнивая континентальные империи // *Миллер А. И.* (ред.) Российская империя в сравнительной перспективе. М., 2004. С. 33–70.

*Роллер М.* (ред.) История Румынии: нового и новейшего времени. М., 1950.

*Самарин Ю.* Окраины России. Серия первая. Русское балтийское приморие. Вып 1. Berlin, 1869, Вып 2. Berlin, 1869, Вып. 3. Berlin, 1871.

*Сапожников И. В., Белоусова Л. Г.* Греки под Одессой. Очерки истории п. Александровка с древнейших времен до начала XX века. Одесса, 1999.

*Свиньин П.* Описание Бессарабской области в 1816 году // ЗООИД. Т. 6. 1867. С. 175–320.

*Семенов Ю. И.* (ред.) Национальная политика в императорской России: Цивилизованные окраины (Финляндия, Польша, Прибалтика, Бессарабия, Украина, Закавказье, Средняя Азия). М., 1997.

*Серков А. И.* История русского масонства XIX века. СПб., 2000.

*Сироткин В. Г.* Франко-русская дипломатическая борьба на балканах и планы создания славяно-сербского государства в 1806–1807 гг. // Академия

Наук СССР, ученые записки института славяноведения. Т. 25. 1962. С. 171-192.

*Скальковский А.* О ногайских татарах, живущих в Таврической губернии. СПб., 1843.

—— Некрасовцы, живущие в Бессарабии // ЖМВД Ч. 8. СПб., 1844.

—— Болгарские колонии в Бессарабии и Новороссийском крае, статистический очерк. Одесса, 1848.

—— Первое тридцатилетие истории города Одессы, 1795-1825. Одесса, 1857. С. 114-118.

*Скурту Иоан* (от. ред.) История Бессарабии: от истоков до 1998 года. Кишинэу, 2001.

*Смолич И. К.* История русской церкви 1700-1917. Ч. 2, М., 1997.

Собрание мнений и отзывов Филарета, митрополита московского и коломенского, по делам православной церкви на востоке. СПб., 1886.

*Соколов И. И.* Святогробское Братство в Иерусалиме: Исторический очерк // Сообщения ИППО. 1906. Т. 17. Вып. 1. С. 1-23.

—— Антиохийская церковь: Очерки современного ее состояния // Сообщения ИППО. 1913. Т. 24. Вып. 2. С. 145-184.

*Соловьев М.* Святая Земля и Православное императорское палестинское общество. СПб., 1891.

—— Святая Земля и Россия. СПб., 1894.

*Сталюнас Дариус* Границы в пограничье: Белорусы и этнолингвистическая политика Российской империи на западных окраинах в период великих реформ // *Ab Imperio* № 1. 2003. С. 261-292.

*Стати В.* История Молдовы. Кишинев, 2003.

*Степанов В. П.* Проблемы эволюции этнического самосознания украинского населения Пруто-Днестровского междуречья // Ежегодник Института Межэтнических Исследований. Т. 1. Кишинэу, 2000. С. 52-56.

*Степанова Л. И.* Вклад России в подготовку Болгарской интеллигенции в 50-70-е гг. XIX. Кишинев, 1981.

—— Первое консульство России в Болгарских землях (Сливен, 1830-1833) // *Левит И. Э.* (от. ред.) Проблемы истории стран юго-восточной европы: Политика, культура, историография. Кишинев, 1989. С. 155-185.

*Сторожук В. П.* К вопросу о внешней политике румынских объединенных княжеств в 1859-1866 гг. // Ученые записки Кишиневского Государственного Университета, Т. 73. 1964. С. 43-57.

*Сыроечковский Б. Е.* Балканская проблема в политических планах декабристов // *Дружинина Н. М., Сыроечковский Б. Е.* (ред.) Очерки из истории движения декабристов: Сборник статей. М., 1954.

—— Из истории движения декабристов. М., 1969.

*Таймасов Леонид* Этноконфессиональная ситуация в Казанской губернии накануне буржуазных реформ // *Мицузито К.* (ред.) Новая волна в изучении этнополитической истории Волга-Уральского региона. Саппоро, 2003. С. 106-136.

—— Нерусские монастыри Казанского края: Ориентиры конфессионального обновления (вторая половина XIX века) // *Acta Slavica Iaponica* 21 (2004), 88-114.

*Томулец В. Н.* Торговое законодательство и торговля Бессарабии с другими губерниями России в дореформенные десятилетия (1812-1861 гг.): Афтореф. дис. ист. наук. М., 1989.

*Торкунов А. В., Долгов К. М.* Константин Николаевич Леонтьев: дипломатические донесения, письма, записки, отчеты, 1865-1872. М., 2003.

*Трепавлов В. В.* (от. ред.) Российская многонациональная цивилизация: Единство и противоречия. М., 2003.

*Тур В. Г.* Православные монастыри Крыма в XIX-начале XX вв. Издание второе, переработанное и дополненное. Київ, 2006.

*Турилов А. А., Флоря Б. Н.* Христианская литература у славян в середине X-середине XI в. и межславянские культурные связи // *Флоря Б. Н.* (от. ред.) Христианствов странах восточной, юго-восточной и центральной европы на пороге второго тысячелетия. М., 2002. С. 398-458.

*Урусов С. Д.* Записки губернатора: Кишинев 1903-1904 г. Berlin, n.d.

*Фадеева Т. М., Шапошников А. К.* Княжество Феодоро и его князья: Крымско-готский сборник. Симферополь, 2005.

*Федоров Г. К.* Государственно-административное устройство и местное право Бессарабии (1812-1917 гг.). Кишинев, 1974.

*Феофилов М.* Исторический очерк христианства в Крыму // Таврические Епархиальные Ведомости. № 8. 1899. С. 603-615.

*Фрейденберг М. М.* Дубровник и Османская империя. М., 1989.

*Хадзопулос Константинос* Греческий корпус под командованием Н. Пангалоса в 1807 г. // *Арш Г. Л.* (от. ред.) Политические, общественные и культурные связи народов СССР и Греции (XIX-XX вв.). Балканские исследования. Вып. 11. М., 1989.

*Хартахай Ф.* Христианство в Крыму. М., 2003.

*Хевролина В. М.* История внешней политики России: Вторая половина XIX века (от Парижского мира 1856 г. до русско-французского союза). М., 1997.

——— Российский дипромат граф Николай Павлович Игнатьев. М., 2004.

*Хитров А. М., Соломина О. Л.* Забытые страницы русского имяславия: Сборник документов и публикаций по афонским событиям 1910–1913 гг. и движению имяславия в 1910–1918 гг. М., 2001.

*Хитрова Н. И.* Черногория в национально-освободительном движении на Балканах и русско-черногорские отношения в 50–70-х годах XIX века. М., 1979.

——— Россия и Черногория: русско-черногорские отношения и общественно-политическое развитие Черногории в 1878–1908 годах. М., 1993.

*Хитрово В. Н.* Православие в святой земле // Православный палестинский сборник. Т. 1, Вып. 1. 1881.

*Хренков А. В.* Россия и Эфиопия: Развитие двустронних связей (от первых контактов до 1917 года). М., 1992.

*Царанов В. И.* (от. ред.) История Республики Молдова: с древнейших времен до наших дней (издание второе, переработанное и дополненное). Кишинев, 2002.

*Червенков Н. Н.* Политические организации болгарского национально-освободительного движения во второй половине 50-х–60-е гг. XIX в. Кишинев, 1982.

——— (от. ред.) Бессарабия и освобождение Болгарии. Кишинев, 2004.

*Чертан Е. Е.* Великие державы и буржуазные реформы в Румынии в 1863–1865 гг. // *Гросул В. Я.. Левит И. Э., Чертан Е. Е.* Балканский исторический сборник III. Кишинев, 1873. С. 114–158.

——— Великие державы и формирование румынского независимого государства. Кишинев, 1980.

*Чимитдоржиев Ш. Б.* Бурят-монголы: история и современность. Улан-Удэ, 2001.

*Чуркина И. В.* Илия Гарашанин и его отношение к России (1842–1860 гг.) // *Достян И. С.* (от. ред.) Россия и Балкан: Из истроии общественно-политических и культурных связей (XVIII в.–1878 г.). М., 1995. С. 81–99.

*Шандра В. С.* Вопросник Н. В. Калачова о положении архива Канцелярии новороссийского и бессарабского генерал-губернатора // Отечественные

архивы. 2000. № 5. С. 62-66.

*Щеглов Д.* О монастырских имениях в Бессарабии, принадлежащих заграничным восточным монастырям // КЕВ № 6, 1890, С. 265-266.

*Шимановский М. В.* Указателы судебным решениям по вопросам местного бессарабского гражданского права. Одесса, 1887.

——— О местных законах Бессарабии. Одесса, I, 1887; II, 1888.

*Шишмарев В. Ф.* Романские поселения на Юге России. Ленинград, 1975.

*Штанге А. Э.* Историческая записка о крестьянской реформе в Бессарабской губернии, составленная со дня пятидесятилетняго юбилея, 19-му февраля 1911 года. Кишинев, 1911.

*Щеглов Д.* О монастырских имениях в Бессарабии, принадлежащих заграничным восточным монастырям// КЕВ № 6, 1890, С. 265-269.

*Ямилинец Б. Ф.* Россия и Палестина: очерки политических и культурно-религиозных отношений (XIX-начало XX века). М., 2003.

### ウクライナ語

*Бачинська Олена* Дунайське Козацьке Військо 1828-1868 рр. (до 170-річчя заснування). Одеса, 1998.

*Бачинський А.* Адміністративно-політичне управління буджацьким степом і пониззям дунаю (XIII-початок XX ст.) // Архіви України. № 5. 1966. С. 17-23.

*Гедьо А. В.* Переселення греків з Криму до приазов'я у 1778 р. // Український Історичний Журнал № 1. 2001. С. 73-84.

*Кулинич І. М., Кривець Н. В.* Нариси з історії німецьких колоній в Україні. Київ, 1995.

*Лаврів П.* Історія південно-східньої України. Київ, 1996. С. 101-106.

*Лебеденко О. М., Тичина А. К.* Українське Подунав'я: минуле та сучасне. Одеса, 2002.

*Марчук Ю. І., Тичина А. К.* Ізмаїл: історичний нарис. Одеса, 1997.

*Мельникова Л. С.* Східнослов'янська колонізація південної Бессарабії (V-перша половина XIX ст.): Автореф, дис. канд. іст. наук. Одеса, 1999.

*Міллер Олексій* Політика Влади й Російського Націоналізму в Українському Питанні: Незроблений вибір між «Французькою» та «Британською» Стратегією // *Кравченко В. В.* (гол. ред.) Схід-Захід. 2001. Вип 4. С. 174-222.

*Мільчев В.* Проблема синтезу балканської, російської та української моделей православ'я на південноукраїнських землях у XVIII столітті // Міжкон-

фесійні взаімини на півдні України XVIII-XX століття. Запоріжжя, 1999. С. 23-49.

*Наулко В. І.* (ред.) Культура і побут населення України. Київ, 1993.

*Сарбей В. Г.* Національне відродження України. Україна крізь віки, Т. 9. Київ, 1999.

*Тичина А. К.* (ред.) Українське Подунав'я. Ізмаїл, 1998.

*Турков В. В.* Політика Росії щодо переселення та влаштування Бесарабських Болгар на південноукраїнських землях 1856-1871 рр.: Автореф, дис. канд. іст. наук. Харків, 1997.

*Хмарський В. М.* З історії розвитку археографії на Півдні України: Аполлон Скальковський. Записки Історичного Факультету. Вип. 6. Одеса, 1998.

*Шандра В. С.* Канцелярія Новоросійського і Бессарабського Генерал-Губернатора (1822-1874): Структура, особовий склад, архів // Архіви України. № 3. 2001. С. 39-64.

——— Новоросійський і бессарабський генерал-губернатор М. С. Воронцов (1823-1854) // Український Історичний Журнал. № 1. 2002. С. 67-79.

——— Інститут генерал-губернаторства в Україні XIX-початку XX ст.: структура, функції, архіви канцелярій: Дис. іст. наук. Інститут історії України НАН України. Київ, 2002.

*Шпорлюк Роман* Україна: Від Імперської Окраїни до Незалежної держави // *Кравченко В. В.* (гол. ред.) Схід-Захід. Вип. 4. 2001. С. 10-43.

## 英　語

Alexandrescu, Ion. *A Short History of Bessarabia and Northern Bucovina.* Iaşi, 1994.

Altstadt, Andrey L. *The Azerbaijani Turks: Power and identity under Russian Rule.* Stanford, California: Stanford University, 1992.

Anderson, M. S. *The Eastern Question 1774-1923: A Study in International Relations* (New York: St Martin's Press, 1966)

Angelopoulos, Athanasios. "The Relations between the Ecumenical Patriarchate and the Church of Serbia during the Period 1885-1912," *Balkan Studies* 13: 1 (1972): 119-127.

Argyriadis-Keregan, Caroula. "Byzantine law as practice and as history in the nineteenth century," in Ricks, David., Magdalino, Paul. eds. *Byzantium and the Modern Greek Identity.* Aldershot, Brookfield: Ashgate, 1998, 35-47.

Banani, Amin. *The Modernization of Iran, 1921-1941.* Stanford, California: Stanford University Press, 1961.

Bartlett, Roger P. *Human Capital: the Settlement of Foreigners in Russia 1762-1804*. Cambridge: Cambridge University Press, 1979.

Batakovic, Dusan T. "The Balkan Piedmont: Serbia and the Yugoslav Question." Projekat Rastko Biblioteka Srpske Kulture. http://www.rastko.org.yu/istorija/batakovic/batakovic-piedmont-eng.html.

Batalden, Stephen K. *Catherine II's Greek Prelate, Eugenios Voulgaris in Russia, 1771-1806*. New York: Distributed by Columbia University Press, 1982.

Bentley, James. *Secrets of Mount Sinai: The Story of Finding the World's Oldest Bible-Codex Sinaiticus*. New York: Doubleday, 1986.

Brower, Daniel R., Lazzerini, Edward J. eds. *Russia's Orient: Imperial Borderlands and Peoples, 1700-1917*. Bloomington and Indianapolis: Indiana University Press, 1997.

Bruess, Gregory L. *Religion, Identity and Empire: A Greek Archbishop in the Russia of Catherine the Great*. New York: Distributed by Columbia University Press, 1997.

Bryer, Antony., Cunningham, Mary. eds. *Mount Athos and Byzantine Monasticism*. Aldershot: Variorum 1996.

Buheiry, Marwan R. "The Agricultural Exports of Southern Palestine, 1885-1914," *Journal of Palestine Studies* 10: 4 (1981): 61-81.

Castellan, Georges. *A History of the Romanians*. New York: Columbia University Press, 1989.

Chloros, A. G. *Yugoslav Civil Law: History, Family, Property*. Oxford: Clarendon Press, 1970.

Clogg, Richard. "The Byzantine Legacy in the Modern Greek World: The Megali Idea." in Clogg, Richard. *Anatolica: Studies in the Greek East in the 18th and 19th Centuries*. Aldershot: Variorum, 1996, 253-281.

Davtyan, Ani. "Patterns of Civil Procedural Legislation Development in the Countries of Former USSR (Armenia): Principles of Civil Procedure," 1-11. http://www.jura.uni-sb.de/projekte/Bibliothek/texte/Davtyan.pdf. （最終閲覧日 2008 年 6 月 30 日）

Dolbilov, Mikhail. "Russification and the Bureaucratic Mind in the Russian Empire's Northwestern Region in the 1860s." *Kritika* 5: 2 (Spring, 2004): 245-271.

Dvornik, Francis. *Byzantine Missions among the Slavs: SS. Constantine-Cyril and Methodius*. New Blrunswick, New Jersey: Rutgers University Press, 1970.

Dyck, H. L. *A Mennonite in Russia: The Diaries of Jakob D. Epp 1851-1880*, Toronto: University of Toronto Press, 1991.

Englezakis, Benedict. *Studies on the History of the Church of Cyprus, 4th-20th Centuries*. Translated by Norman Russel. Aldershot: Variorum, 1995.

Fisher, Stanley Z. "Traditional Criminal Procedure in Ethiopia," *The American Journal of Comparative Law* 19 (1971): 709-746.

Fleming, K. E. *The Muslim Bonaparte: Diplomacy and Orientalism in Ali Pasha's Greece*. Princeton, N. J.: Princeton University Press, 1999.

Frank, Allen. "Islamic Transformation the Kazakh Steppe, 1742-1917: Toward an Islamic History of Kazakhstan under Russian Rule," in Hayashi, Tadayuki. ed. *The Construction and Deconstruction of National Histories in Slavic Eurasia*. Sapporo: The Slavic Reserch Center, 2003, 261-289.

Frazee, Charles A. *Catholics and Sultans: The Church and the Ottoman Empire 1453-1923*. Cambridge: Cambridge University Press, 1983.

Freshfield, Edwin Hanson. trans. *A Manual of Later Roman Law The Ecloga, Ad Procherion Mutata: Founded upon the Eculoga of Leo III and Constantine V, of Isauria, and on the Procheiros Nomos of Basil I, of Macedonia, Including The Rhodian Maritime Law edited in 1166 A. D.* rendered into English by Edwin Hanson Freshfield. Cambridge: Printed at the University Press, 1927.

Georgescu, Vlad. *The Romanians: A History*. Columbus: Ohio State University Press, 1991.

Geraci, Robert P. "Window on the East: Ethnography, Orthodoxy, and Russian Nationality in Kazan, 1870-1914." PhD diss., University of California, 1995.

Geraci, Robert P., Khodarkovsky, Michael. eds. *Of Religion and Empire: Missions, Conversion, and Tolerance in Tsarist Russia*. Ithaca: Cornel University Press., 2001.

Goldfrank, David M. *The Origins of the Crimean War*. London: Longman, 1994.

Grimsted, Patricia Kennedy. *The Foreign Ministers of Alexander I: Political Attitudes and the Conduct of Russian Diplomacy, 1801-1825*. Berkeley, Los Angeles: University of California Press, 1969.

Haltzel, Michael H. "The Baltic Germans." in Thaden, Edward C. ed. *Russification in the Baltic provinces and Finland, 1855-1914*. Princeton: Princeton University Press, 1981.

Helmreich, Ernst Christian. *The Diplomacy of the Balkan Wars 1912-1913*. New York: Russell & Russell, 1938.

Herlihy, Patricia. *Odessa: A History, 1794-1914*. Cambridge: Harvard University Press, 1986.

Hitchins, Keith. *The Romanians, 1774-1866*. Oxford: Clarendon Press, 1996.

Hopwood, Derek. *The Russian Presence in Syria and Palestine, 1843-1914: Church and Politics in the Near East*. Oxford: Clarendon Press, 1969.

Hossein, Nazem. "Russia and Great Britain in Iran (1900-1914)." PhD diss., Columbia University, 1954.

Iorga, Nicolae. *Byzantium after Byzantium*. Iaşi, Oxford, Portland, 2000.

Ishaya, Arianne. "From Contributions to Diaspora: Assyrians in the History of Urmia, Iran." http://www.nineveh.com/Assyrians%20in%20the%20History%20of%20Urmia,%20Iran.html.(最終閲覧日 2008 年 7 月 2 日)

Jackson, Sarah Sergis., Nevils, Victoria Yonan. "The Assyrians: Settlers from the Near East." http://www.edessa.com/history/turlock.htm.(最終閲覧日 2008 年 7 月 2 日)

Jelavich, Barbara. *Russia and the Rumanian National Cause: 1858-1859*. Bloomington: Indiana University Publications, 1959.

———. *Russia and the Greek Revolution of 1843*. München: Verlag R. Oldenbourg, 1966.

———. *Russian's Balkan Entanglements 1806-1914*. Cambridge: Cambridge University Press, 1991.

Jelavich, Charles. *Tsarist Russia and Balkan Nationalism: Russian Influence in the Internal Affiars of Bulgaria and Serbia, 1879-1886*. Berkeley, Los Angels: University of California Press, 1958.

Jelavich, Charles and Barbara. "Jomini and the Revival of the Dreikaiserbund, 1879-1880," *The Slavonic Review* 35: 85 (June, 1957): 523-550.

Jewsbury, George F. "Russian administrative policies toward Bessarabia, 1806-1828." PhD diss., University of Washington, 1970.

Joseph, John. *The Modern Assyrians of the Middle East: Encounters with Western Christian missions, archaeologist, and colonial powers*. Leiden: Brill, 2000.

Kappeler, Andreas. *The Russian Empire: A Multiethnic History*. Harlow: Longman, 2001.

Kerameus, Konstantinos D., Kozyris, Phaedon J. *Introduction to Greek Law*. Athens: Sakkoulas, 1988.

King, Charles. *The Moldovans: Romania, Russia, and the politics of culture*. Stanford: Hoover Institution Press, 1999.

Kohn, Hans. *Pan-Slavism: its history and ideology*. New York: University of Notre Dame Press, 1953.

Koliopoulos, John S., Veremis, Thanos M. *Greece: The Modern Sequel from 1831 to the Present*. London: Hurst, 2002.

Kitromilides, Paschalis M. "On the Intellectual Content of Greek Nationalism:

Paparrigopoulos, Byzantium and the Great Idea." in Ricks, David., Magdalino, Paul. eds. *Byzantium and the Modern Greek Identity*. Aldershot, Brookfield: Ashgate, 1998, 25-33.

Laurie, Thomas. *Dr. Grant and the Mountain Nestorians*. Boston: Gould and Lincoln, 1853.

Lincoln, Bruce W. *The Great Reforms: Autocracy, Bureaucracy, and the Politics of Change in Imperial Russia*. Dekalb Ill.: Northern Illinois University Press, 1990.

Lundin, Leonard C. "The Road from Tsar to Kaiser: Changing Loyalties of the Baltic Germans, 1905-1914," *Journal of Central European Affiars* 10: 3 (1950): 223-255.

MacKenzie, David. *Serbs and Russians*. New York: Distributed by Columbia University Press, 1996.

———. *Count N. P. Ignat'ev: The Father of Lies?* New York: Distributed by Columbia University Press, 2002.

Madariaga, Isabel de. *Russia in the Age of Catherine the Great*. London: Weidenfeld and Nicolson, 1981.

Majeska, Geroge P. "The Moscow Coronation of 1498 Reconsidered," *Jahrbücher für Geschichte Osteuropas* 26 (1978): 353-361.

Makrides, Vasilios N. "Secularization and the Greek Orthodox Church in the Reign of King George I," in Carabott, Philip. ed. *Greek Society in the Making, 1863-1913: Realities, Symbols and Visions*. Aldershot: Variorum, 1997, 179-196.

Mamaloukos, Stavros B. "The Buildings of Vatopedi and Their Patrons." in Bryer, Antony., Cunningham, Mary. eds. *Mount Athos and Byzantine Monasticism*. Aldershot: Variorum, 1996, 113-125.

Martin, Virginia. *Law and Custom in the Steppe: The Kazakhs of the Middle Horde and Russian Colonialism in the Nineteenth Century*. Richmond: Surrey, 2001.

McDowall, David. *A Modern History of The Kurds*. London, New York: I. B. Tauris, 2004.

McKnight, James L. "Admiral Ushakov and the Ionian Republic: the Genesis of Russia's First Balkan Satellite." PhD. diss., University of Wisconsin, 1965.

Merlino, Mark. "The Post-Byzantine Legal Tradition: in Theory and in Practice." Bilkent University Library. http://www.thesis.bilkent.edu.tr/0002537.pdf.（最終閲覧日 2008 年 6 月 30 日）

Meynendorff, John. *Byzantium and the Rise of Russia*. Cambridge: Cambridge

University Press, 1981.
———. *The Byzantine Legacy in the Orthodox Church.* New York, 1982.
Miller, Alexei. *The Ukrainian Question: The Russian Empire and Nationalism in the Nineteenth Century.* Budapest, New York: Central European University Press, 2003.
Milojkovic-Djuric, Jelena. *Panslavism and National Identity in Russia and in the Balkans, 1830-1880: Images of the Self and Others.* New York: Distributed by Columbia University Press, 1994.
Nazem, Hossein. "Russia and Great Britain in Iran (1900-1914)," PhD diss., Columbia University, 1954.
Neale, John M. *A History of the Holy Eastern Church, Vol 5. The Patriarchate of Antioch.* London: AMS Press, 1976.
Obolensky, Dimitri. *The Byzantine Commonwealth: Eastern Europe, 500-1453.* Crestwood: St. Vladimir's Seminary Press, 1971.
———. *The Byzantine Inheritance of Eastern Europe.* London: Variorum Reprints, 1982.
Oikonomides, Nikolaos. "Patronage in Palaiologan Mt Athos." in Bryer, Antony, Cunningham, Mary. eds. *Mount Athos and Byzantine Monasticism.* Aldershot: Variorum, 1996, 99-111.
Olson L. E. "P. D. Kiselev and the Rumanian Peasantry: The Influence of the Russian Occupation on Agrarian Relations in the Danubian Principalities, 1828-1834." PhD diss., University of Illinois, 1975.
Petrovich, Michael Boro. *The Emergence of Russian Panslavism 1856-1870.* New York, London: Columbia University Press, 1956.
Polvinen, Tuomo. *Imperial Borderland: Bobrikov and the Attempted Russification of Finland, 1898-1904.* translated from the Finnish by Steven Huxley. London: Hurst & Compaty, 1995.
Popovic, Radomir. "Serbian Church in History." http://www.orthodoxresearchinstitute.org/articles/church_history/popovic_serbian_church.htm(最終閲覧日 2008 年 7 月 2 日)
Puryear, Vernon John. *England, Russia, and The Straits Question 1844-1856.* Berkeley: University of California Press, 1931.
Ragsdale, Hugh. "Evaluating the Traditions of Russian Aggression: Catherine II and the Greek Project," *Slavonic and East European Review* 66: 1 (1988): 91-117.
Runciman, Steven. *The Great Church in Captivity: A Study of the Patriarchate of Constantinople from the Eve of the Turkish Conquest to the Greek War of*

*Independence*. Cambridge: Cambridge University Press, 1968.

Sahara, Tetsuya. *An Eastern Orthodox Community During the Tanzimat: Documents from a Register of the Bulgarian Society in Ruse (1860-1872).* Tokyo: Institute for the study of Languages and Cultures of Asia and Africa, 1997.

Schölch, Alexander. "The Economic Development of Palestine, 1856-1882," *Journal of Palestine Studies* 10: 3 (1981): 35-58.

Schönle, Andreas. "Garden of the Empire: Catherine's Appropriation of the Crimea," *Slavic Review* 60: 1 (2001): 1-23.

Ševčenko, Ihor. "New Documents on Constantine Tischendorf and the *Codex Sinaiticus*," in Sevcenko, Ihor. ed. *Byzantium and the Slavs in Letters and Culture*. Cambridge, Mass.: Harvard Ukrainian Research Institute, (1991), 187-223.

Staliunas, Darius. "Did the Government Seek to Russify Lithuanians and Poles in the Northwest Region after the Uprising of 1863-64?," *Kritika* 5: 2, (Spring, 2004): 273-289.

Stankovic, Radoman. "The Code of Serbian Tsar Stephan Dusan." http://www.dusanov-zakonik.co.yu/uvode.htm.（最終閲覧日 2008 年 6 月 30 日）

Starr, Frederick S. *Decentralization and Self-Government in Russia, 1830-1870*. Princeton, N. J.: Princeton University Press, 1972.

———. "Tsarist Government: the Imperial Dimension." in Azrael, Jeremy R. ed. *Soviet Nationality Policies and Practices*. New York: Praeger, 1978, 3-38.

Stavrou, Theofanis G. "The Russian Imperial Orthodox Palestine Society, 1882-1914." PhD diss., Indiana University, 1961.

———. "Russian Policy in Constantinople and Mount Athos in the Nineteenth Century," in Clucas, Lowell. ed. *The Byzantine Legacy in Eastern Europe*. New York: Distributed by Columbia University Press, 1988, 225-249.

Strakhovsky, Leonid I. "General Count N. P. Ignatiev and the Pan-Slav Movement," *Journal of Central European Affairs* 17: 3 (October, 1957): 223-235.

Tamras, Esha Emmanuel. "Dr. Freydun (ATTURAYA) Bit Abram, 1891-1926." http://www.edessa.com/profiles/freydun.htm.

Thaden, Edward C. *Russia's Western Borderlands, 1710-1870*. Princeton: Princeton University Press, 1984.

———. "Russification in Tsarist Russia," in Thaden, Edward C. *Interpreting History: Collective Essays on Russia's Relations with Europe*. New York: Distributed by Columbia University Press, 1990, 211-219.

———. ed. *Russification in the Baltic provinces and Finland, 1855-1914*. Prince-

ton: Princeton University Press, 1981.

Thompson, Joseph P. *Memoir of Rev. David Tappan Stoddard, Missionary to the Nestorians.* New York: Sheldon Blakeman, 1858.

Tyler, W. S. *Memoir of Rev. Henry Lobdell, M.D., Late Missionary of the American Board at Mosul: including the Early History of the Assyrian Mission.* Boston: American Tract Society, 1859.

Tougher, Shaun. *The Reign of Leo VI (886-912): Politics and People.* Leiden, New York: Brill, 1997.

Uyama, Tomohiko. "A Strategic Alliance between Kazakh Intellectuals and Russian Administrators: Imagined Communities in *Dala Walayatïnïng Gazeti* (1888-1902)." in Hayashi, Tadayuki. ed. *The Construction and Deconstruction of National Histories in Slavic Eurasia.* Sapporo: The Slavic Research Center, 2003, 237-259.

Vacalopoulos, Apostlols E. *A History of Thessaloniki.* Translated by Carney, T. F. Thessaloniki. 1972.

———. *History of Macedonia, 1354-1833.* Translated by Megann, Peter. Thessalonica, 1873.

Vasiliev, Alexander A. *The Goths in the Crimea.* Cambridge: Massachusetts, Mediaeval Academy of America, 1936.

Vigel', F. F. *Zapiski.* Raeff, Marc. ed. *Memoir Series 10.* Cambridge, Massachusetts: The Mediaval Academy of America, Columbia University Press, 1974.

Vikan, Gary. "Byzance après Byzance: Luke the Cypriot, Metropolitan of Hungro-Wallachia." in Clucas, Lowell. ed. *The Byzantine Legacy in Eastern Europe.* New York Distributed by Columbia University Press, 1988, 165-184.

Vucinich, Wayne S. "Russia and the First Serbian Uprising, 1807-1809." Vucinich, Wayne S. ed. *The First Serbian Uprising 1804-1813*. New York: Boulder-Brooklyn College Press, 1982, 95-139.

Weeks, Theodore R. *Nation and State in Late Imperial Russia: Nationalism and Russification on the Western Frontier, 1863-1914*. Dekalb: Northern Illinois University Press, 1996.

———. "Russification and the Lithuanians, 1863-1905," *Slavic Review* 60: 1 (2001): 96-114.

Werth, Paul W. *At The Margins of Orthodoxy: Mission, Governance, and Confessional Politics in Russia's Volga-Kama Region, 1827-1905.* Ithaca: Cornell University Press, 2002.

Wigram, W. A. *The Assyrians and Their Neighbours.* New Jersey: Gorgias Press,

2002.
Wilson, Samuel G. "Conversion of the Nestorians of Persia to the Russian Church," *The Missionary Review of the World* 12: 10 (October, 1899): 745-752.
Wren, Melvin C. "Pobedonostsev and Russian influence in the Balkans, 1881-1888," *The Journal of Modern History* 17 (1947): 130-141.
Zepos, Pan J. "Byzantine Law in the Danubian Countries,"*Balkan Studies* 7: 2 (1966): 343-356.
Zoidze, Besarion. "From the History of the Creation of the Civil Code of Georgia," *Georgian Law Review* 1 (June, 2003). http://www.geplac.org/publicat/law/glr03n1eng/Zoidze%20Eng.pdf.（最終閲覧日 2008 年 6 月 30 日）

### ルーマニア語

Achim, Viorel. *Ţiganii în istoria României*. Bucureşti, 1998.
Aramă, Elena., Coptileţ, Valetina. *Evoluţia dreptului public pe terimoriul dintre prut şi nistru în prima jumătate a secolului al XIX-lea*. Chişinău, 2003.
Arbure, Zamfir C. *Basarabia în secolul XIX*. Chişinău, 2001.
Berindei, Dan. ed. *Constituirea României Moderne (1821-1878), Istoria Românilor,* Vol. 7, T. 1. Bucureşti, 2003.
Boldur, Alexandru. *Istoria Basarabiei*. Bucureşti, 1992.
———. "Basarabia românească", în *Istoria Basarabiei*. Bucureşti, 1992.
Cantemir, Dimitrie. *Descriera Moldovei*. Bucureşti-Chişinău: 2001.
Cernea, Emil., Molcut, Emil. *Istoria statului şi dreptului românesc*. Bucureşti, 2001.
Chifu, Iulian. *Basarabia sub ocupaţie sovietică şi tentative contemporane de revenire sub tutela Moscovei*. Bucureşti, 2004.
Chirtoagă, Ion. "Unele aspecte ale utilizîrii nomelor juridice în Moldova de sud-est administrată de Otomani (pînă ls sfîrşitul sec-al XVI lea)," *Revistă de istorie a Moldovei* 3-4 (1994): 55-57.
———. "Apriţia tătarilor (nogailor) pe teritoriul Moldovei şi semnificaţia noţiunii Bugeac," in Gemil, Tahsin. ed. *Originea Tătarilor: Locul lor în România şi în lumea turcă (Constanţa, 17-20 noiembrie 1994)* Bucureşti, 1997, 162-171.
———. *Din istoria Moldovei de sud-est pănă în anii 30 ai sec. al XIX-lea*. Chişinău, 1999.
———. *Sud-estul Moldovei şi stînga Nistrului (1484-1699): Expansiunea şi stăpînirea turco-tătară*. Budureşti, 1999.
Chirtoacă, Lilia. "Reforma judecătorească din doua jumătate a secolului al

XIX-lea în Basarabia." PhD diss., Universitatea de Stat din Moldova, 2003.

Ciobanu, Ştefan. *Din istoria mişcarii naţionale în Basarabia*. Chişinău, 1933.

Filipescu, C., Giurgea, Eugeniu N. *Basarabia-consideraţiuni generale, agricole, economice şi statistice*. Chişinău, 1919.

Fruntaşu, Iulian. *O istorie etnopolitică a Basarabiei (1812-2002)*. Chişinău, 2002.

Georgescu, Valentin Al. *Bizanţul şi instituţiile româneşti pînă la mijlocul secolului al XVIII-lea*. Bucureşti, 1980.

Iorga, Nicolae. *Basarabia Noastră*. Chişinău, 1993.

———. *Istoria bisericii româneşti şi vieţi religioase a românilor*, Vol. 1. Bucureşti, 1995.

Maciu, Vasile. "Organizarea mişcarii pentru unire în anii 1855-1857 în Moldova şi Ţara Romînească," *Studii: revistă de istorie* 12: 1 (1959): 43-76.

Matei, Horia C., Nicolescu, Nicolae C. et. al., eds., *Istoria României în date*. Chişinău, 1992.

Moraru, Anton. *Istoria Românilor: Basarabia şi Transnistoria 1812-1993*. Chişinău, 1995.

Negru, George. *Ţarismul şi mişcarea naţională a românilor din Basarabia*. Chişinău, 2000.

Nistor, Ion. *Istoria Basarabiei*. Bucureşti, 1991.

———. *Aşezările Bulgare şi Găgăuţe din Basarabia*, Analele Academiei Române Memoriile secţiunii istorice seria III, Tom XXVI (n. d.), 1-39.

Ojog, Igor., Şarov, Igor. *Istoria Românilor*. Chişinău, 2001.

Oţetea, Andrei. ed. *Istoria poporului român*. Bucureşti, 1970.

Parasca, Pavel. *La obârşia mitropoliei Ţarii Moldovei*. Chişinău, 2002.

Puiu V. (Arhimandritul) *Monăstirile din Basarabia*. Chişinău, 1919.

Popovschi, Nicolae. *Mişcarea dela Balta sau Inochentizmul în Basarabia: contribuţii la istoria vieţii religioase a Românilor din Basarabia*. Chişinău, 1926.

———. *Istoria Bisericii din Basarabia în veacul al XIX-lea sub ruşi. Din negura trecutului: crîmpeie de amintiri*. Chişinau, 2000.

Poştarencu, Dinu. "Politica ţaristă de deznaionalizare a administraţiei Basarabiei, " *Destin Românesc* 4 (1994), pp. 70-77.

———. *Mănăstirea Noul Neamţ*. Chişinău, 1994.

———. *O istorie a Basarabiei în date şi documente (1812-1940)*. Chişinău, 1998.

———. "Aspecte privind retrocedarea sudului Basarabiei către Principatul Moldovei la 1856-1857." *Destin Românesc* 2 (1999): 75-80.

Rezachevici, Constantin. "Găgăuzii. Originea lor," *Cugetul* 1 (2001): 14-23.

Sergiu, Cornea. "Evoluţia sistemului de administrare a Basarabiei 1812-1917." Teză de doctor în ştiinţe politice. Academia de Administrare Publică pe lîngă Guvernul Republicii Moldova, 2000.

Stati, Vasile. *Dicţionar Moldovenesc-Românesc*. Chişinău, 2003.

Suveică, Marcel. "Basarabia în politica Imperială a Rusiei (1812-1878)." Rezumatul tezei de doctorat, Universitatea "AL. I. CUZA" Iaşi, 1999.

Şarov, Igor M. "Basarabia în istoriografia Rusă (1812-1868)." Disertaţie de doctor în istorie, Universitatea de Stat din Moldova, 1995.

Tomuleţ, Valentin. "Reflrecţii generale privind dezvoltarea social-economică a Basarabiei (1812-1868)," *Cugetul* 2 (1992): 10-20.

———. "Politica comercial- Vamală a ţarismului în Basarabia şi constituirea burgheziei comerciale (1812-1868)." Teză de doctor habilitatîn ştiinţe istorice,Universitatea de Stat din Moldova, 2003.

Ţurcanu, Elena. "Contextul extern al problemei mănăstirilor româneşti închinate Locurilor Sfinte (1856-1863)." Autoreferat al tezei de doctor în ştiinţe istorice, Universitatea Pedagogocă de Stat "Ion Creangă", Chişinău, 2003.

Ţurcanu, Ion. *Istoricitatea istoriografiei: Observaţii aspura scrisului istoric basarabean*. Chişinău, 2004.

Varta, Ion. "Rusia şi chestiunea Basarabeană în perioada războiului Ruso-Româno-Turc (1877-1878)." *Revistă de istorie a Moldovei* 3 (1992): 3-15.

———. "Unele aspecte privind mişcarea naţională în Basarabia la începutul sec. al XX-lea," *Revistă de istorie a Moldovei* 4 (1993): 14-27.

———. "Presa Românească din Basarabia la începuturile sale," *Destin Românesc* 4 (1994): 19-31.

Varta, T. "Ţarismul şi chestiunea domeniilor mănăstirilor din Basarabia (1812-1917)," *Destin Românesc* 1(1997): 14-31.

Vasilos, Vasile. *Istoria Românilor*. Chişinău, 2003.

Voicu, Costică., Amuza, Ion T. Stanciu, Bogdan. *Istoria statului şi dreptului românesc*. Bucureşti, 2001.

Xenopol, A. D. *Istoria Românilor din Dacia Traiană, XII. Revoluţia din 1848*. Bucureşti, n. d.

**その他(外国語文献)**

Jorga, Nicolae. *Historie des Roumains et de leur Civilisation*. Paris, 1920.

Seton-Watson, R. W. *Historie des Roumains de l'ēpoque romaine a l'achēvement de l'unitē*. Paris, 1937.

*Делев, Петър*. История на България. София, 1999.

*Соловјев, Александар.* Историја словенских права: Законодавство Стефана Душана цара срба и грка. Београд, 1998.

## 邦　語

阿部重雄『ギリシア独立とカポディーストリアス』刀水書房，2001年。

荒井献編『使徒教父文書』講談社文芸文庫，1998年。

荒井幸康「1930年代のブリヤートの言語政策——文字改革，新文章語をめぐる議論を中心に」『スラヴ研究』第52号，2005年，145-176頁。

伊賀上菜穂「「洗礼ブリヤート」から「ロシア人」へ——ブリヤート共和国一村落に見る帝政末期正教化政策とその結果」『ロシア史研究』第76号，2005年，118-135頁。

伊藤知義「セルビアにおける封建制の展開とその廃止」『札幌学院法学』第13巻，第1号，1996年，83-110頁。

———「「トルコ」憲法制定以前のセルビア裁判制度」『札幌学院法学』第13巻，第2号，1997年，43-68頁。

———「セルビア民法(1844年)の成立背景」山畠正男先生・五十嵐清先生・藪重夫先生古稀記念論文集『民法学と比較法学の諸相II』信山社，1997年，387-415頁。

———「セルビア民法典(1844年)の比較法的位置づけ」『比較法研究』第59号，1997年，170-176頁。

———「セルビアにおける民法継受とその婚姻法の非「近代」的要素」『社会体制と法』第5号，2004年，28-43頁。

井上浩一『生き残った帝国ビザンティン』講談社現代新書，1990年。

———「ビザンツ——千年帝国のあゆみ」井上浩一・栗生沢猛夫『ビザンツとスラヴ(世界の歴史11)』中央公論社，1998年，11-223頁。

今井淳子「1878年ブルガリア公国の成立に関する一考察」『国際関係学研究』第11号，1984年，31-53頁。

———「地域の内外ネットワーク——19世紀バルカンにおける民族運動の展開」，濱下武志・辛島昇編『地域史とは何か(地域の世界史1)』山川出版社，1997年，291-329頁。

岩間徹『プーシキンとデカブリスト』誠文堂新光社，1981年。

宇山智彦編著『中央アジアを知るための60章』明石書店，2003年。

大月康弘「バシレイオス2世新法再考——10世紀ビザンツ皇帝の財政問題と教会政策」『経済学研究』一橋大学研究年報，第40号，1998年，183-230頁。http://hermes-ir.lib.hit-u.ac.jp/rs/bitstream/10086/9256/1/HNkeizai0004001830.pdf
大矢温「チュッチェフと1867年スラヴ会議」『ロシア思想史研究』第1号，2004年，95-106頁。

奥村庸一「19世紀ロシアの帝国的編制と東方「異族人」教育——Н・И・イリミンスキーの活動から見えてくるもの」『ロシア史研究』第76号，2005年，5-14頁。

加賀谷寛『イラン現代史』近藤出版社，1975年。

勝田吉太郎『近代ロシヤ政治思想史——西欧主義とスラヴ主義』創文社，1961年。

加藤史朗「デカブリストの反乱」野崎直治編『ヨーロッパの反乱と革命』山川出版社，1992年，270-290頁。

金原保夫「中世のバルカン」柴宜弘編『バルカン史(新版世界各国史18)』第2章，山川出版社，1998年。

加納格『ロシア帝国の民主化と国家統合——二十世紀初頭の改革と革命』御茶の水書房，2001年。

神長英輔「プリアムール総督府管内における漁業規制と漁業振興　1884-1903」『ロシア史研究』第73号，2003年，37-54頁。

川上洋一『クルド人——もうひとつの中東問題』集英社新書，2002年。

木戸蓊『バルカン現代史(世界現代史24)』山川出版社，1977年。

木村靖二「近代社会の形成と国家統一」木村靖二編『ドイツ史(新版世界各国史13)』山川出版社，2001年。

草加千鶴「ルースカヤ・プラウダ簡素本の起源と意義」『創価大学紀要』平成16年度。http://www.soka.ac.jp/graduate/bunkei/kiyou/15_syakai9.pdf(最終閲覧日2008年6月30日)

栗生武夫『西洋立法史』和田電子出版，2001年。http://home.q02.itscom.net/tosyokan/data/KURYU/KURYU003.pdf(最終閲覧日2008年6月30日)

栗生沢猛夫「モスクワ第三ローマ理念考」金子幸彦編『ロシアの思想と文学——その伝統と変革の道』恒文社，1977年，9-61頁。

——「スラヴ——その多様性の源泉」井上浩一・栗生沢猛夫『ビザンツとスラヴ(世界の歴史11)』中央公論社，1998年，225-440頁。

佐原徹哉「ドナウ州での教育改革の試み(1865-68)とその反応——タンズィマート期ブルガリア社会の一断面」和田春樹・家田修・松里公孝編『スラブの歴史(講座スラブの世界3)』弘文堂，1995年，126-158頁。

イゴリ・サヴァリエフ「極東ロシアにおける中国人・日本人——1884～1903年の移民受入政策」『ロシア史研究』第69号，2001年，44-60頁。

塩川伸明「ソ連言語政策史再考」『スラヴ研究』第46号，1999年，155-190頁。

——『多民族国家ソ連の興亡Ｉ・民族と言語』岩波書店，2004年。

志田恭子「「ルーマニア人の統合」再考——1866年クーデタを中心に」『スラヴ研究』第52号，2005年，241-259頁。

篠原琢「「長い十九世紀」の分水嶺」南塚信吾編『ドナウ・ヨーロッパ史(新版世界各国史19)』山川出版社，1999年。

柴宜弘「セルビア蜂起――バルカン初の反オスマン反乱」野崎直治編『ヨーロッパの反乱と革命』山川出版社，1992 年，251-269 頁。

清水睦夫「ロシア国家の起源」田中陽兒・倉持俊一・和田春樹編『世界歴史大系ロシア史 1 ―― 9～17 世紀』第 1 章，山川出版社，1995 年。

尚樹啓太郎『ビザンツ帝国史』東海大学出版会，1999 年。

菅原淳子「バルカンにおける空間認識―― 19 世紀バルカンにおける民族運動の連動性」林忠行編『バルトとバルカンの地域認識の変容』北海道大学スラブ研究センター，21 世紀 COE プログラム研究報告集第 13 号，2006 年，15-32 頁。

鈴木輝二『EU への道――中東欧における近代法の形成』向学社，2004 年。

―――「バルカン・南欧における西欧法の継受」『社会体制と法』第 5 号，2004 年，44-49 頁。

高尾千津子「地域問題としての「ユダヤ人問題」」『ロシア史研究』第 76 号，2005 年
高橋栄一・辻成史『聖山アトス(世界の聖域 13)』講談社，1981 年。

高橋一彦『帝政ロシア司法制度史研究』名古屋大学出版会，2001 年。

高橋眞「バルカン地域における慣習法研究とモンテネグロ一般財産法典について――デューリツァ・クリスティッチ教授講義要旨」『京都大学教養部政法論集』第 10 号，1990 年，67-77 頁。

高野雅之『ロシア思想史――メシアニズムの系譜』早稲田大学出版部，1989 年。

田川建三『書物としての新約聖書』勁草書房，1997 年。

竹中浩『近代ロシアへの転換――大改革時代の自由主義思想』東京大学出版会，1999 年。

―――「大改革期ロシアにおける地方自治制度の再編―― 1858-1864 年」『スラヴ研究』第 39 号，1992 年，97-129 頁。

―――「近代ロシアにおけるナショナリズムと宗教政策――ロシア帝国における福音主義的セクトの問題をめぐって」『ロシア史研究』第 64 号，1999 年，4-13 頁。

田中周友『世界法史概説』有信堂，1950 年。

田中陽兒「キエフ国家の形成」田中陽兒・倉持俊一・和田春樹編『世界歴史大系ロシア史 1 ―― 9～17 世紀』第 2 章，山川出版社，1995 年。

中東教会協議会編(村山盛忠・小田原緑訳)『中東キリスト教の歴史』日本基督教団出版局，1993 年。

外川継男・左近毅編『鞭のゲルマン帝国と社会革命(バクーニン著作集 3)』白水社，1973 年。

豊川浩一「ロシアの東方植民と諸民族支配」原暉之編集代表『スラブの民族(講座スラブの世界 2)』弘文堂，1995 年，27-58 頁。

―――「書評・西山克典『ロシア革命と東方辺境地域――「帝国」秩序からの自立を求めて』」『ロシア史研究』第 71 号，2002 年。

鳥山成人『ロシアとヨーロッパ――スラヴ主義と汎スラヴ主義』白日書院，1949 年。

――「初期ロマノフの政治・経済・社会」田中陽兒・倉持俊一・和田春樹編『世界歴史大系ロシア史1――9～17世紀』第8章，山川出版社，1995年。

永田雄三・加賀谷寛・勝藤猛『トルコ・イラン・アフガニスタン(世界現代史11・中東近代史Ⅰ)』山川出版社，1982年。

西村重雄「ビザンツ法源研究」『法制史研究』第39号，1989年，185-203頁。

西山克典「ロシア革命と国家編成」原暉之編集代表『講座スラブの世界2・スラブの民族』弘文堂，1995年，63頁。

――「洗礼タタール，「棄教」タタール，そして正教会――19世紀中葉ヴォルガ中流域における宗教・文化的対抗について」松里公孝編『ロシア・イスラム世界へのいざない』スラブ研究センター研究報告シリーズ，第73号，2000年，28-54頁。

――『ロシア革命と東方辺境地域――「帝国」秩序からの自立を求めて』北海道大学図書刊行会，2002年。

――「帝国の「東方」支配――「同化」と「異化」によせて」『ロシア史研究』第72号，2003年，34-50頁。

萩原直「近代ヘレニズムとバルカン諸民族――バルカン社会における共生と民族的結合」柴田三千雄ほか編『社会的結合(シリーズ世界史への問い4)』岩波書店，1989年，255-281頁。

橋本伸也「帝国・身分・学校――帝制期ロシア教育社会史の試み」『北海道大学教育学部紀要』第80号，2000年，187-205頁。

八尾師誠『イラン近代の原像――英雄サッタール・ハーンの革命(中東イスラム世界9)』東京大学出版会，1998年。

――「近代イランの社会」永田雄三編『イラン・トルコ(新版世界各国史9・西アジアⅡ)』山川出版社，2002年，328-372頁。

塙浩「東部中央ヨーロッパ法史略説および第一次世界大戦終了後から1980年までの『東ヨーロッパ』諸国における法統一と法典編纂に関する要説」『西洋諸国法史(上)(西洋法史研究・塙浩著作集9)』信山社，1992年，213-292頁。

――「東欧中欧法史雑記――波，羅，布，土各国法史抄および東部中欧中世ローマ法継受史抄」『西洋諸国法史(上)(西洋法史研究・塙浩著作集9)』信山社，1992年，367-492頁。

早坂真理『イスタンブル東方機関――ポーランドの亡国愛国者』筑摩書房，1987年。

原暉之「シベリアにおける民族的諸関係――南シベリア遊牧民地帯を中心に」『史苑』第42号，1982年，1-41頁。

――『ウラジオストク物語――ロシアとアジアが交わる街』三省堂，1998年。

――「日露戦争後のロシア極東――地域政策と国際環境」『ロシア史研究』第72号，2003年，6-22頁。

――「巨視の歴史と微視の歴史――『アムール現地調査叢書』(1911～1913年)を

手がかりとして」『ロシア史研究』第76号，2005年，50-66頁。

韓貞淑(崔在東訳)「コンスタンチン・レオンチエフとロシア文化の独自性論――19世紀後半ロシアにおける耽美主義と政治的反動思想の結合の一形態」『ロシア史研究』第75号，2004年，3-20頁。

廣岡正久『ロシア正教の千年――聖と俗のはざまで』日本放送出版協会，1993年。

――『ロシア・ナショナリズムの政治文化――「双頭の鷲」とイコン』創文社，2000年。

松里公孝「19世紀から20世紀初頭にかけての右岸ウクライナにおけるポーランド・ファクター」『スラヴ研究』第45号，1998年，101-138頁。

――「パネル『ロシア帝国西部諸県の民族・信教関係』について」『ロシア史研究』第68号，2001年，4-6頁。

――「右岸ウクライナにおけるゼムストヴォ問題1864-1906――ポーランド系貴族，総督，帝国政府」『ロシア史研究』第68号，2001年，7-25頁。

――「ポロニズムと闘うコミッサールから農村啓蒙者へ――帝政右岸ウクライナにおける調停吏制度」『スラブ研究』第49号，2002年，81-110頁。

黛秋津「ロシア・オスマン関係の中のワラキア・モルドヴァ公問題」『史学雑誌』第113編，第3号，2004年，1-33頁。

三浦清美『ロシアの源流――中心なき森と草原から第三のローマへ』講談社選書メチエ，2003年。

六鹿茂夫「モルドヴァ「民族」紛争とロシア民族派・軍部の台頭」『国際問題』第393号，1992年，46-60頁。

――「モルドヴァの政治変動」『ロシア研究』第16号，1993年，127-147頁。

――「岐路に立つモルドヴァ中立主義――多民族・勢力圏交叉国家の民族・領土保全政策」『ロシア研究』第22号，1996年，81-101頁。

村岡崇光「シリア教会」前嶋信次ほか編『渦巻く諸宗教(オリエント史講座第3巻)』学生社，1982年，177-199頁。

村田奈々子「近代のギリシア」桜井万里子編『ギリシア史(新版世界各国史17)』第6章，山川出版社，2005年，271-318頁。

森安孝夫「景教」前嶋信次ほか編『渦巻く諸宗教(オリエント史講座第3巻)』学生社，1982年，264-275頁。

森安達也『東方キリスト教(世界宗教史叢書3・キリスト教史Ⅲ)』山川出版社，1978年。

――『神々の力と非力(これからの世界史8)』平凡社，1994年。

森安達也編『スラヴ民族と東欧ロシア(民族の世界史10)』山川出版社，1986年。

山本健三「オストゼイ問題における「ロシアの辺境」の衝撃」『ロシア史研究』第76号，2005年，99-117頁。

渡辺金一『ビザンツ社会経済史研究』岩波書店，1968年。

渡辺圭「ロシア正教会における20世紀初頭の異端論争「讃名派」問題――その思想的特徴と「アトス山の動乱」の背景」『ロシア史研究』第76号，2005年，78-98頁。

## 翻訳書

C・M・ウッドハウス(西村六郎訳)『近代ギリシァ史』みすず書房，1997年。

ゲオルグ・オストロゴルスキー(和田廣訳)『ビザンツ帝国史』恒文社，2001年。

アンドレイ・オツェテァ編(鈴木四郎・鈴木学訳)『ルーマニア史1』恒文社，1977年。

――『ルーマニア史2』恒文社，1977年。

ジョルジュ・カステラン(萩原直訳)『ルーマニア史』白水社，1993年。

R・J・クランプトン(高田有現・久原寛子訳)『ブルガリアの歴史(ケンブリッジ版世界各国史)』創土社，2004年。

スティーヴン・クリソルド編(田中一生・柴宜弘・高田敏明訳)『ユーゴスラヴィア史』恒文社，1980年。

リチャード・クロッグ(高久暁訳)『ギリシャ近現代史』新評論社，1998年。

ゲルツェン(金子幸彦訳)『ロシヤにおける革命思想の発達について』岩波文庫，1950年。

P・コリネ(塙浩訳)「ビザンツ法史要略」『ビザンツ法史断片(西洋法史研究・塙浩著作集16)』信山社，1998年，1-42頁。

ペ・ア・ザイオンチコーフスキー(増田冨壽・鈴木健夫訳)『ロシヤにおける農奴制の廃止』，早稲田大学出版部，1983年。

L・シュルツ(塙浩訳)「ロシア法制史概説」『西洋諸国法史(上)(西洋法史研究・塙浩著作集9)』信山社，1992年，619-849頁。

ゼームス・T・ショットウェル，フランシス・ディーク(綜合インド研究室訳)『トルコ・その海峡政策』綜合インド研究室，1943年。

P・J・ゼポス(塙浩訳)「ギリシャ法提要――その法史，近代法学および近代法，特に民法典」『産大法学』第18巻，第1号，1984年，163-257頁。

ソロヴィエフ(塙浩訳)「ギリシャ正教諸地方におけるビザンツ法の影響」『神戸法学雑誌』第29巻，第3号，1979年，337-394頁。

クリストファー・ダガン(河野肇訳)『イタリアの歴史(ケンブリッジ版世界各国史)』創土社，2005年。

K・E・ツァハリアェ・フォン・リンゲンタール(塙浩訳)「ギリシャ・ローマ法史(人法，相続法，刑法)」『ビザンツ法史断片(西洋法史研究・塙浩著作集16)』信山社，1998年，43-181頁。

A・J・トインビー(深瀬基寛訳)「ロシアにおけるビザンチン帝国の遺産」『試練に立つ文明』社会思想社，1967年，243-270頁。

ロバート・J・ドーニャ，ジョン・V・A・ファイン(佐原徹哉ほか訳)『多民族国家

の試練　ボスニア・ヘルツェゴヴィナ史』恒文社，1995年。

ロバート・ブラウニング（金原保夫訳）『ビザンツ帝国とブルガリア』東海大学出版会，1995年。

E・H・フレシュフィールド（塙浩訳）「法典エクロガの解説と翻訳」『ビザンツ法史断片（西洋法史研究・塙浩著作集16）』信山社，1998年，183-328頁。

―――「法典プロケイロス・ノモスの解説と翻訳」『ビザンツ法史断片（西洋法史研究・塙浩著作集16）』信山社，1998年，329-506頁。

エドガー・ヘッシュ（佐久間穆訳）『バルカン半島』みすず書房，1995年。

バルタザール・ボギシッチ（難波譲治訳）「モンテネグロ民法典について――その制定について採用された原則及び方法に関する小論」『京都大学教養部政法論集』第10号，1990年，79-93頁。

A・G・マズーア（武藤潔・山内正樹訳）『デカブリストの反乱――ロシア革命の序曲』光和堂，1983年。

J・ドゥ・マラフォス（塙浩訳）「法典エパナゴゲの解説」『ビザンツ法史断片（西洋法史研究・塙浩著作集16）』信山社，1998年，539-559頁。

ブルース・M・メッガー（橋本滋男訳）『新約聖書の本文研究』聖文舎，1973年。

トラジャン・ヨナシュク，ヴァレンティン・Al・ジョルジェスク（塙浩訳）「西欧におけるローマ法の継受の形態と東欧におけるビザンツ法の継受の形態との同一性と差異」『産大法学』第17巻，第4号，1984年，95-145頁。

ドミニク・リーベン（袴田茂樹監修・松井秀和訳）『帝国の興亡――ロシア帝国とそのライバル（上・下）』日本経済新聞社，2002年。